戦前期日本における百貨店

加藤 諭
Kato Satoshi

清文堂

戦前期日本における百貨店

目次

装幀／寺村隆史

序章

日本における百貨店は、一九〇四年（明治三七）合名会社三井呉服店の株式会社化と三越呉服店への商号変更に伴い、一九〇五年一月、株式会社三越呉服店が全国主要新聞紙上に「デパートメントストア宣言」を発表したことを一応の嚆矢として、[1]以降一世紀以上様々な経営展開を見せる中で、現在まで小売業界の重要な位置を占めている。現在に至る日本における百貨店はいくつかの特徴を持っており、その一つは中央百貨店の限定的展開と地場資本による百貨店の独立性である。現在に至るまで全国主要都市全てに店舗を立地している企業はなく、東京、大阪といった大都市に本社機能を有する百貨店に加え、地方都市には多数の地場資本からなる百貨店が存在している。また百貨店は催物を開催し、かつては遊技場も設置するなど催物戦略を集客の柱に据えており、歳暮贈答をはじめとして接客販売を重視する姿勢を維持している点で、戦後に登場したショッピングセンターや総合スーパーマーケットといった大規模小売業種とは異なる経営方法を採っている。中央百貨店の地域における限定的展開と地場系百貨店の独立性、催事場・遊技場の設置といった催物戦略、セルフサービスに依らない接客販売重視は、日本における百貨店の大きな特徴となっている。こうした特徴を有した日本の百貨店はいつ頃、どのように形成され、それは日本近代史の中で、どのような歴史的意味があるのであろうか。本書は戦前期日本の小売業、とりわけ百貨店の形成過程を歴史的に考察することを目的としている。以下、関連する先行研究を踏まえ、本書の位置付けを明確にしておきたい。

第一節　研究史上の課題

戦前期日本における百貨店史の先行研究をみていく上で前提となる関係研究分野についてまず、生活史、市場史、流通史等の成果について確認しておきたい。近代日本において、生活向上欲求が社会経済システムの介在で喚起されるという状況にはいくつかの画期があり、戦前期、とりわけ両大戦間期の評価は焦点の一つとなってきた。安田浩氏らは両大戦間期の政治社会の変容を理解する枠組として「大衆社会化論」を提起し(2)、また社会経済の変容について経済史上、一定の留保はあるものの(3)、「大衆消費社会への胎動」(4)がみられ「大衆消費社会の入口に達した」(5)時期として把握され、この時期の社会経済状況の画期性に着目する見解が出されてきた。

生活史研究の中では、近世後期から日露戦後の消費社会状況について奢侈か倹約かの二分法的な概念が存在していたことを、安丸良夫氏が明らかにしている。安丸氏は勤勉・倹約(=「勤倹」)の通俗道徳的な生活規律に覆われた民衆世界を抽出し、そうした通俗道徳的規範は、日露戦後の地方改良運動に至るまで公的なイデオロギーの底流に位置したとしている(6)。その後、幕末維新期の「ファッション」、婚礼などの「ハレ」の領域を分析した田村均氏の研究や(7)、文明開化期の隔絶した富裕層の生活世界を描くとともに、商品経済の浸透が「ハレ」の領域を拡大していく流れを分析した中西聡氏らによって研究の進展がはかられた(8)。

一方両大戦間期には、日常生活の中での消費をより肯定的に享受する新たな生活モデルが登場してくることになる。その生活モデルについて、南博氏は、娯楽・流行・美容などに関わる「享楽的」な生活文化が「モダニズム」として受容されていく側面を描き(9)、小山静子氏は、衛生・栄養・健康・能率・科学に基礎を置く「合理的な」生活像が背景にあったことを分析している[10]。それは健全な消費生活と家庭娯楽（健全な余暇）が労働生産性を高めるという思想であり、その主たる担い手は新中間層であったが、こうした生活モデルがより広範な諸層において浸透していたことは、東京山の手、下町の富裕層と新中間層の生活を分析したエドワード・サイデンステッカー氏[11]、サラリーマンという職業とその生活へのあこがれが社会に広く存在し、しかもそれは開かれた実現可能性のもとにあったことを分析した市原博氏[12]、『家の光』の読者層を通じて、農家や商家への肯定的な消費生活の広がりと、農村的モダニズムの実態を分析した板垣邦子氏[13]、『主婦の友』『婦人公論』といった婦人雑誌が「主婦」像を如何に形成したかを分析した木村涼子氏などの研究から明らかにされている[14]。またこうした研究を踏まえつつバーバラ・佐藤氏は、両大戦間期に新しい生活モデルが登場する状況があったことを明らかにし、この時期の消費に彩られた「日常生活の誕生」を考察している[15]。

このように近年の生活史研究によって、道徳・規範の思想啓蒙や教育の論点から日常生活における「消費」の肯定が両大戦間期になされてくる過程が明らかになりつつあるが、こうした生活史研究からは近代日本における都市化の進展についての論及はあるものの、こうした消費を肯定する背景にある社会経済システム、小売商業の実証的分析が欠かせない。

この問題の中で、市場史研究は一定の研究成果を提供してきた。藤田貞一郎氏は、流通過程の中での市場史研究の重要性を提起し、生鮮食料品をはじめとした日用生活用品について卸売市場の分析、小売商業形態として同業組合の史的検討を行っているほか[16]、廣田誠氏によって公私設小売市場の研究がなされ[17]、両大戦間期における商業・市場構造の史的実証的分析が進展している。一方、こうした研究動向の中、近代以降、消費財の仕入販売に大きな影響を与えてきた百貨店は両者の研究を架橋する重要な研究対象であるといえる。

この点、生活史研究の点からも、都市文化の担い手及び新中間層の消費空間として百貨店が取り上げられ[18]、近代日本流通史研究の分野においても、例えば中西聡氏が『流通経済史』のなかで、「商社と百貨店の時代へ」の節をかかげているほか[19]、石原武政・矢作敏行編『日本の流通一〇〇年』には藤岡里圭氏による「百貨店—大規模小売商の成立と展開」の一章が設けられている[20]。また「市場史」研究においても藤田貞一郎氏が「百貨店と同業組合の対立を巡る論点」が「日本近代社会—資本主義社会と言っても良いが—に登場・成立する百貨店という小売商業形態を研究・叙述する」上で重要であるとの指摘をしている[21]。

とはいえ、生活史研究の中での百貨店像は、「近代」や「モダニズム」の中に消費空間としての百貨店を位置付けてはきたものの、大都市での流行と地方の在来的嗜好との間で微妙な舵取りをしていた百貨店経営の複層的、実証的研究にまで踏み込んだものはまだ多くはない。また『流通経済史』では主として一九〇〇年～一九一〇年代における三都有力呉服商の株式会社形態化に伴い、洋物雑貨を取扱い陳列販売方式を導入し、百貨店化を進めていく点について焦点が当てられ、その後一九二〇年代から一九三〇年代に至る百貨店の成長過程については描かれておらず、『日本の流通一〇〇年』についても一世紀というスパンでの小売商業動向を押さえる、という研究課題から、両大戦間期の百貨店について十分な検討が加えられていない。また「市場史」研究においても重要性は指摘されながらも、日本における百貨店史研究自体については議論が深化されてこなかった[22]。一方、満薗勇氏は、大衆消費社会の胎動を両大戦間期に見出し、その特質を通信販売や月賦販売の実証的研究からアプローチし、また中西聡氏、二谷智子氏が、地方資産家の家計史料からみた近代日本の消費生活の変容に迫るなど、消費社会史の新たな視座を提供していることは、着目すべき論点であるといえる[23]。もっとも満薗氏、中西氏も百貨店も分析対象としてあげているものの、百貨店史そのものについては、踏み込んだ議論はおこなっていない。

以上のように、生活史研究、近代日本流通史研究双方から、その重要性は認識されつつも、日本における百貨店の成立過程についてはは研究が個別的また事例紹介にとどまっており、いずれの分野においても中心的な研究対象として取り上げられてこなかったことから、まだまだ未解明な点が多いのが現状である。それでは、現在における百貨店史研究はどのような状況にあるのだろうか。以下、戦前期における百貨店史の研究動向について通時的に確認しておきたい。

前述したように、一九〇五年、株式会社三越呉服店(以下序章では三越)[24]の「デパートメントストア宣言」が日本における百貨店登場の一つの画期とされているが、この「デパートメントストア宣言」の前提となったのが、一八九〇年代から一九〇〇年代にかけての三越の小売販売方式の転換である。この小売販売方式の転換に着目したのが初田亨氏であり、初田氏は三越の百貨店化の起点として、一八九〇年代～一九〇〇年代にかけて三越の「販売方式が座売り方式から陳列販売方式へと切り換えられていき、それと並行して店前にはショーウィンドーが設置されていった[25]」こと、そして一九〇〇年代において、雑貨、子供用品、洋服と順次取扱商品を増やしていったことをあげている。これらの要素は同時代的に呉服店から百貨店への変化を模索していた大阪の髙島屋や名古屋の松坂屋、東京の松屋、白木屋といった大都市の有力呉服店共通の現象であるとして、「呉服店から百貨店へと脱皮していたほかの百貨店でも、明治末期に販売商品を増している点や、輸入品を比較的早くから取り扱っていた点は共通している」と述べている[26]。また初田氏は商業的PR誌の発行や、休憩室の設置にみられる貴賓接待空間の創出等室内装飾の改造も呉服店から百貨店への大きな変化として着目しているが、この論点については、その後、神野由紀氏が近代における「趣味」の誕生に、三越の商業的PR誌による流行創出戦略が深く関係していたことを明らかにしているほか[27]、高柳美香氏や田島奈都子氏らによって、ショーウインドーの設置の背景や実態が明らかにされ[28]、こうした文化史的視点からの総合的研究として山本武利・西沢保氏等が消費革命、消費文化を切り口に研究を進展させた。このほか、岩淵令治氏らによる共同研究の成果や[29]、視覚都市という視点から百貨店を取り上げた吉見俊哉氏の研究[30]、百貨店史研究の課題認識を踏まえた各論をまとめた谷内正往・加藤諭の共同研究が出てきている[31]。

呉服店から百貨店への変化については、経営史的視角から、前田和利氏[32]や中村多聞氏[33]、武居奈緒子氏が[34]、百貨店を経営規模の大規模性、取扱商品の多種類化、部門別組織の有無から定義しており、初田氏の論点に加え、経営規模の拡大と部門別管理制度の確立が百貨店化の背景としてあったことを指摘している。この呉服店から百貨店に至る変化が、どのようなスパンの下で進行していったのかについて、藤岡里圭氏は髙島屋について分析を行い、一九〇〇年代から一九二〇年代にかけて髙島屋が規模の拡大と部門別管理制度を確立していった過程を分析している[35]。また末田智樹氏は「明治後期から大正期にかけて三越、松坂屋、大丸、髙島屋などの呉服系百貨店の成立期にあたる百貨店の第一次勃興期」があり、その後、ターミナルデパートや地方百貨店の成立をみる昭和期以降を第二次勃興期として、百貨店の成立過程について二つの画期があったとしている[36]。

百貨店が規模の拡大と部門別管理制度を確立していく中で、同時に進行していったのが、百貨店の大衆化であった。初田氏は百貨店の大衆化は一部の百貨店において一九〇〇年代からはじまるが、第一次世界大戦後のインフレ期に安売りや日用品取扱が本格化し、関東大震災以後に定着していくとしているが[37]、その後、百貨店の大衆化の定着は東京と大阪では差異があったことについて、田崎宣義氏、大岡聡氏が指摘しているほか[38]、呉服系百貨店個々の対応について末田氏が検討していることで[39]、より個別実証的な百貨店の大衆化の在り様が明らかになってきている。こうした個別実証的研究の成果としては、三越の大衆化を論じた吉川容氏や[40]、松坂屋の経営史について論じた中西聡氏[41]、明治期髙島屋の貿易店に着目した山本真紗子氏等の論考をあげておきたい[42]。

電鉄系百貨店についての研究については、阪急百貨店と経営者である小林一三について木村吾郎氏や碓井和弘氏[43]、五島慶太の東横電鉄と百貨店事業については松本和明氏[44]、関西の私鉄と百貨店経営に関する網羅的な研究成果としては、末田智樹氏[45]や谷内正往氏[46]の研究成果を指摘しておきたい。

　また、この百貨店の大衆化が一九二〇年代後半から一九三〇年代にかけて、中小小売商、同業組合との競合関係を惹起させていく状況については鈴木安昭氏が分析しているほか[47]、藤田氏が指摘しているのは前述の通りである[48]。

　以上、戦前期における百貨店に関する先行研究についてみてきたが、前田氏や中村氏の研究史上の百貨店定義を踏まえ、鈴木氏や藤田氏のように両大戦間期における百貨店と中小小売商、同業組合との関係性の中で百貨店を捉える視角が提示されるが、そもそも百貨店の成立過程自体についての実証的研究が少なく、百貨店の誕生からその展開について、初田氏が大枠を提示して以降、その個別具体的な研究が徐々に進んできているのが現状といえる。そうした中で、初田氏以降百貨店成立過程の研究は、大きく二つの潮流に分化している。日露戦後以降、三越などの大都市呉服系百貨店が商業的ＰＲ誌や催物を通じて「流行」を生み出し、流行戦略を軸として百貨店が大都市における新たな消費空間として新中間層に需要と結び付いていく過程を探るという、神野氏や、山本武利・西沢保氏らの共同研究などにみられる百貨店の文化史的研究、そして部門別商品管理制度の確立や、経営規模の拡大について企業家による経営手腕と経営状況の実証的研究から百貨店の大衆化に至る戦前期百貨店の内実に迫る、という藤岡氏や末田氏の研究にみられるような百貨店の経営史的研究の流れである。このため、戦前期百貨店について、とりわけ百貨店の大衆化が進む両大戦間期における百貨店成長の源泉が「流行」によるのか「廉売」によるのか、百貨店像は拡散している。また百貨店の文化史的研究、経営史的研究いずれの研究潮流においても、その分析対象は大都市部の百貨店に偏りがちであり、地方都市の百貨店についての総体的な検討はほとんど行われていないのが現状である。

第二節　方法と対象

これまで先行研究の蓄積を整理し、戦前期における百貨店史研究の意義と課題についてみてきたが、こうした先行研究の蓄積と課題を踏まえ、本書では戦前期、とりわけ一九二〇年代から一九三〇年代という両大戦間期を射程において、この間、最も大きく成長を遂げた小売業種であり、生活史研究、近代日本流通史研究の架橋たり得る分析対象として百貨店を取り上げ、その形成過程の実証的分析から、両大戦間期における大衆消費社会の胎動・入口の実態とはどのようなものであったのか、歴史的意義を得ることを目指し、近代日本の特質の一端を明らかにしたい。

その際、分析方法について本書は二つの視角に着目したい。一点は一九二〇年代後半から一九三〇年代にかけての百貨店の全国的展開。もう一点は、一九三〇年代における百貨店の営業統制の問題である。先行研究でみてきたように、百貨店史においては大都市部立地の百貨店が主として分析対象とされてきた。しかし、一九二〇年に一〇店舗に過ぎなかった地方都市立地の百貨店は、一九三〇年には二五店舗、一九三六年には五九店舗と一九二〇年代後半から一九三〇年代にかけて急速な増加を遂げており、これに伴い地方都市立地の百貨店の総面積も一九二〇年の約一万八〇〇〇平方メートルから、一九三〇年には八万三〇〇〇平方メートルを超え、一九三六年には、およそ二六万三〇〇〇平方メートルに達している(49)。こうした一九二〇年代後半から一九三〇年代にかけての百貨店の全国的展開については、平野隆氏が概観的な分析を行っているほか、末田氏や大岡氏、著者も第二期勃興期として着目してきた(50)。しかし、平野氏は全国的展開の背景について、主として都市化や大都市部での百貨店・中小小売商の摩擦といった外形的状況からの分析に留まっているほか、末田氏も福岡に立地していた岩田屋の研究、大岡氏も福井のだるま屋といった個別事例に留まっており、「昭和戦前期までの地方都市における百貨店の成立状況を具体的に把握することが、日本における百貨店業の成立過程を解き明かす上で（中略）重要なアプローチとなることは間違いない。」[51]としているように、その重要性は指摘されつつも、百貨店の全国的展開や地方進出については、ほとんど未解明であるといえる。[52]

一方で、百貨店の全国的展開と表裏の関係にあったのは、百貨店の営業統制の問題である。先行研究整理で確認しているように、日本における百貨店は三越の「デパートメントストア宣言」によって直ちに成立したわけではなく、それはあくまで契機に過ぎず、以降経営上の各種改革を経て、「百貨店」としての形式を徐々に形成していったのであり、それは一九二〇年代後半から一九三〇年代前半に至るまで、三越、松坂屋、髙島屋といった大都市呉服系百貨店の社名において、「呉服店」の名称が残存していたことからもうかがえる。[53]このため、経営史的観点から前田氏や中村氏が研究史上、百貨店の定義付けを行っていることは先行研究において触れたが、百貨店の定義が法的に明確化するのは、一九三七年の百貨店法制定によってであり、少なくとも東京市内の業界団体として発足した「呉服会」が一九二四年「日本百貨店協会」と改称し、その加盟条件が整備されるまでは、同時代的には百貨店の定義が明確にあったわけではないことは確認しておく必要がある。

日本における百貨店業界団体の成立や、その後の法制定は、ひるがえって、百貨店の全国的展開と時期を同じくしており、百貨店の全国的展開と百貨店業界団体の成立は同時に考察しなければならない重要な論点であるといえよう。それは一九三二年、日本百貨店協会が発表した百貨店の自制協定、一九三七年に制定された百貨店法が、いずれも当該期百貨店業における経営上の自由を一定程度抑制するものであったからである。

この点については先に述べたように、主として百貨店対中小小売商問題に論点が収斂されてきたきらいがある。しかしそうした先行研究からは、営業統制が図られながらも、全国的展開を遂げる一九三〇年代の百貨店業界とはいかなるものであったのか、その特質を明らかにすることは出来ない。筆者が上記の視角に着目するのは、一九三〇年代に形成された百貨店の営業スタイルが、現在に至る日本における百貨店の特徴を大きく規定したと考えているからである。日本の百貨店における、中央百貨店の地域における限定的展開と地場系百貨店の独立性、催物の開催・遊技場の設置といった文化戦略、セルフサービスに依らない接客販売重視という特質は一九二〇年代後半から一九三〇年代にかけて百貨店の全国的展開の中で、同時に抑制的な営業統制が行われていくという、近代日本小売業の歴史的特質の中で成立したものであり、それこそが、両大戦間期という時期設定と百貨店を対象にする研究史上の意義につながるからである。

以上の問題関心と視角にたって、より具体的には、大都市呉服系百貨店の支店網形成とその経営実態、地方都市における中央百貨店の地方支店設置の影響について、本書では実証的に明らかにしていきたい。百貨店の全国的展開の様相について、単に中央と地方の百貨店の比較だけでは、地場資本による地方の百貨店の特殊性のみが抽出され、個別事例の積み上げげになってしまう可能性がある。そのため、本書では従来大都市部の百貨店や本店の活動の分析に終始していた百貨店史研究に対し、中央百貨店の大都市部の本店と地方支店（場合によっては大都市部の郊外型店舗）との本支店間における活動を軸に、そうした中央百貨店の地方支店に対抗した地場資本による地場系百貨店の動向を加え、その設置過程から地方都市における百貨店の需要の在り様と、百貨店の柔軟な市場対応過程を総合的に解明し、戦前期における近代日本の一端を明らかにしたいと考える。(54)

第三節　本書の構成

本書は大きく第一部と第二部の構成をとることとし、第一部と第二部の内容について確認したい。

第一部は百貨店経営の合理化と支店網形成について分析を試みる。ここでの要点は百貨店の全国的展開と法的統制に至る一九二〇年代から一九三〇年代にかけての百貨店像の再検討である。先行研究において人口増加や交通網整備といった近代日本における都市化の進展が百貨店の地方進出の条件を整えた[55]、という指摘を踏まえつつ、一九二〇年代後半から一九三〇年代前半にかけて大都市に立地していた百貨店がどうして支店網形成に乗り出すこととなるのか、その背景について百貨店におけるチェーンストア方式の模索を軸として、百貨店経営幹部による欧米視察の影響と百貨店内部の経営状況の両面から分析することで明らかにしたい。またそのチェーンストア方式の導入については百貨店の経営規模によって様々な形態を取っていったことを、その導入経緯から経営実態に至るまで、三越、松坂屋、高島屋といった百貨店の実証的分析を試みるとともに、この導入過程と経営実態について、百貨店の希求した経営の合理化と直面する在来的商習慣や産業振興への対応といった近代日本における流通過程、消費市場の特質に留意しつつ明らかにする。

また日本百貨店協会の自制協定から百貨店法制定に至る歴史的状況について、百貨店と中小小売商との確執という従来からの研究蓄積を押さえつつ、この間の百貨店側の取り組みにより重点を置いて分析することで、急速な百貨店業界の広がりの中で百貨店間における摩擦と調整の過程を抽出し、既存百貨店によるカルテル化による成長戦略の実態を明らかにしたい。

第二部では、大都市呉服店系百貨店の本支店間関係と地方における百貨店間の競合関係の解明、並びに百貨店設立による地方都市への影響を考察する。これまでほとんど未検討であった大都市呉服系百貨店の本支店間、中央百貨店の地方支店と地場系百貨店間における百貨店の催物に着目し、催物の開催内容、広告内容の比較から本支店間の関係性、同一地方都市における百貨店同士の棲み分けについて、それぞれの特徴を明らかにする。

また、地方都市における百貨店の成立が、ひるがえって当該地方都市及びその隣県部にどのような影響を与えていったのかについて、百貨店設置に伴う地方都市催事空間の変化や、隣県への「百貨店式経営」の波及状況について明らかにする。流行の創出と買いよい店舗との狭間で模索する大都市呉服系百貨店の地方支店像を抽出するとともに、大都市から地方都市さらにはその隣県市部へと百貨店が波及していく一九三〇年代の実態について検討したい。

第一部第二部を通じて、チェーンストア方式の導入と百貨店業界間における過当競争抑制という、流通機構改革と業界間営業統制の両面から百貨店の成長モデルを模索した一九二〇年代から一九三〇年代における百貨店形成過程を実証的に分析するとともに、百貨店経営の合理化を検討しつつも、洋風化と在来的嗜好の残存が共存していた一九二〇年代から一九三〇年代の消費社会の萌芽期にあって、大都市における流行の伝え手であると同時に地方の商品文化・産業振興の担い手としての役割も果たした戦前期百貨店の市場対応の在り様を抽出し、近代日本史研究に新たな視座を提示したい。

なお、本書では東京や大阪といった大都市、とりわけ六大都市中に本店機能を有し、呉服商を母体として百貨店化を遂げていった百貨店について「大都市呉服系百貨店」、母体となる業種に拘わらず地方都市に立脚し地場資本により成立した百貨店を「地場系百貨店」として記述する。また本支店間関係に着目して述べる際には、大都市に本店機能が立地していることを示すため「中央百貨店」と記述するが、断りのない限り、本書においては

「大都市呉服系百貨店」とほぼ同義に扱うこととする。[56] また年代の表記は、原則として西暦を用い、章・節・項の起点と元号が変わる際に、適宜和暦を（　）内に補うこととした。

（1）三越本社編『株式会社三越一〇〇年の記録』（三越、二〇〇五年）。
（2）安田浩「総論」（坂野潤治・宮地正人・高村直助・安田浩・渡辺治編『シリーズ日本近現代史三　現代社会への転形』岩波書店、一九九三年）。
（3）武田晴人「はしがき」（石井寛治、原朗、武田晴人編『日本経済史3両大戦間期』東京大学出版会、二〇〇二年）。
（4）三和良一『概説日本経済史　近現代〔第二版〕』（東京大学出版会、二〇〇二年）。
（5）橋本寿朗『現代日本経済史』（岩波書店、二〇〇〇年）。
（6）安丸良夫「「近代化」の思想と民俗」『日本民俗文化大系1』小学館、一九八六年。
（7）田村均『ファッションの社会経済史』（日本経済評論社、二〇〇四年）。
（8）中西聡「文明開化と民衆生活」（石井寛治、原朗、武田晴人編『日本経済史1幕末維新期』東京大学出版会、二〇〇〇年）。
（9）南博・社会心理研究所『昭和文化―一九二五～一九四五―』（勁草書房、一九八七年）。
（10）小山静子『家庭の生成と女性の国民化』（勁草書房、一九九九年）。
（11）エドワード・サイデンステッカー著、安西徹雄訳『東京下町山の手：一八六七―一九二三』（TBS・ブリタニカ、一九八六年）。
（12）市原博「ホワイトカラーの社会経済史」（中村政則編『近現代日本の新視点―経済史からのアプローチ』吉川弘文館、二〇〇〇年）。
（13）板垣邦子『昭和戦前・戦中期の農村生活―雑誌『家の光』にみる』（三嶺書房、一九九二年）。
（14）木村涼子『〈主婦〉の誕生―婦人雑誌と女性たちの近代』（吉川弘文館、二〇一〇年）。

（15）バーバラ・佐藤編『日常生活の誕生―戦間期日本の文化変容』（柏書房、二〇〇七年）。
（16）藤田貞一郎『近代生鮮食料品市場の史的研究―中央卸売市場をめぐって』（清文堂出版、一九七二年）、同『近代日本同業組合史論』（清文堂出版、一九九五年）、同『近代日本経済史研究の新視角―国益思想・市場・同業組合・ロビンソン漂流記』（清文堂出版、二〇〇三年）。
（17）廣田誠『近代日本の日用品小売市場』（清文堂出版、二〇〇七年）、このほか公設小売市場研究については石原武政『公設小売市場の生成と展開』（千倉書房、一九八九年）。
（18）ルイズ・ヤング「「近代」を売り出す―戦間期の百貨店、消費文化そして新中間層」（前掲『日常生活の誕生―戦間期日本の文化変容』）。
（19）桜井英治・中西聡編『流通経済史（新体系日本史12）』（山川出版社、二〇〇二年）。
（20）藤岡里圭「百貨店―大規模小売商の成立と展開」（前掲『日本の流通一〇〇年』）。
（21）藤田前掲『近代日本経済史研究の新視角―国益思想・市場・同業組合・ロビンソン漂流記』三三八頁。
（22）市場史研究会の会誌『市場史研究』において百貨店史の特集を一五号（一九九五年）に組んでいるが、その特集においても欧米の百貨店研究に関する論稿に偏っている。
（23）満薗勇『日本型大衆消費社会の胎動　戦前期日本の通信販売と月賦販売』（東京大学出版会、二〇一四年）。中西聡・二谷智子『近代日本の消費と生活世界』（吉川弘文館、二〇一八年）。
（24）明治期以降、三越は、合名会社三井呉服店（一八九三年）→株式会社三越呉服店（一九〇四年）→株式会社三越（一九二八年）と社名変更がなされるが、便宜上序章では以下「三越」で表記を統一する。
（25）初田亨『百貨店の誕生』（三省堂、一九九三年）六九頁。
（26）同前書、九六頁。
（27）神野由紀『趣味の誕生―百貨店がつくったテイスト』（勁草書房、一九九四年）、神野由紀『百貨店で「趣味」を買う―大衆消費文化の近代』（吉川弘文館、二〇一五年）。
（28）高柳美香『ショーウインドー物語』（勁草書房、一九九四年）、田島奈都子「ウインドー・ディスプレー」（山本武利・西沢保編『百貨店の文化史―日本の消費革命』世界思想社、一九九九年）。

(29) 山本武利・西沢保編『百貨店の文化史』(世界思想社、一九九九年)、岩淵令治編「〔共同研究〕歴史表象の形成と消費文化」『国立歴史民俗博物館研究報告』(第一九七号、二〇一六年)。
(30) 吉見俊哉『視覚都市の地政学―まなざしとしての近代―』(岩波書店、二〇一六年)。
(31) 谷内正往・加藤諭『日本の百貨店史』(日本経済評論社、二〇一八年)。
(32) 前田和利「わが国百貨店の勃興と確立―経営の成立と大規模化をめぐって」(大東文化大学経済学会『経済論集』第一二号、一九七〇年)。
(33) 中村多聞『百貨店とは何か』(ストアーズ社、一九八〇年)。
(34) 武居奈緒子『大規模呉服商の流通革新と進化』(千倉書房、二〇一四年)。
(35) 藤岡里圭『百貨店の生成過程』(有斐閣、二〇〇六年)。
(36) 末田智樹『日本百貨店業成立史―企業家の革新と経営組織の確立』(ミネルヴァ書房、二〇一〇年)。
(37) 初田前掲『百貨店の誕生』。
(38) 田崎宣義・大岡聡「消費社会の展開と百貨店」(山本・西沢前掲『百貨店の文化史―日本の消費革命』)、大岡聡『昭和戦前・戦時期の百貨店と消費社会』(成城大学研究所研究報告、№.52)』(成城大学経済研究所、二〇〇九年)。
(39) 末田前掲『日本百貨店業成立史―企業家の革新と経営組織の確立』。
(40) 吉川容「三越の大衆化―倉知誠夫時代の連鎖店展開戦略」『三井文庫論叢』(第四二号、二〇〇八年)。
(41) 中西聡「両大戦間期日本における百貨店の経営展開―いとう呉服店(松坂屋)の「百貨店」化と大衆化―」(『経営史学』第四七巻第三号、二〇一二年)。同論稿は、中西、二谷前掲『近代日本の消費と生活世界』に所収され、経営史的分析に留まらない、近代日本の生活世界と切り結ぶ視座を提供している。
(42) 山本真紗子「明治期髙島屋貿易店の活動にみる百貨店としてのイメージ戦略の萌芽」(『コア・エシックス』第一〇号、二〇一四年)。
(43) 木村吾郎「小林一三の事業―阪急百貨店の創業を中心として」(『大阪商業大学商業史研究紀要』第四号、一九九六年)、碓井和弘「小林一三の百貨店経営と大衆」(『札幌学院大学経営論集』第二号、二〇一〇年)。
(44) 松本和明「娯楽・百貨店事業と渋谷の開発―目蒲電鉄・東横電鉄と五島慶太―」(奥須磨子・羽田博昭編著『都

市と娯楽』日本経済評論社、二〇〇四年)。
(45)　末田智樹「昭和初期から戦前期にかけての百貨店による新たな市場開拓と大衆化—大阪におけるターミナルデパートの成立を中心に」(廣田誠編『市場流通の社会史』第三巻『近代日本の交通と流通・市場』清文堂、二〇一一年)。
(46)　谷内正往『戦前大阪のターミナルデパート』(東方出版、二〇一四年)、谷内正往『戦前大阪の鉄道駅小売事業』(五絃社、二〇一七年)。
(47)　鈴木安昭『昭和初期の小売商問題—百貨店と中小商店の角逐』(日本経済新聞社、一九八〇年)、山口由等「両大戦間期東京市の商業自営業者問題」(『経済学研究』第四一号、一九九九年)。
(48)　藤田前掲『近代日本経済史研究の新視角—国益思想・市場・同業組合・ロビンソン漂流記』。このほか百貨店史に関連する先行研究としては以下をあげておきたい。百貨店史研究に同業組合からの分析が必要だとする藤田貞一郎「近代日本百貨店史研究の分析視角」(安岡重明編著『近代日本の企業者と経営組織』同文舘出版、二〇〇五年)。岡田直「百貨店の立地パターンにみる都市構造の変容」(『横浜都市発展記念館紀要』第五号、二〇〇九年)。西村栄治「正札販売の展開—百貨店の大衆化と小売商問題を中心として—」(『大阪学院大学流通・経営学論集』第三五巻第二・三号、二〇一〇年)。新井田剛・水越康介「百貨店における外商と掛売の大衆化」(『首都大学東京大学院社会科学研究科リサーチ・ペーパー、九七号』二〇一一年)。青木均「昭和初期における百貨店の変容—小売営業形態論の再検討に向けて」(『愛知学院大学論叢商学研究』第五四巻第一号、二〇一三年)、辻本法子「百貨店におけるセールス・プロモーションの変遷(I)—新聞広告に見る成立期からの五十年—」(『桃山学院大学経済経営論集』第五六巻第二号、二〇一四年)、坪井晋也「百貨店の経営理念—歴史的視点から—」(『倉敷市立短期大学研究紀要』第五九号、二〇一五年)。
(49)　大丸本部調査課編『日本百貨店一覧昭和十一年』(大丸本部調査課、一九三六年)付録二—表二。
(50)　平野隆「百貨店の地方進出と中小商店」(山本・西沢前掲『百貨店の文化史—日本の消費革命』)、末田前掲『日本百貨店業成立史—企業家の革新と経営組織の確立』、末田智樹「ターミナルデパートの素人経営を編み出した阪急百貨店」、「阪急百貨店の経営戦略を受け継いだ東西の百貨店—東横百貨店、岩田屋、天満屋、名鉄百貨店—」

（井田泰人編『鉄道と商業』晃洋書房、二〇一九年）、大岡聡「一九三〇年代の地方都市百貨店とモダニズム」（田崎宣義編著『近代日本の都市と農村』青弓社、二〇一二年）、木村晴壽「昭和戦前期の百貨店問題と中小小売商」（『松本大学研究紀要』第一二号、二〇一四年三月）、加藤諭「戦前期東北の百貨店業形成―藤崎を事例に」（荒武賢一朗編著『東北からみえる近世・近現代』岩田書院、二〇一六年）、加藤諭「戦前期盛岡における百貨店の展開と旅関連催事―ジャパン・ツーリスト・ビューローと呉服系百貨店―」（井田泰人編『鉄道と商業』晃洋書房、二〇一九年）。

(51)　末田前掲『日本百貨店業成立史―企業家の革新と経営組織の確立』三五二頁。

(52)　地方進出と同義ではないものの、戦前の朝鮮半島・中国大陸に関する百貨店の論考としては、平野隆「戦前期における日本百貨店の植民地進出―京城〈現、ソウル〉の事例を中心に―」（『法学研究』慶應義塾大学法学部、二〇〇四年）、菊池敏夫『民国期上海の百貨店と都市文化』（研文出版、二〇一二年）、中賢洙「京城の百貨店と商業、消費」（『社会科学研究〈釧路公立大学紀要〉』第二九号、二〇一七年）、谷内正往「戦前京城の百貨店―和信百貨店・連鎖店を中心として」（『大阪商業大学商業史博物館紀要』第一八号、二〇一七年）等がある。

(53)　例えば、松坂屋が各店の商号を統一し、株式会社松坂屋に名称変更したのは一九二五年、三越の株式会社三越呉服店から株式会社三越への商号変更は一九二八年、高島屋に就いては一九三〇年。

(54)　満薗勇・加藤諭「百貨店による消費文化の地方波及―通信販売から百貨店の成立へ」（『歴史と地理　日本史の研究』第六一二号、二〇〇八年）。

(55)　平野前掲「百貨店の地方進出と中小商店」。

(56)　戦前期においては大都市呉服系百貨店に加え、一九三〇年代に入ると、大都市部では鉄道会社の資本による電鉄系百貨店も成立していくことになるが、電鉄系百貨店は戦前期において支店網形成をしなかった。

第一部　百貨店経営の合理化と支店網形成

第一章　百貨店の全国的展開とチェーンストア方式

はじめに

戦前期日本に近代小売業の中心であった百貨店は、一九〇〇年代を境に大都市において発生し、その後順次、その規模と数を拡大していくこととなるが、その設立は東京、大阪といった大都市が主であった。その百貨店が地方波及し、全国的に設置されるようになっていくのが、一九二〇年代後半から一九三〇年代にかけてである。この百貨店の全国的展開については、従来、地方都市の都市化との関連性が論点として挙げられてきた。国勢調査に基づく一九二〇年(大正九)から一九三〇年(昭和五)にかけての人口について、一〇万人以上に達する都市は一六から三二と拡大しており[1]、交通網の整備、新中間層の拡大とも相まって、地方都市での百貨店設立の契機となっていったという議論である。例えば平野隆氏は、人口一〇万人以上の都市については「これらの都市では購買力の集中度から見て大規模小売店の成立が可能であった」として、戦前期日本における地方都市での都市化の進展に百貨店設立の要因の一端を求めている[2]。また、末田智樹氏は、百貨店の地方波及に、地方都市における諸産業の発展と賃金上昇、人口増加や交通面の整備という、地方都市における都市化の進展という要因に加え、昭和初期の百貨店業界の成立が地方都市における「百貨店勃興の促進剤」であったという新たな視点を加えている(3)。

こうした百貨店の地方波及と地方都市の都市化とを結ぶ議論に加え、百貨店の全国的展開の背景に大都市部に本店を持つ、大都市呉服店系百貨店の地方進出があった、という視点は見過ごせない論点である。例えば東京に本店を持つ三越は一九三〇年の金沢支店設置を皮切りに、一九三一年に高松支店、一九三二年に札幌支店、一九三三年に仙台支店を開設し、地方における支店網を形成している。また東京、大阪に店舗を有していた松坂屋は一九三二年に静岡支店を設置、同じく東京、大阪に店舗を有していた髙島屋も、百貨店による支店とは形態を異にするものの、一九三一年以降十銭二十銭ストアという均一店による店舗網を形成するほか、一九二九年に岸和田、一九三一年に和歌山に出張店を設置している。そして中央の百貨店の地方支店が設置された当該都市においては、地場資本による百貨店化が進み、仙台には藤崎、静岡には田中屋、高松の隣接市である丸亀市には大松屋百貨店が新たに百貨店化していく他、札幌に本店を有していた丸井今井における人事革新、金沢の宮市による中央百貨店の一つであった大丸との提携といった流れも作り出すなど、中央百貨店の地方進出が百貨店の全国的展開、地場資本による百貨店の勃興といった状況を創出していくこととなるのである。平野氏はこの点について「地場系百貨店の勃興は、一面において中央大手店の地方進出の産物であった」としている(4)。

しかし、これまでの先行研究では、この時期、大都市部の百貨店がなぜ支店網形成を図っていくのかについて十分な説明がなされてこなかった。また都市化の進展についても、どのような根拠の下で、地方進出が可能であると百貨店経営陣が考えていたのか、その内実については不明確であった。そこで本章では、なぜ大都市百貨店は地方進出、支店網形成を目指すに至ったのか、その背景について検討を試みることで、一九二〇年代後半から一九三〇年代にかけての百貨店の全国的展開の歴史的意義について、新たな視点を提示したい。ここで重要になってくるのが、大都市部の百貨店における経営陣の欧米視察、そして国内における大都市百貨店の規模の拡大である。一九〇〇年代前後、大都市の老舗有力呉服店が百貨店化を進めていった時期より、経営陣や将来の幹部候補は欧米の百貨店を視察し、そのノウハウや小売業界における百貨店業の動向についての情報を摂取し、その知識を自らの経営に反映していった。一九二〇年代後半から一九三〇年代においても、こうした経営幹部の欧米視察の結果が国内の百貨店動向にも影響を与えていったことが想定されるのである。この点について、当時、大都市百貨店の経営陣が、欧米視察によってどのような課題を認識し、国内の百貨店経営にフィードバックさせようとしていたのかについて、一九二〇年代後半から一九三〇年代にかけての経営陣の欧米視察に関する内部報や刊行物をみていくことで、明らかにしていくこととする。

また、一九一〇年代後半から一九二〇年代にかけて、大都市部の百貨店は人員、取扱商品、店舗規模を漸次拡大していたが、そうした経営規模の拡大と、実際の収益や利益率がどのような相関関係にあったのかという点にも着目したい。このことは大都市百貨店がなぜ支店網形成に乗り出すことになるのかの、もう一つの背景たり得るからである。この点について、東京、名古屋、大阪といった大都市部に店舗を有していた松坂屋の内部史料から当該期における大都市百貨店の経営実態について明らかにしていくこととする。

経営陣による、欧米百貨店の動向認識と国内における大都市百貨店の経営状況という二つの視座から大都市百貨店が支店網形成に舵を切る背景を抽出することで、一九二〇年代後半から一九三〇年代にかけての百貨店の全国的展開の歴史的意義をみてみることにしたい。

第一節　百貨店経営陣の欧米視察

（一）一九〇〇年代における百貨店の欧米視察

三井家の一事業であった合名会社三井呉服店が、三井の直系事業から分離独立され、一九〇四年（明治三七）に株式会社三越呉服店と改組し、翌一九〇五年にいわゆる「デパートメントストア宣言」を発表、本格的な百貨店化を内外に宣言したことが、日本における百貨店の嚆矢とされているように、三越は大都市呉服店系百貨店の中でも、早くから百貨店化の方向性を指向した百貨店であった(5)。それゆえ、欧米視察も早くから行っており、株式会社化に先立つ八年前の、一八九六年、三井建築係の技師であった横河民輔はブルーミングデール、ワナメーカー、メーシーなどアメリカの有名百貨店を調査し、建物、施設、組織、職制、販売ノウハウを当時三井各商店改革委員長であった益田孝に報告している(6)。また、一九〇四年、呉服店事業が分離独立されて以降は、ヨーロッパにも視察を行うようになり、一九〇六年四月から一一月にかけては、三越の専務であった日比翁助がヨーロッパの百貨店視察に赴いている。とりわけ、日比が影響を受けたのはイギリスの百貨店、ハロッズであり、視察後の一九〇七年に日比は三越のPR誌『時好』において「何年の後に於て果して如何なる小売大商店となり得べきか。未来は之を知る由なし、只吾人の理想は我三越をして第二のハローヅ即ち東京のハーローヅたらしめんとするにありといはんのみ」と述べている(7)。このイギリスのハロッズを模範とした理由について、日比は後に以下のように述べている。

「私は米国でもワナメーカーとか、シーケル、クーパーとか、其のほか名ある百貨商店は大抵観たが、其の規模は成程大きい、此点に於いては欧州の百貨商店は殆ど顔色なしであるが、併し店員の客に接する有様を見るに、如何にも狂気じみて居て、売買をして居るのか喧嘩をして居るのか分からない。宛然火事場のような騒ぎだ。其処へ行くと流石は英国で、殊にハロッズは模範的である。其の店員は如何にも静粛で、親切で、而して能く敏捷に立廻はる所が米国は元来平等主義の国柄であるから、客の方で買って遣るのだと謂へば、店の方では売つて遣るのだと謂ふ風で、誠に殺風景極まつて居る。英国は之に反して階級主義の国柄であるから、お客様は何処までもお客様として取扱ふ。といふ次第で、日本のやうな国柄では、米国の百貨商店は決して手本には成らぬ。どうしても学ぶべきは英国であらうと思ふ。私が三越呉服店の経営の規模を英国のハーロッズに採つて居るのも一ツは之に因るのである(8)」。

アメリカの百貨店の商法が平等主義的で喧騒な感があるのに対し、イギリスのハロッズは階級主義的で接客が上品であったことが日比をして、ハロッズに範をおかせた要因であったことが分かる。これは三越が百貨店化するにあたって、当初上流顧客を相手にした経営を模索していたことと無関係でなかった。株式会社化を遂げた一九〇四年以降の三越は一九〇七年までに、休憩室にピアノ、バイオリンの備付け、化粧品・帽子・小児用服飾品の輸入販売、ロンドンから裁縫師アレキサンダー・ミッチェルを招聘しての本格的な洋服部を開設、コーヒー洋菓子が楽しめる食堂の開設、「空中庭園」と銘打ち屋上の開放といったように、洋装品取扱の本格化と格調高い店内設備を模索していった。

この結果、諸外国から要人が来日した際の接待所の一つとして活用されるようになり、王室、軍人等の来店をみている。一九〇四年七月にドイツ皇族カール・アントンが来店、一九〇五年四月に、ドイツ皇族カール・アントン、同皇族ババリヤ王妃が来店、同年七月にアメリカ陸軍卿タフトおよびルーズベルト嬢が来店、同年一〇月にイギリス東洋艦隊司令長官ノーエル大将が来店、一九〇六年二月に清国皇族戴沢、同月にイギリス皇族コンノート親王が来店といった具合である。またこの頃には、伊藤博文、大隈重信、大山巌、山縣有朋、東郷平八郎、伊東祐亨といった日本の政治家、軍人、伏見宮貞愛《さだなる》親王、久邇宮邦彦王、徳川慶喜等、皇族、華族も来店しており、『三越は第二の国賓接伴所』と評されるようになった(9)。その後、一九一四年(大正三)に建設された三越の東京本店新館には、ロンドンのトラファルガー広場にあるネルソン記念塔からイギリスの彫刻家メリフィールドが象り、バルトンが鋳造したライオン像が正面入り口左右に飾られるなど(10)、建築の中にもイギリスの影響がみてとれる。

海外要人の来店は三越の専売特許だったわけではなく、当時同じく百貨店化を進めていた老舗呉服店の高島屋においても同様の事例を見ることが出来る。一九四一年(昭和一六)に発刊された『高島屋百年史』には一九三八年までの諸外国要人の来店記録が掲載されているが、諸外国要人の来店数を年代別に示してみると、一九〇〇年代に一五名、一九一〇年代に一三名、一九二〇年代に五名、一九三〇年代に三名となり、一九〇〇年代から一九一〇年代にかけての諸外国要人の来店数がそれ以降に比べ、非常に多くなっていることが分かる。明治末期から大正初期にかけて、百貨店が呉服以外の取扱商品、部門を拡大していったことについては、藤岡里圭氏によって明らかにされているが(11)、拡大の中心であった洋装・小物類の需要から、上流顧客を対象とした経営方針を百貨店が模索し、欧米視察からも、そうした上流顧客をターゲットにしていたイギリスのハロッズなどが参考とされていったのである。

（二）一九二〇年代における百貨店の欧米視察

しかし、こうした状況は一九二〇年代に入り、変化していくこととなる。三越同様、東京日本橋に本店を構えライバル関係にあった百貨店、白木屋（一九五八年〈昭和三三〉東急百貨店と合併）常務石渡泰三郎[12]は、一九二二年（大正一一）から一九二三年にかけて欧米の百貨店視察を行い、社内刊行物として翌年刊行した『欧米百貨店事情』の中で以下のように述べ、イギリスの百貨店の様式は旧式であり、格式ばったもの、とするのである。

「倫敦百貨店の特色
英国流の古きを尊ぶ習慣から別段之を改造して米国の新様式に全然変形しようともせず、一般顧客たる英国人も太して之を不便とも亦古くさいとも感じない為であらう。依然として昔のままに順次棟を増したに過ぎないから店内の連絡といふやうなものは少しもない。一部屋一部屋に仕切られたままである、（中略）何れにしても百貨店としての店内の模様は実に不便と云はなければならない、然し他方から考へて英国人には此不便のやうな所が、性急な日本人から見れば悠長な事だが、英国人に対しては尊敬を払う気分に取れるかも知れない。何か御入用で？　と軽く聞かれるところを「ホワット、デパートメント、ヅ、ユー、ウォント？　サー」最後にサーの敬語付きでモーニングを着た店員にしかつめらしく云ひかけられると一寸たぢたぢつとして返事に困るくらいである。誠に格式ばつたといふ風はたしかに見受けられる」[13]。

一方で石渡は「日本の百貨店は何処に当嵌るかといふに、先づ最近の日本の事物が悉く亜米利加のインフルエンスを受ける事が多い様に、百貨店も亜米利加の様式に合うしてゐ」く、とアメリカの百貨店を模範としていく必要性を示した。その後、白木屋専務山田忍三が一九二七年（昭和二）から一九二八年に海外視察をした際の対象はやはりアメリカであり、この流れは他の百貨店にもみられ、一九二九年、大丸取締役であった織田伊四郎がアメリカ視察に向かっているほか、同年、三越専務であった小田久太郎が欧米視察に向かった際も、イギリス滞在が一か月ほどであったのに対し、アメリカには三か月近く滞在しており、アメリカでの視察期間が最も長かった[14]。

このように一九二〇年代後半になると、海外の百貨店視察というとアメリカという状況になっていく。第一次世界大戦後の不況や、関東大震災以降の東京における区画整理などを経て、日本における百貨店は大衆化と店舗規模の拡大を経営方針に掲げるようになっており[15]、地上一九階、地下二階と当時世界最大の百貨店であったニューヨークのメーシー百貨店を代表として、百貨店の高層化、大規模化が進展していたアメリカの百貨店が、日本の百貨店経営陣にとって新たな模範となっていたのである。

またアメリカでは一九一一年に米国呉服雑貨小売商協会(national retail dry goods association)を設立、ハーバード大学商学研究所が協会組合店の統計を集計、年鑑や彙報の刊行を行い、大衆向けマーケティングの研究、小売経営のノウハウが産学間で進んでいた。日本においても、一九二〇年代から一九三〇年代にかけては、百貨店数の増加等から、百貨店業界において業界団体設立の動きがみられるようになり、一九一九年東京の五つの百貨店の親睦団体として発会された五服会が、一九二四年、全国的な組織としての日本百貨店協会と改称、さらには一九三三年、商業組合法の制定を受け、日本百貨店商業組合の結成へ、と百貨店業界の規模が拡大していた。こうした中で日本の百貨店業界団体内でも調査統計が模索されていく時期であったことから、産学一体でのアメリカの動きは刺激となっていた。立教大学教授であった伊藤重治郎がこうしたアメリカの状況を研究していたが、一九三三年に日本百貨店商業組合が設立されると、伊藤は日本百貨店商業組合の理事となり、『米国百貨店の概観』を発刊するとともに[16]、組合月報である『日本百貨店商業組合調査彙報』の編集を行い、アメリカの小売商業事情もより積極的に紹介されていくことになる。

ところで一九二〇年代におけるアメリカ視察は、日本の百貨店経営陣をして、アメリカにおける小売業界の変化、すなわち「連鎖店」の台頭について、認識を深めさせることとなる。「連鎖店」とは、三越の経営陣の一人であった北田内蔵司が「多数の店が一個の中央本部に統括されて、統一された仕入、販売、サービスを以て大量仕入と多量販売を目的とする経営法に依る小売店」[17]と定義しているように、現在でいうところのチェーンストアを指したものであるが、当時アメリカではこのチェーンストアの成長が著しく、小売業界の主役に躍り出ようとしていた。髙島屋本店調査部によれば、一九二三年度におけるチェーンストアの総売上高は全小売総額の僅かに七・八パーセントであったのが、一九二八年度においては一八パーセントとなって、百貨店の一六パーセントを抜き、一九三〇年度には二一・五パーセントとなり、一五パーセントと横ばいの百貨店を引き離す勢いを見せていた。また一九一九年を一〇〇とした時の売上高増加率については、およそ一〇年後の一九二八年時点での百貨店の売上高が三八パーセントの増加率であったのに対し、チェーンストアの売上高の業界平均増加率は約三一二パーセントに達している[18]。後章で述べるように、日本においては一九二〇年代末から一九三〇年代半ばにかけて百貨店対中小小売商問題が発生することとなるが、アメリカにおいては当該期そのような問題は発生せず、むしろ対立を深めていったのはチェーンストアと中小小売商であった。そのため各州で、中小小売商保護と寡占状況の緩和のためチェーンストアの統制立法が制定されていくこととなる[19]。このようなアメリカにおけるチェーンストアの急速な展開を目の当たりにした日本の百貨店経営陣は、チェーンストアに対する意識を高めていった。前述の白木屋常務を務めた石渡泰三郎は『欧米百貨店事情』の中で「百貨店をして恐るべき競争者は連鎖店である」と述べ、危機感を示している。

また松坂屋においても、後に常務になる塚本鉢三郎や、北澤平蔵といった経営幹部がアメリカ視察をする際は、必ずチェーンストアの研究を行っている[20]。そして各社の百貨店経営幹部は、百貨店経営の中にチェーンストア方式を組み込めないか、という模索をはじめていくのである。石渡と同じく白木屋経営幹部の一人であった山田忍三も自著『百貨店経営と小売業』において「我が百貨店こそチェーン最初の連鎖店として進む運命を有する」と述べ、積極的にチェーンストア方式を取り入れる必要性を述べた。[21]このほか三越取締役を務めていた林幸平も商業誌『実業之日本』に「デパートとしての希望」を寄稿した際、「日本のデパートもこれから先は、チェーン・ストア式になってゆくだろう」という展望を示している。[22]同じころ三越常務であった北田内蔵司も、『百貨店と連鎖店』を著し、百貨店の将来について「現在の百貨店の特徴と連鎖店の特徴を併合することに依つて、より以上完全なる経営法に移ることが、将来の百貨店として当に取る可き進路である様に思はれる」と百貨店の今後のあるべき方向性を提示した。[23]

こうした百貨店によるチェーンストア方式の模索は、一九二〇年代後半から一九三〇年代前半にかけて様々な形で具体化していくこととなる。白木屋は一九二八年から一九三一年までに東京の大塚、五反田、大井(町)、大森、麻布、神楽坂、錦糸堀に分店、丸ビルに売店を設置するとともに、大阪の梅田、野田阪神、玉造、福島、天六と京都にも分店を設置していく。この分店は、日用品や食料品を主要取扱商品と位置付け、百貨店本体とは別に、分店支店網によるチェーンストア方式の導入を図っていく。[24]

また三越は東京にある日本橋本店に加え、一九三〇年東京に銀座店、新宿店を設けたほか、前述のように一九三〇年から一九三三年にかけて金沢、高松、札幌、仙台に支店を設置していく。これに加えて、一九二七年には子会社として、食料品を扱う株式会社二幸商会を設立、一九三〇年に地上六階地下一階の新宿店と一九三二年の木造二階による渋谷店を開設したほか東京市中に一一店舗を設置するとともに、三越各支店の食堂営業を担わせ、日本における食料品チェーンストアを企図した。髙島屋も一九二九年に岸和田、一九三一年に和歌山の出張店を設け、大阪店との連携を図ったことに加え、後章で詳述するように、百貨店経営とは別に、髙島屋十銭二十銭ストアという均一店経営を行い、均一店によるチェーンストア方式の導入を目指した。

　このように中央百貨店によるアメリカ視察とチェーンストアの脅威の認識が、当該百貨店経営陣をして、百貨店によるチェーンストア方式の模索という流れを創出し、様々な形態での支店網形成がなされ、その結果として更なる郊外、地方の百貨店勃興の契機となっていったのである。しかし、一九二〇年代後半から一九三〇年代当時の日本においては、実際のところ、アメリカのように百貨店業の脅威となるようなチェーンストアが存在していたわけではない。それではなぜ、日本の百貨店業界、とりわけ大都市呉服系百貨店は競合する新たな小売業態が育っていない中にあって、チェーンストア方式を模索することになったのであろうか。このことは日本の百貨店業界における内的要因にも着目する必要があることを意味している。ここでいうところの内的要因というは、具体的には百貨店化に伴う取扱部門の増加と呉服部門の変化、そして店舗規模の拡大と営業費との関係についてである。次節以降、アメリカ視察による百貨店経営陣の判断に加え、チェーンストア方式の導入が、当時先行する日本の百貨店が抱えていた経営課題を打開する新戦略であったことについて松坂屋を事例に検討を加えていくことにしたい。

第二節　松坂屋における百貨店経営の課題

（一）一九一〇年代における松坂屋の百貨店化

戦前期における松坂屋の経営史については、すでに末田智樹氏、中西聡氏らによる研究成果が出されている[25]。本節では、そうした先行研究を踏まえつつ、改めて松坂屋の経営状況を確認し、経営の合理化と支店形成の文脈から、松坂屋の経営戦略を位置づけてみたい。

松坂屋は、そもそも名古屋に拠点をもつ近世以来の呉服小間物商であり、明治期までに、いとう呉服店という名称で、名古屋・上野・大阪店のほか京都に仕入店を展開していたが、一九一〇年(明治四三)に株式会社化して以降、店舗規模を順次拡大、百貨店化を進めていった企業である[26]。一八九〇年代後半から一九〇〇年代前半、すなわち株式会社化前後における松坂屋の営業状況をみてみると、名古屋店の売上高は横ばい、上野店の売上高は安定せず、一九〇〇年を境に減少傾向がみられ、一九〇九年には大阪店を閉鎖するなど、必ずしもはかばかしくない経営状況であった(表1)。

こうした中で、一九〇六年に名古屋本店に洋間やショーウィンドーを設けた改装を行い、一九〇七年には上野店において座売式から陳列販売方式に転換したところ、売上高が増加、この改革での成功により松坂屋は百貨店化への道筋が付けられていくことになる。松坂屋史料室所蔵の、『商品売上仕入送品高月計簿』によれば、店舗入場者数について、名古屋本店で増改築を行った一九一八年(大正七)を境に、一九一九年以降、年間入場者数が一〇〇万人を突破するようになる。上野店でも一九一六年から一九一七年にかけての新築、増築工事を受け、四階建て五九四〇平方メートルの新本館が完成すると、一九一八年以降は年間来場者数が一〇〇

表1　松坂屋売上高推移
(明治期)　※単位：円

西暦(元号)	名古屋店	上野店
1896(明治29)	214228	140965
1897	217210	163227
1898	204083	142383
1899	194516	161961
1900	233225	180003
1901	242603	176114
1902	240212	152518
1903	251056	127758
1904	213224	125045
1905	237913	177425
1906	377286	218508
1907	400760	459221
1908	不明	497334
1909	不明	498415
1910(明治43)	不明	559357

出典　竹中治助編『新版店史概要』(松坂屋、1964年)

銀座店			栄店			合計			
売上高	入場者数	1人当り売上高	売上高	入場者数	1人当り売上高	売上高	栄店以外の売上高	入場者数	1人当り売上高
						1151829			
						1190916		690321	1.73
						1406188		662894	2.12
						1423454			
						1466805		825600	1.78
						1673416		797383	2.10
						2930267		1027536	2.85
						4744586		2051883	2.31
						7879303		2324071	3.39
						14801577		3461724	4.28
						20620380		5063082	4.07
						24431225		6178185	3.95
						27182570		7873887	3.45
						31612584		9855087	3.21
2321687	750372	3.094048019				39423820		10342629	3.81
10145747	4474258	2.267582021				46003381		17096776	2.69
11212924	4702326	2.384548413				50527202		19561487	2.58
12418415	5591744	2.220848272	1958721			58034065	56075344	23027474	2.44
11488904	5186157	2.215302005	2034249			56933812	54899563	21638074	2.54
10043738	5706875	1.759936568	2010476			63705847	61695371	29963229	2.06

営展開—いとう呉服店（松坂屋）の「百貨店」化と大衆化—」（『経営史学』47（3）、2012年）

万人以上となった。また一人当たりの売上高についても、一九一〇年代を通じて上昇し、当初一円台であったのが、店舗と年による差があるものの、平均としては一九一八年から一九二〇年にかけては四円台に達した（表2）。店舗規模の拡大が年間来場者数の増加と一人当たりの売上高の上昇に繋がっており、この時期の顧客層が比較的上流顧客であったことがわかる。そのことは呉服部門の売上からもうかがえる。同じく松坂屋史料室所蔵の『商品部門別売上月計簿附期及年計表』には、一九一八年から一九二九年（昭和四）にかけての松坂屋各商品部門別の年間売上高が記録されているが、この史料によれば、一九一〇年代後半から一九二〇年代初めにおいて、売上高を牽引していたのは和装の絹織物の部門であり、中でも「友禅形染類」、「御召・綾

表2　松坂屋入場者数ならびに売上高推移

年度	名古屋店			上野店			大阪店		
	売上高	入場者数	1人当り売上高	売上高	入場者数	1人当り売上高	売上高	入場者数	1人当り売上高
1910	714807			437022	80181	5.45			
11	729017	598868	1.22	461899	91453	5.05			
12	787529	524621	1.50	618659	138273	4.47			
13	742668			680786	387010	1.76			
14	655066	509743	1.29	811739	315857	2.57			
15	752148	487905	1.54	921268	309478	2.98			
16	1106648	515828	2.15	1823619	511708	3.56			
17	1504530	676587	2.22	3240056	1375296	2.36			
18	2263107	872763	2.59	5616196	1451308	3.87			
19	3973983	1410696	2.82	10827594	2051028	5.28			
20	5091144	1563625	3.26	15529236	3499457	4.44			
21	6339488	2026053	3.13	18091737	4152132	4.36			
22	6896528	2439956	2.83	20286042	5433931	3.73			
23	8017804	3034043	2.64	17435750	4945760	3.53	6159030	1875284	3.284318535
24	8523774	3111710	2.74	21364997	5005737	4.27	7213362	1474810	4.891044948
25	10561368	6017451	1.76	17680735	4717052	3.75	7615531	1888015	4.033617847
26	12802043	7831871	1.63	17907203	4703643	3.81	8605032	2323647	3.703244081
27	14572004	8718809	1.67	20256305	5728517	3.54	8828620	2988404	2.954292659
28	14119026	8013159	1.76	20573027	4921992	4.18	8718606	3516766	2.479154428
29	13667171	7347362	1.86	29628137	13559106	2.19	8356325	3349886	2.494510261

出典　「商品売上仕入送品高月計簿」松坂屋史料室所蔵、参照　中西聡「両大戦間期における百貨店の経
※単位：売上高は円、入場者数は人、１人当たりの売上高は円

糸・袴地類」といった高級呉服が最も高い売上高を誇っているのである（表３）。松坂屋は一九一〇年から発行していた自らの機関誌に「百貨を網羅する」の意味から『モーラ』と銘打っていたように[27]、陳列販売方式の導入や、取扱部門の拡大といった経営改革の中で、文字通り「百貨」店を目指していったが、このように、株式会社化を遂げた一九一〇年代において、主要な売上高を誇っていたのは高級呉服類であり、一九一〇年代を通じての呉服と雑貨間の売上比率を比べてみても、呉服における売上高が圧倒的であり、呉服売上高比率は七〇パーセント台を維持し、上流顧客向け呉服に支えられた経営であったことが分かる。

次いで、株式会社化以降一九一〇年代を通じての松坂屋全体の経営状況について売上高と営業費の関係に着目してみて

みたい（表4）。株式会社化以降の松坂屋の営業費の推移をみてみると、一九一〇年代半ばまで松坂屋における年間営業費は一〇〇万円に満たなかったが、一九一〇年代後半に入り、一〇〇万円を超えている。総売上高については、一九一〇年に一六〇万円であった売上は、一九一九年には一八〇〇万円と一〇倍以上の伸びとなった。店舗規模の拡大に伴い、いずれも急激な上昇をみせていることが分かる。この売上高と営業費の関係について、営業費率をあわせてみてみると、一九一〇年代特有の変化がみてとれる。売上高に占める営業費率については、一

1924年	1925年	1926年	1927年	1928年	1929年
2390785	3113489	2829379	2764843	2415992	1863409
2026624	2944283	2739523	3110622	2872111	2461951
3059784	4048815	3936446	3600584	3360941	3210246
2937176	5523809	4530024	4302992	3872457	3022446
2479984	3596927	3552179	3411825	3558945	3223694
2294076	3165394	2852756	2821735	2593853	2174761
2826597	4971247	4422610	4481470	4068334	3150335
1930828	2599591	2535124	2449191	2253868	1923320
243694	296513	314320	333311	292957	1283281
1800433	2460731	2415300	2288656	2374136	2182188
1841875	2671243	3331516	3496957	3801358	3129081
2311204	3703859	3758230	3960824	4163243	3766036
2125721	3380758	3028055	2941668	2919317	2515335
1734618	2702633	2946360	3335954	3824186	4260563
367908	406984	476185	496650	565914	666620
330293	448006	445407	524036	607061	734694
322037	467308	509706	505478	480218	1053734
1682147	2178503	2443833	2594647	2863123	1948196
224810	321227	335149	360721	398027	1556217
730414	1223623	1401774	1547667	1660102	1745707
2224947	2994138	3271932	3466422	3766766	3809549
935283	1098333	748476	780147	845767	1134119
201769	541868	995789	975914	1041097	1551644
840059	1071905	1282305	1406025	1508365	1688716
52931	127657	186856	242205	281429	340729
4115	130393	173704	151593	163402	347302
170089	61406	13905	11104	19257	122547
592342	697012	674717	697408	165005	771334
20704	30911	28729	29110	34975	38092
25596	44422	56077	64743	71308	99637
	34531	125454	161162	111998	182707
		1774996	2052668	2180640	2740359
			1332920	3722334	10122137
					372567
4949106	4928224	10506	41354	12584	25517
44968446	52129295	58147322	60659848	63445902	69167736

計を加味せず除いた。※単位：売上高は円

表3　松坂屋部門別売上高推移

番号	部門名	1918年	1919年	1920年	1921年	1922年
1	綿布縞絣類	883988	1536920	1843001	2084282	2177056
2	綿布無地形染類	180395	1309476	1651940	1819178	1855565
3	毛織洋物類	547971	965524	1623531	1913286	2316214
4	友禅形染類	725089	1528231	2194095	2913382	3029856
5	絹布無地・石持類	920576	1720474	2174163	2544674	2483427
6	御召・綾糸・袴地類	1109610	2202463	2830465	2932182	2797676
7	銘仙・大島紬類	832011	1521894	2261427	2379441	2636920
8	帯地・緞子類	597288	1038334	1410040	1757847	1802165
9	麻布類	33803	114918	148063	163838	164975
10	半襟・小物類	291384	620674	814901	1078118	1196940
11	既製品類	312649	686863	886467	1158722	1296676
12	洋雑貨類	539297	882957	1148987	1457017	1621461
13	ショール・洋傘・履物類	355256	672909	979321	1150319	1309850
14	食料品類	145894	296713	573568	787840	1140541
15	貴金属・時計類	379855	704153	424354	373665	371058
16	靴・鞄類	52714	103666	179302	201601	263482
17	頭飾品・手芸品類			173226	227986	252872
18	家具・陶磁器類	171631	384506	514311	623468	701684
19	袋物類			157687	178968	210600
20	化粧品・薬品類			242112	309120	400005
21	児童用品類			709291	1104144	1374311
22	文房具書籍類	370258	138897	505121	630548	731429
23	運道具・玩具・節句飾り物類	2059	69281	92139	126883	145923
24	洋服トンビ類	123111	264547	427287	539959	496915
25	絵書・美術品類				18254	48242
26	写真・楽器類					
27	臨時品	36393	16633	727311	61605	108175
28	工料	256586	410010	474990	585919	587255
29	進物包装品類	13293	7257	11438	17820	26089
30	荷具運賃	3256	7321	11196	14780	19227
31	花弁・小禽類					
32	食堂理髪写真撮影					
50	特売品					
60	市場					
	其の他	50	176	27569	26241	17927
	総計	9484417	17790283	25162165	29128605	31584516

出典　『商品部門別売上月計簿附期及年計表』松坂屋史料室所蔵、1923年は関東大震災の影響で上野店の統

表4　松坂屋営業成績　※単位円、純益率、営業費率は％

年度	総売上高	商品売買収益	営業費	減価償却費	純益金	純益率	営業費率
1910	1693070	250678	236666		17307	1.0	14.0
1911	1836284		266613		45661	2.5	14.5
1912	2129012		277390		105461	5.0	13.0
1913	2286338	399548	334368		113415	5.0	14.6
1914	2225290	337328	332404		65160	2.9	14.9
1915	2533231	379823	291349	7039	153136	6.0	11.5
1916	4089217	623286	444848	16346	256444	6.3	10.9
1917	6319650	1149988	792174	37553	437160	6.9	12.5
1918	10198467	1561402	1125245	82807	383036	3.8	11.0
1919	18496911	2773737	1733186	82281	969957	5.2	9.4
1920	25251295	3505101	2469834	84329	995395	3.9	9.8
1921	29474542	4843832	2816865	81097	1899234	6.4	9.6
1922	31568333	5179808	3308372	111180	1774292	5.6	10.5
1924	45218982	7508973	4716471	162073	2665326	5.9	10.4
1925	52675266	8387594	6054971	325885	2153433	4.1	11.5
1926	58333785	9560302	6674454	374890	2331281	4.0	11.4
1927	67030985	10944864	7601049	400728	2832240	4.2	11.3
1928	65402725	11166402	7920929	530864	2702875	4.1	12.1
1929	72295536	12749207	9082710	755256	2684245	3.7	12.6
1930	67767000	11921435	8785017	732825	2160767	3.2	13.0
1931	65352000	11885684	8676765	704317	2403386	3.7	13.3
1932	63660000	11835477	8889173	652237	2354553	3.7	14.0
1933	65887000	12236235	9157219	591355	2529053	3.8	13.9
1934	73533000	14218484	10321868	781896	3112596	4.2	14.0

出典　総売上高については『商品仕入送品高 月計簿』松坂屋史料室所蔵、1930年以降の総売上高については『新版店史概要』（松坂屋、1964年）。その他の数字については『営業報告書』（第1期～50期）松坂屋史料室所蔵。
参照　中西聡「両大戦間期における百貨店の経営展開—いとう呉服店(松坂屋)の「百貨店」化と大衆化—」（『経営史学』47(3)、2012年）
※単位：円、純益率、営業費率は％

九一〇年から数年間は一四パーセント程度であったが、その後減少し、一九一九年には一〇パーセントを切るに至っているのである。

松坂屋において一九一〇年の株式会社化から数年間は営業費率が一四パーセント台と高いのは、新たな営業形態を認知してもらうため、広告費と進物費がかさんだものと思われる。松坂屋の一九一〇年から一九一四年時『営業報告書』における営業費の内訳をみてみると、人件費とそれに伴う食費の経費に次いで、広告費・進物費の額が高い（表5）。

『新版店史概要』によれば、一九一〇年四月に名古屋で全国新聞記者大会が開催された際には、参加者を店舗に招待、同年一〇月同じく名古屋で「朝鮮貴族観光団招待会」が催された際にも名古屋店を会場として提供し記念品を贈呈、同年一二月に「名古屋婦人会主催の愛知県下善行婦人招待会」を開催した際にも記念品を贈呈している等、この年、公的会合の場として三〇余回、社交の場として店舗を提供している。[28]また翌一九一一年三月にも愛知県下三慈善事業団体を招いての慈善娯楽会を開催し、昼食と記念品を贈り、余興を催している。[29]こうした内外へのPRの結果、売上高の伸び率に対し、営業費の伸び率の方が伸張したのであろう。

松坂屋では一九一三年に、店則を改正、名古屋店を名古屋営業部、東京店を東京営業部のもとにおき、名古屋に本社を設置するなど、株式会社化以降も社内諸制度の改革を順次行った。一九一四年には、東京で売れない商品を名古屋に送り、名古屋の趣向に合わない商品を東京に送って販売することで商品回転率を高める商品転換制度を創設するとともに、店員慰安会や商品棚卸のための臨時休業をなくし、慰安会は全店員を半数または三分の一ずつの交代制、商品棚卸勘定は二日間営業終了後に行う方式に改めた。一九一五年には会計事務検査制度を設定、売上成績の向上と営業費の効率化を図った。これらの対策が奏功したことから、一九一〇年を一〇〇としたときの売上高指数は営業費のそれを上回るようになる（表6）。また一九一八年からは商品部門制度を実施、商品部門毎の仕入等の効率化によって、翌一九一九年には営業費率は一〇パーセントを切り、九・四パーセントとなった。

一九一〇年代の日本は、一九一五年以前の不況、一九一五年後半からの第一次世界大戦による国内の景気回復、そして第一次世界大戦終了に伴う一九二〇年の反動恐慌と、景気の波が大きかった時期であり、松坂屋においても一九一四年、一九二〇年については純益率が低下している。しかし、社内改革の成果もあって、傾向としては売上高の伸びに比して営業費は抑制され、純益率も五〜六パーセントを維持していたのである。

（二）一九二〇年代の松坂屋経営状況

店舗規模の拡大が、年間来場者数と売上高を押し上げていく、という成長戦略は一九二〇年代においても継続して進められていくこととなる。一九一八年（大正七）の名古屋店増改築に続き、一九二五年に名古屋店は南大津町に移転新築、鉄筋六階建て、地下二階、二〇〇〇〇平方メートルの店舗となるが、これにより、名古屋店の売上高ははじめて一〇〇〇万円を超え、入場者数も倍増することとなる。東京上野店においても、店舗内での陳列場の拡張や、一九二二年の別館新築などを通じて、年間入場者数は四〇〇〜五〇〇万人台に上昇した後、関東大震災の影響もあって一時横ばいとなるものの、一九二九年（昭和四）、鉄筋七階建て、二万五〇六〇平方メートルの店舗を新築すると、この年の年間入場者数は前年比およそ二・八倍となり、売上高も前年比四四パーセント増となり、三〇〇〇万円に届こうかという好成績を上げるようになった[30]。同じく関東大震災の後、一九二四年に銀座のビル地上六階、地下一階、六六〇〇平方メートルと、関東大震災直前の上野店とほぼ同様の店舗規模で出店した銀座店の年間入場者数は四〇〇〜五〇〇万人台であり、これは関東大震災前の上野店の年間入場者数とほぼ同様である。立地条件によるものの、店舗規模の大き

1913年前期	1913年後期	1914年前期
37389	41502	45973
8259	9182	7908
10724	11518	13321
15340	16355	16566
13474	16036	16214
6031	5170	6959
5783	8418	7815
8430	8134	8398
7512	13672	8195
4306	5158	4917
10410	14118	14075
3102	2964	4803
15712	15306	17226
4543	7372	7499
4725	3709	5630

表５　松坂屋営業費内訳

営業費	1910年前期	1910年後期	1911年前期	1911年後期	1912年前期	1912年後期
創立諸費	9411					
給料及雑給	23002	24944	30005	32742	32867	35651
旅費	4071	1004	4515	6579	5814	6681
公費	3319	7065	6720	7935	7720	10372
広告費	9830	8440	11242	11047	11238	10979
進物費	13219	12346	10768	11551	10586	15501
需品費	8074	6473	6039	6900	8515	4821
装飾費	7259	4611	1141	4756	3124	5231
借家費	5060	5110	5085	5025	6000	6057
修繕費	2130	3628	8165	6027	6393	6341
運搬通信費	4541	5053	5331	3495	3602	4040
利子	3660	8070	12831	12022	9562	9909
点灯費	4121	3966	3396	3100	3753	3245
食餉費	12123	13842	13614	14140	14590	13948
雑費	5671	8579	11878	8047	7526	5708
臨時費	5514	1415	1946	551	3103	5499

出典　『営業報告書』（第１期～９期）松坂屋史料室所蔵。　※単位：円。

さが入場者数を一定程度規定していたことが分かる。

また店舗規模の拡大は、実店舗における売場面積の拡大を意味し、百貨店における売場売上高比率が高まることとなる。店舗売場への直接来客者による購買（売場）、法人・上得意客に対する営業（外商）、カタログ等を通じての通信販売及び、地方への出張販売（地方）の各売上高について、松坂屋所蔵の『商品売上仕入送品高月計簿』[31]よりみてみると、一九一〇年～一九二〇年代にかけ、店舗全体の売場、外商、地方とも売上高は増加しているものの、それぞれの売上高比率は変化している。一九一一年における売上高に占める売場比率は六七・四パーセントであったが、その後増減があるものの、全体としては増加傾向を示し、一九二〇年には八〇パーセントを超え、一九二九年には九〇パーセントに迫るまでになっている。一方、外商、地方の比率は減少傾向を示し、二〇パーセント以上あった外商比率は一九二二年に一〇パーセントを切り、一九二九年には六・八パーセントに低下した。一九一〇年代を通じて、おおよそ一〇パーセント台であった地方比率も一九二〇年代はおおむね五パーセ

表６　松坂屋売上営業指数

西暦	総売上高指数	商品売買高指数	営業費指数
1910	100.0	100.0	100.0
1911	108.5		112.7
1912	125.7		117.2
1913	135.0	159.4	141.3
1914	131.4	134.6	140.5
1915	149.6	151.5	126.1
1916	241.5	248.6	194.9
1917	373.3	458.8	350.6
1918	602.4	622.9	510.4
1919	1092.5	1106.5	767.1
1920	1491.5	1398.2	1079.2
1921	1740.9	1932.3	1224.5
1922	1864.6	2066.3	1444.9
1924	2670.8	2995.5	2061.4
1925	3111.2	3346.0	2696.1
1926	3445.4	3813.8	2978.6
1927	3959.1	4366.1	3381.0
1928	3863.0	4454.5	3571.2
1929	4270.1	5085.9	4156.9
1930	4002.6	4755.7	4021.6
1931	3860.0	4741.4	3963.8
1932	3760.0	4721.4	4031.6
1933	3891.6	4881.3	4119.1
1934	4343.2	5672.0	4691.7

出典　同表４。
※指数は1910年を100としたもの。

ント台前後に終始する（表７）。もっとも、本店として外商や通信販売等の機能を有していた名古屋店については、他店舗に比べ売場売上高の比率は相対的に低く、対して上野、銀座、大阪の店舗は九〇パーセントを超えるなど、店舗間によりこの比率は若干差異があったが、全体としては一九二〇年代後半において松坂屋の売上のおよそ九割は実店舗の売場が担うことになっていくのである。

また店舗規模の拡大と相まって、松坂屋の商品部門も拡大、一九一八年には二四部門であったのが、一九二九年には三四部門に増加した[32]。この間、増えた部門は、頭飾品・手芸品類、袋物類、化粧品・薬品類、児童用品類、絵画・美術品類、写真・楽器類、花弁・小禽類、食堂理髪写真撮影、特売品、市場と、絵画・美術品類を除けば、おおよそ雑貨小物や特売品であり、雑貨小物や特売品が従来からの呉服を主軸とした松坂屋の部門別売上比率に変化を与えていくこととなる。一九一〇年代を通じて高い売上高を誇っていた友禅形染物類や御召・綾糸・袴地類はその後も漸増するものの、一九二五年をピークに以下減少傾向に転じるようになる。これは呉服全

表7　松坂屋営業部別売上高推移

年度	売場	外商	地方	総計	売場比率	外商比率	地方比率
1910	1151829	379624	99268	1693070	70.6	23.3	6.1
1911	1190916	383236	192192	1836284	67.4	21.7	10.9
1912	1406188	433793	288995	2129012	66.0	20.4	13.6
1913	1423457	484139	378711	2286338	62.3	21.2	16.6
1914	1466805	474018	284438	2225290	65.9	21.3	12.8
1915	1673416	521071	338720	2533231	66.1	20.6	13.4
1916	2930267	694551	464371	4089217	71.7	17.0	11.4
1917	4744586	959933	615115	6319650	75.1	15.2	9.7
1918	7879303	1389570	847916	10198467	77.9	13.7	8.4
1919	8868005	2184811	1509581	18496911	70.6	17.4	12.0
1920	20620380	3135765	1490088	25251295	81.7	12.4	5.9
1921	24431225	3171359	1868220	29474542	82.9	10.8	6.3
1922	27182570	2918140	1467597	31568333	86.1	9.2	4.6
1923	31612584	2710916	1636668	35960171	87.9	7.5	4.6
1924	39423820	3296145	2499017	45218982	87.2	7.3	5.5
1925	46003381	3497799	3174068	52675266	87.3	6.6	6.0
1926	50527202	4263286	3543286	58333785	86.6	7.3	6.1
1927	58034065	4875296	4121616	67030985	86.6	7.3	6.1
1928	56933812	4689006	3779904	65402725	87.1	7.2	5.8
1929	63705850	4907159	3682633	72295536	88.1	6.8	5.1

出典　『商品売上仕入送品高月計簿』（松坂屋史料室所蔵）
※単位：売上高は円、比率は％

般に当てはまる現象であり、店舗規模の拡大と呉服の売上高は比例関係になかったことが分かる。対して、新たに高い伸びをみせていくのが、既製品類、洋雑貨類、食料品類、児童用品類、食堂理髪写真撮影、特売品といった部門であり、一九二九年における売上高上位三部門は、特売品、食料品類、児童用品類となり、友禅形染物類は九位、御召・綾糸・袴地類は一四位と後退している。

こうした変化は、顧客層が一九一〇年代とは変化していったことと無関係ではない。表2にみられるように、一九一〇年代から二〇年代にかけて年間入場者数は一定して増加傾向をみせる反面、店舗間における差異はあるものの、松坂屋全体としては、一人あたりの売上高は一九一九年の四・二八円をピークに漸減し、一九二九年には二・一三円と一九一五年頃の金額となっている。一九一〇年代の絹織物を中心とした高級呉服を購買する上流顧客層から、既製品や日用雑貨品、特売品を購買する層へ、百貨店の大衆化が進行していたのである。松坂屋は店舗規模の拡大による成長戦略をとっていく中、規模の拡大に見合う売上高を求めていくにあたって、従来からの上流顧客に加え、より下層の利用客を取り込む必要があった。そのことは松坂屋が一九二〇年三月、株式会社創立一〇周年記念式において社是とする「信条」を布達したことからも確認することができる。

「信条
第一主義
実用的大商店として立ち堅実なる店風を発揚すべし
この本旨を実現せんがため左の覚悟あるを要す
一、広く実用的商品を網羅して各部門を充実し一般顧客の需要に備うること
一、総ての設備を整え入り好く買いやすくし専ら顧客の利便をはかること
一、名誉を倫び信用を重んじ堅実なる営業振りを以て終始一貫すること
第二商品
清新にして善良なる商品を廉価に販売すべし
この本旨を実現せんがため左の確信あるを要す
一、当店の商品は悉く意匠清新にして能く時代の趣好に適応すること
一、当店の商品は皆素質善良にしてあまねく厳密なる吟味を経たること
一、当店の商品は必ず廉価にして一品たりとも他店に比して高価ならざること
第三任務

誠実敏速にして能くその任務を尽し万事顧客本位たるべし
この本旨を実現せんがため左の信念あるを要す
一、顧客の心を以て心となし礼を厚うし辞を卑うし顧客の無理をも甘受すべきこと
一、買上品の有無に拘らず常に誠意をこめ親切を尽し必ず顧客の満足を期すべきこと
一、誂物は正確に届け物は敏速に調達しその他一切の店務周到なる用意を以て之に当り各その任務を尽して寸毫も油断あるべからざること[33]」

このように「信条」では、実用的大商店、廉価販売、誠実敏速がうたわれている。実用的商品を充実させ、それらをより安く販売し、様々な顧客に対応することが一九二〇年代の松坂屋にとって命題であったのである。これを受けて、部門の増設に先駆け、「信条」が布達された同一九二〇年には名古屋店、上野店でさっそく「最新安値品大売出し」を行っており、一九二二年には、名古屋店の市内部主任であった中川宗吉を陳列場付兼子供及女性店員教育係に任命し、接客販売の実務教育専任担当の役職を設けるなど、現場での動きがみられるようになる。中川は翌一九二三年には教育資料をとりまとめた『接客法』というマニュアル本も作成している[34]。

一方で、こうした松坂屋の動きは、単独のものというよりは一九二〇年代における日本の大都市呉服系百貨店全体の流れの中に位置付けるべきものといえる。一九二〇年代初頭、日本は第一次世界大戦後の反動不況にみまわれており、その対策としての実用品廉売による集客という事情もあり、例えば、一九一九年に三越大阪店では「さかえ日」、日本橋本店で「木綿デー」と銘打ったセールを開催しているほか、一九二二年には、日本橋本店に実用品廉価販売のための、マーケット売場を新設している。また一九二〇年には髙島屋東京店で「特別安売りデー」、そごう大阪店でも「大暴落半額売り出し」を開催しているほか、一九二一年には白木屋大阪店が「安く売る店」を標語としていく[35]。松坂屋の動きも、こうした東京、大阪の大都市呉服系百貨店の動向の一環であった

のである。

（三）　松坂屋における経営課題

一九二〇年代の経営規模拡大の実態は、実店舗の新築、増築による売場面積増床と、それに伴う取扱部門の増加であり、幅広い顧客層の取り込みによる成長モデルであった。この路線は一九二〇年代を通じて、売上高上昇という結果をもたらす一方で、新たな課題を惹起させていくこととなる。それは営業費の上昇と純益率の低下である。一九二〇年代前半まで一〇パーセント以下まで漸減傾向にあった営業費率は一九二〇年代半ば以降再び上昇に転じるようになるが、ほぼ逆の傾向を示すのが純益率であり、一九一〇年代半ばから一九二〇年代初めにかけおおむね五〜六パーセント台であった純益率は一九二〇年代半ば以降徐々に低下していくことになる。一九一〇年（明治四三）比からの総売上高指数と営業費指数の関係についてみてみると、一九一五年（大正四）以降一貫して、総売上高の伸びが営業費を上回っていたのが、一九二〇年代後半になるとその差が縮まり、一九三〇年（昭和五）には営業費指数が総売上高指数以上の伸びを示すようになる。即ち、一九二〇年代以降、営業費の上昇が総売上高を圧迫し、純益率の低下を招くようになっていったのである。

一方で、一九二〇年代は顧客層の変化や呉服の売上高に占める比率が下がり、雑貨品の比率が高まる、所謂「百貨店の大衆化」が進行していた。高級品に比して雑貨は薄利多売であり、純益率の低下は、取扱商品の変化も要因ではないかという疑問が出てくる。

しかし次の表からはそうした現象は起きていなかったことが分かる。表8は松坂屋所蔵の『商品部門別仕入月計簿附期及年計表』、『商品部門別売上月計簿附期及年計表』から年毎の商品部門別粗利率を抽出したものである。

この表をみると、呉服類に比して雑貨類の粗利率が必ずしも低いわけではなかったことが分かる。特売品については粗利率一〇パーセント以下であるものの、呉服、雑貨とも粗利率は一七パーセント前後で推移している商品が多く、常に突出した粗利率を誇っていた商品群があったわけではない。そのことは平均粗利率が一九一九年（大正八）から一九二九年（昭和四）の間ほぼ横ばいであることからもうかがえる。また先にみた表6にあらわれるように、商品売買高指数をみても、商品売買高指数は総売上高、営業費の伸びを常に上回る推移をたどっている。一九二〇年代を通じた呉服から雑貨への売れ筋商品部門のシフトの中でも、全体として収益のバランスをとり商品売買における粗利率は変わることがなかった。このことから、純益率の低下が主要取扱商品の変化によるものではなく、営業費率増加の結果ということができるのである。

それでは、純益率の減少傾向の要因となった営業費率増加はなぜ起きていったのであろうか。松坂屋の『営業報告書』は一九一四年（大正三）以降の営業費内訳について具体的な数字を記載していないものの、先にみた表5からみてとれるように経費に計上される費用で最も大きいのは給料及雑給、すなわち人件費であり、人件費は経費の四分の一に相当し、店員の食費も含めると全体の三分の一を占めている。松坂屋の店員数については各年毎の正確な数字は史料上追えないものの、表9で示しているように、店舗規模の拡大とともに年を追うごとに増加し、当初店舗全体で五〇〇人規模であった店員数は一九二〇年代半ばには二〇〇〇人規模となり、一九三〇年代には六〇〇〇人規模と急速な増加傾向をみせている。

先に述べたように、店舗規模の拡大は実店舗売場における売上の比重を高め、売場売上高は一九二〇年代後半には、全体の売上の九割を占めるようになっていったが、その結果として売場面積の拡大に対応するため店員数の増加につながっていった。店舗規模の拡大は人件費の増加をもたらし、そのことが純益率を圧迫していたのである。

そして営業費と並んで、経費として計上され純益率を鈍化させていたのが、店舗規模の拡大に伴う減価償却費である。表4（営業成績）及び表10（店舗増床推移）からは減価償却費と店舗規模の拡大の相関関係がみてとれる。建物、什器の設備投資に伴う減価償却費の計上は一九一〇年半ば以降漸増し、一九二〇年代に入ると、一〇万円を超え一九三〇年代前後に五〇万円を超えるようになる。営業費と減価償却費を合算した経費率は一九二五年に一二・一パーセント、一九三〇年（昭和五）に一四パーセント、一九三二年に一五パーセントと上昇していく。店舗規模の拡大と維持費の上昇が純益率の低下という形で徐々に顕在化し始めていたのである。

こうした経営状況に拍車をかけたのが金融恐慌や昭和恐慌であった。金融恐慌後は一旦売上高は持ち直すもの

1925年	1926年	1927年	1928年	1929年
13	15	15	18	18
12	15	14	15	17
12	15	13	15	18
14	17	16	17	20
20	20	22	24	21
13	11	14	20	17
11	13	12	13	19
16	15	18	19	18
8	20	15	20	16
18	19	18	21	20
18	20	21	21	23
15	16	15	18	17
13	15	17	17	17
16	16	17	16	17
20	22	18	16	15
17	18	18	13	18
16	18	16	18	17
14	16	18	18	16
13	16	15	17	17
13	16	16	17	17
17	15	18	17	16
15	14	18	18	17
18	17	20	19	18
23	21	22	17	18
7	9	16	17	15
18	13	13	14	11
20	11	36	−290	49
17	14	17	−301	12
3	−2	1	−1	1
7	−4	1	0	−2
20	12	14	11	20
	12	10	12	12
		−6	8	9
				15
98	−634	−325	−1804	−654
17	16	16	17	17

表８　松坂屋商品部門別粗利率推移

部門名	1918年	1919年	1920年	1921年	1922年	1924年
綿布縞絣類	1	7	21	10	19	9
綿布無地形染類	－324	5	17	16	14	11
毛織洋物類	－4	4	20	12	15	8
友禅形染類	7	18	21	15	21	10
絹布無地・石持類	9	12	26	18	23	11
御召・綾糸・袴地類	0	11	24	12	19	11
銘仙・大島紬類	2	13	21	12	18	9
帯地・緞子類	8	11	24	11	22	17
麻布類	－29	－15	30	24	10	10
半襟・小物類	－8	25	26	20	19	13
既製品類	6	18	16	16	21	14
洋雑貨類	8	8	17	13	16	4
ショール・洋傘・履物類	－2	16	13	11	16	11
食料品類	7	2	13	12	14	9
貴金属・時計類	0	－2	27	18	19	－3
靴・鞄類	2	9	11	11	8	－2
頭飾品・手芸品類			3	15	12	11
家具・陶磁器類	－6	27	10	14	12	13
袋物類			1	14	13	10
化粧品・薬品類			16	12	17	5
児童用品類			9	13	16	10
文房具書籍類	－3	－338	13	16	15	13
運道具・玩具・節句飾り物類	－212	0	18	14	17	14
洋服トンビ類	15	12	15	36	6	9
絵書・美術品類				22	13	18
写真・楽器類						－116
臨時品	33	－98	7	36	－14	50
工料	7	16	15	15	11	13
進物包装品類	62	22	0	0	0	－1
荷具運賃	－67	－6	0	0	0	－5
花弁・小禽類						
食堂理髪写真撮影						
特売品						
市場						
其の他	－2956	－594	93	－27	－21	97
平均	3	11	19	14	18	12

出典　『商品部門別仕入月計簿附期及年計表』、『商品部門別売上月計簿附期及年計表』（松坂屋所蔵）※単位：％

表９　松坂屋店員数推移

年	店員数
1913	514
1918	1027
1919	1230
1920	1349
1921	1583
1922	1764
1923	2354
1930	5913
1934	6343

出典　店史概要（松坂屋、1937年）、新版店史概要（松坂屋、1964年）
※単位：人

の、昭和恐慌による経済不況は百貨店業界も無関係ではなく、一九二九年から一九三二年にかけて松坂屋では総売上高自体が減少、純益が伸び悩む原因となる営業費の抑制が経営陣にとっての経営課題にもちあがっていくこととなる。

一九三二年、松坂屋初の大卒専務として就任した小林八百吉は一〇月二〇日付の社内報、販売時報で以下のように述べ、売上高の減少と営業費の増大について危機感を表している。「世界の不況はいよいよ深刻を加え、我が百貨店界の業績も逐年逓減の一途をたどりその経営ますます困難におちいり、いずれも鋭意難関切抜けに汲々たるの現状にあり。翻って当店は財政状態の優越なる点において他の追従を許さざるものあり。したがって前期の考課状面に現われたる数字を以てすれば相当余裕ある如く見ゆれども、実はここ十数年間にかって経験せざる程の悪結果を示し、売上の激減に比し経費は容易に減縮を許さず、為に収支の均衡よろしきを失い、辛じて這般の決算を了し僅かにその責を塞ぎたるに過ぎず。かくの如き萎縮頽勢を持続することなお数期にも及ぼんか、堅実無比を誇れる当社の経済的特長もいつか消滅し、遂には経営難の行詰りを生ずるやも測り知るべからず。われわれ当事者の決意をかたむるは、まさに今日である。われわれは深く現下の実状に鑑み、万難を排して難局打開の方策を樹立し苦難を未然に防がねばならぬ。すなわち難局打開の方策としてまず以て信条の根本精神に立脚し、これが実践躬行に努め以て信条の精華を発揮せしむることが焦眉の緊急事たるを疑わぬ。販売時報の発刊にあたり、とくに各員の奮励を要望する所以である」(36)。

また同時期、小林は通達で「三大綱要」を各店に指示している。

「三大綱要

第一　当店独自の低値仕入と薄利販売の徹底を期して、全商品最廉価の実をあぐるとともに、品質の精選をはか

り、その事実か一般に認識されるよう強調すること
第二　商品の品ぞろいを敢行して常に清新な商品を充溢せしむること
第三　接客サービスの完璧と販売能率の向上を期して、お客様本位の店是を強調し売上げの増進をはかること[37]」
底値仕入・販売能率向上が掲げられる点で一九二〇年に発布された訓示「信条」よりも、より営業効率を意識した社是になっているといえる。松坂屋では、昭和恐慌期、売上高自体の減少に直面する中で、営業費率の増加と純益率の減少という収支バランスの悪化が経営陣の中で重要な経営課題として認識されるようになっていたのである。このような中、一九三〇年代に入ると、経営の合理化策が模索されるようになる。その政策の大要は経費効率性の高い店舗運営であった。一九三二年の経営陣交代に先立ち、一九三〇年には、本社開催の更正予算会議で、経費一割天引きの緊縮予算を決定するなど、経営陣は店舗経費削減の方向性を示していたが[38]、大都市部では昭和恐慌下の消費減退から百貨店間の競争が激しく行われ、無料配達区域の拡大や、夜間営業の拡大、顧客誘致のためのおとり廉売や景品といった過当サービス競争から容易に引けない状況でもあった。そのため、大都市呉服系百貨店がまだ進出していない地方都市に、経費効率の高い支店網を形成することで、新たな市場を獲得することが目指された。当時地方

表10　松坂屋店舗増床推移

1910年	株式会社化（2806m²）
1916年	上野店新築（第一期工事、2726m²）
1917年	上野店新築（第二期工事、5940m²）
1918年	名古屋店増改築（倉庫、事務室）
1920年	名古屋店増改築（陳列場）
1922年	上野店増改築（別館）
1923年	大阪店新築（3670m²）
1924年	銀座店開店（6600m²）
1925年	商号変更→株式会社松坂屋、名古屋店新築（鉄筋6階建て、20000m²）
1925年	名古屋店旧店舗に栄屋設立（マーケット式店舗）
1928年	上野店一部落成（第一期工事）
1928年	名古屋店増改築（北館1315m²）
1928年	大阪店増築（9380m²）
1929年	上野店新築（鉄筋7階建て、25060m²）
1930年	上野店増改築（南館）
1931年	栄屋御幸町分店（名古屋）開店（1267m²）
1932年	静岡支店開店（6218m²）
1934年	大阪店増改築（20218m²）
1935年	静岡支店増改築（7233m²）

出典　『新版店史概要』（松坂屋、1969年）『松坂屋60年史』（松坂屋、1971年）、『松坂屋百年史』（松坂屋、2010年）

においては松坂屋に先行して、三越が支店網を形成しつつあったが、松坂屋では対抗策として、東海道線から山陽線に沿って下関まで店舗網をつなぐ計画があり、前年の一九三一年には市場調査の意味合いもあってか岐阜、一宮の大日本紡績の工場にも売店を設置している(39)。また大都市以外では松坂屋初となる支店が、一九三二年に静岡市に設置された。

この静岡支店の土地、建物は百貨店を誘致した地元資本の静岡米穀肥料委託株式会社が担ったが、松坂屋も、出資会社として設立した朝日興業より建設資金一五万円を貸し出している。また建築の設計は松坂屋臨時建築部が行ったが、その設備費を含めた建設費は一平方メートル当り六〇円が基準と非常に低く抑えられることとなる。一九二六年に起工し、一九二九年に落成した松坂屋上野店の場合、総床面積二万五〇六〇平方メートル、総工費は二四八万円で、一平方メートル当りの建設費は約九九円がかかっている。静岡店は上野店の四割も平米当建設費を切り詰めた店舗であった(40)。また土地建物が地元資本によるため、完成後は賃貸契約のもとで営業することから、建物の減価償却費を計上しなくてもよかった。

表11　松坂屋各店面積並店員数

	名古屋店	上野店	大阪店	銀座店	静岡店
延床面積	21315.0	25060.0	9380.0	6600.0	6218.0
店員数	1411.0	2724.0	721.0	896.0	227.0
男	971.0	1403.0	475.0	497.0	86.0
女	440.0	1321.0	246.0	399.0	141.0
担当面積	15.1	9.2	13.0	7.4	27.4
女性店員比率	31.2	48.5	34.1	44.5	62.1

出典　『新版店史概要』（松坂屋、1964年）
※面積はm^2、店員は人、担当面積は1人当の売場担当面積、比率は%。
静岡店以外は1930年時の数字、静岡店は1932年開業時のもの。

人件費についても静岡店は従来の大都市立地の店舗とは異なっていた。一九三〇年当時の店員一人当りの売場担当面積をあらわしたものが表11である。これをみると、松坂屋他店舗での店員一人当りの売場担当面積が最も効率のよい名古屋店で一五・一平方メートルであるのに対し、静岡店は二七・四平方メートルと、少ない人員で広い売場面積をカバーしていたことがわかる。また女性店員比率についても、他店舗において五〇パーセント以下であるのに対し、静岡店は六二・一パーセントと突出して高く、この数字は最も比率の低い名古屋店のほぼ倍に相当する。やや時代が遡るが、一九二二年(大正一一)に東京市社会局が行った『職業婦人に関する調査』によれば、店員の俸給で最低については二〇円、最高で八五円となっている。女性店員の平均収入は月あたり三三・七円程ということになる[41]。同じ百貨店員でも帝国大学出身の者の初任給が月給六五円、商科大学出身の者で月給六〇円、早稲田・慶應各大学出身の者で月給五五円であったことに比べると、女性店員の給料は、早稲田・慶應各大学出身者の六割程度、帝国大学出身者の半分程度でしかなかったことになる[42]。

また一九三二年一二月に松坂屋静岡店では在学中の女学生を実習生として勤務させることとなり、これが百貨店における実習生の嚆矢となった。翌一九三三年、松坂屋銀座店において中元期より、松坂屋名古屋本店では一〇月から女子実習生を採用するようになる。このとき百数十名の応募者中、六〇名が採用されたという。同年九月より松坂屋上野店でも土日に限って勤務するパートシステムの女性臨時店員を採用、雑貨売場に配属させるという事例があり、一九三〇年代前半に、静岡店を事例として松坂屋の雇用体系に変化が起きたことが分かる[43]。このように松坂屋静岡店は設備、人件費とも既存店舗を超える営業効率を模索した店舗だったのである。

新たな支店経営に加え、小林と同時期に本社常務に就任した塚本鉢三郎の下[44]、松坂屋では、各店独自に行っていた商品仕入れについて、銘仙・帯側・レイヨン・毛布の各店共同仕入を実施[45]、経営規模のメリットを生かした大量仕入に伴う仕入値低減を目指した。こうした支店網形成と、経営規模に基づく中央統轄の下での大量仕入は百貨店におけるチェーンストア方式の部分的な導入といえる。塚本は一九二四年に欧米視察に出た際に、アメリカの百貨店がヨーロッパのどこよりも進んでいると考え、当初計画に含まれていたヨーロッパ旅行を取りやめ、ニューヨークに留まった後帰国した人物で、仕入販売畑を進んでいたことから、チェーンストアについてもアメリカで視察していた[46]。もっとも、塚本はアメリカと全く同様のチェーンストアの展開は日本では不可能と考えていたが、一九二〇年代後半より進行していた営業費率の増加と純益率の低下を改善するため、チェーンストア方式の導入によって経営の合理化を目指すという動きが、松坂屋においては小林、塚本という新経営陣によって、一九三〇年代に入り模索されていくのである。

一方、松坂屋の静岡出店は地場小売業を刺激し、足袋・洋品シャツを扱う雑貨商であった田中屋は松坂屋静岡支店に対抗するため、松坂屋進出の前年、一九三一年に木造洋館四階（一部鉄筋）、総床面積三三〇〇平方メートルの店舗を設け、一九三二年、松坂屋静岡支店開設に伴い、白木屋から人材を招致し、呉服部門を新設し百貨店化の道を進むことになる(47)。また、同県内の浜松市にも、一九三六年に棒屋、一九三七年に松菱と地場系百貨店が勃興することになる。中央百貨店の地方進出は、一面において百貨店の全国的展開をもたらしていくことになるのである。

おわりに

一九〇〇年代に日本において百貨店が登場して以降、百貨店経営陣は折に触れて、海外の百貨店視察を行い、欧米の最新の百貨店方式を取り入れていた。一九〇〇年代から一九一〇年代において、その主要な視察先はヨーロッパであり、三越はとりわけハロッズに着目している。百貨店化当初の百貨店の顧客は主として上流顧客層であり、販売において階級に応じた接客や上品さが求められたからである。しかし、一九二〇年代に入り、百貨店の規模や取扱商品が拡大し、顧客層がより大衆化していく中で、同じく海外において、店舗規模が大きく、最先端の設備や高層階化が著しかったアメリカの百貨店が日本の百貨店経営陣の中で重要な視察先として認識されるようになっていく。そして一九二〇年代から一九三〇年代にかけてのアメリカの小売業界で百貨店以上の成長を遂げていたチェーンストアの台頭を目の当たりにし、チェーンストアが小売業界において百貨店の脅威となっていた状況を認識するようになる。このため、一九二〇年代後半から一九三〇年代にかけて、主要な大都市呉服系百貨店は中央統轄の下での大量仕入、大量販売とそれを可能にする支店網形成を目指すようになった。戦前期の日本においては、百貨店対総合スーパー（GMS）のような対立軸は無く、百貨店業界自身がチェーンストア方式を取り入れ、経営の合理化を図ろうとしたのである。

一方でこの時期、百貨店業界がチェーンストア方式を経営に取り込もうとした背景には、百貨店が一九二〇年代を通じた店舗規模拡大の中で、経営に内的矛盾を抱えていく状況が存在した。一九一〇年代から一九二〇年代にかけて店舗規模の拡大は百貨店における雑貨販売のウェイトを高め、職制的にも部門別商品管理が行われるようになるが、特売品等一部商品の例外を除いては、商品利幅の低下は一九一〇年代の呉服重視の販売の頃と比べて大きな変化はなく、松坂屋を事例とした場合、その粗利率は一九一〇年代後半から一九二〇年代後半を通じて一七パーセント前後で一定していた。しかし、百貨店の店舗規模拡大に伴い、実店舗における売上高比率が九割に達するなど、売上高比率も実店舗がそのほとんどを占める状況になる一方、売場営業面積の拡大や相次ぐ店舗の増改築は営業費の増大と減価償却費の増大を惹起させることとなる。このため、百貨店の営業費率は一九二〇年代半ばより徐々に上昇し、対して純益率が減少していった。こうした経営状況がより顕在化したのが、一九二〇年代後半から一九三〇年代前半にかけての金融恐慌や昭和恐慌期であり、この時期は総売上高自体も減少に転じた。このため、営業費が抑制された効率的な店舗運営、共同仕入といった支店網の規模のメリットを活かした経営の合理化が模索され、チェーンストア方式がクローズアップされるようになるのである。結果、大都市呉服系百貨店は地方や郊外に支店網形成に乗り出すこととなり、そのことが地方の地場資本による百貨店化を促進させたのである。

次章では、百貨店が取り組んだ地方進出と支店網形成について、三越を事例にみていくことで、その内実に迫りたい。

(1)『国勢調査』(内閣統計局、各年版)。
(2) 平野隆「百貨店の地方進出と中小商店」(山本武判・西沢保編『百貨店の文化史─日本の消費革命』世界思想社、一九九九年)。
(3) 平野前掲「百貨店の地方進出と中小商店」
(4) 末田智樹「昭和初期における百貨店業の形成と立地展開─福岡市の発展と岩田屋のターミナルデパート化に関する考察を中心に─」(『地域地理研究』第一〇巻、二〇〇五年)。
(5) 合名会社三井呉服店(一八九三)→株式会社三越呉服店(一九〇四)→株式会社三越(一九二八)と社名変更がなされるが、便宜上本章では以下「三越」で表記を統一する。
(6)『株式会社三越一〇〇年の記録』(株式会社三越、二〇〇五年)三九頁。
(7)『時好』明治四〇年五月号(三越呉服店、一九〇七年)。
(8) 日比翁助述、菊池曉汀編『商売繁昌の秘訣』(大学館、一九一二)一〇二～一〇三頁。
(9) 前掲『時好』明治四〇年五月号。
(10) 前掲『株式会社三越一〇〇年の記録』八四頁。
(11) 藤岡里圭「高島屋装飾部と部門別管理の導入」(『長崎県立大学論集』第三五巻第三号、二〇〇一年)。
(12) 石渡泰三郎は帰国後、一九二四年から一九二八年まで常務取締役。『白木屋三百年史』(白木屋、一九五七年)六二八頁。
(13) 石渡泰三郎『欧米百貨店事情』(白木屋、一九二五年)二頁。
(14) 小田久太郎『商心遍路』(実業之日本社、一九三二年)。

(15) この時期の百貨店の大衆化については田﨑宣義・大岡聡「消費社会の展開と百貨店」（前掲『百貨店の文化史―日本の消費革命』）。
(16) 伊藤重治郎『米国百貨店の概観』（立教大学商学研究室、一九三三年）。
(17) 北田内蔵司『百貨店と連鎖店』（誠文堂、一九三一年）三八、三一六頁。北田は後の三越第二代社長。
(18) 『連鎖店の展望―欧米及び日本』研究資料第三十一号（高島屋本店調査部、一九三二年）四一～四二頁。
(19) 全米商業会議所国内配給部編『連鎖店（産業合理化資料第五六号）』（東京商工会議所、一九三六年）。
(20) 塚本鉢三郎『百貨店思出話』（百貨店思出話刊行会、一九五〇年）、北澤平蔵『欧米百日行』（松坂屋、一九三八年）からはそれぞれ、海外の百貨店についての項目の他にチェーンストアについての記述があり、百貨店だけではなくチェーンストア経営を調査していたことが分かる。
(21) 山田忍三『百貨店経営と小売業』（千倉書房、一九三〇年）二九五頁。
(22) 林幸平「デパートしての希望」（『実業之日本』第三三巻第一号、一九三〇年）。
(23) 前掲『百貨店と連鎖店』三一七頁。
(24) 『白木屋三百年史』（白木屋、一九五七年）年表。
(25) 末田智樹『日本百貨店業成立史―企業家の革新と経営組織の確立』（ミネルヴァ書房、二〇一〇年）、末田智樹『老舗百貨店の接客法―松坂屋の史料が語る〝店員〟の心得』（風媒社、二〇一九年）、中西聡「両大戦間期における百貨店の経営展開―いとう呉服店（松坂屋）の「百貨店」化と大衆化―」（『経営史学』第四七巻第三号、二〇一二年）。
(26) 合資会社いとう呉服店（一九〇七）→株式会社いとう呉服店（一九一〇）→株式会社松坂屋（一九二五）と社名変更がなされるが、便宜上本書では以下「松坂屋」で表記を統一する。
(27) 『モーラ』は松坂屋の発行した宣伝向けの機関誌であり、一九〇六年から季刊発行していた『衣道楽』を一九一〇年三月より月刊発行にきりかえての改題後継誌。
(28) 『店史概要』（松坂屋、一九三七年）二三九頁。一九一〇年時、名古屋店は休憩室、食堂、屋上庭園、奏楽堂、演芸室を設け、市内に公会堂、倶楽部等がなかった当時にあって会合三百人規模を収容できる施設であった。
(29) 『新版　店史概要』（松坂屋、一九六四年）九一、九九～一〇〇頁。

(30)『商品売上仕入送品高月計簿』松坂屋史料室所蔵。
(31)出張販売は、戦前期百貨店の営業方法の一つであり、定期的に担当者が地方を巡回し、得意客訪問を行うほか、旅館や公会堂などを借りて集客し、百貨店の商品を販売した。
(32)『商品部門別売上月計簿附期及年計表』松坂屋史料室所蔵。
(33)前掲『店史概要』一九三～一九四頁。
(34)『松坂屋七〇年史』(松坂屋、一九八一年)年表。
(35)前掲『株式会社三越一〇〇年の記録』、『白木屋三百年史』ほか『髙島屋百五十年史』(髙島屋、一九八二年)、『株式会社そごう社史』(そごう、一九六九年)各社史年表。
(36)小林八百吉「販売時報の発刊にあたり各員の奮励を要望す」(上営販売時報第一号、一九三二年)一頁。
(37)前掲『新版　店史概要』二七九頁。
(38)前掲『新版　店史概要』二四八頁。
(39)『松坂屋六〇年史』(松坂屋、一九七一年)六九～七〇頁。売店はほかに東京、大阪にも設置されている。
(40)前掲『新版　店史概要』二三九、二八三頁。
(41)「業務別と収入の関係」(『職業婦人に関する調査』東京市社会局、一九二四年)七八頁。
(42)『職業の解説及適性第五輯百貨店員銀行員』(東京地方職業紹介事務局、一九三一年)九頁。
(43)前掲『新版　店史概要』三〇五～三〇六頁。
(44)塚本鉢三郎は、経営一族伊藤家の別家出身で、名古屋本店呉服仕入主任→上野店商事課長→上野店営業部長→本社商事課課長を経て一九三二年より常務取締役となった松坂屋の経営陣の一人。
(45)前掲『新版　店史概要』二八一頁。
(46)前掲『百貨店思出話』九一～九二、一一七頁。
(47)小堀誠之編『不断努力―青島富太郎の生涯―』(株式会社田中屋、一九六八年)。

第二章　戦前期における百貨店の地方進出
―大都市百貨店の地方支店設置を中心に―

はじめに

日本における百貨店は、明治期に東京、大阪をはじめとした大都市において、有力呉服店が百貨店へと業態を変化させていく中で登場し、一九三〇年代半ばまでには百貨店は地方主要都市にほぼ網羅的に開設されるようになる。(1) この間における百貨店成立過程については経営史、文化史などの各アプローチから研究が進展してきている。(2) しかし百貨店の全国的展開に伴う地方進出において、大都市百貨店と地方都市百貨店との関係性については殆ど論じられてこなかった。昭和戦前期までの地方都市における百貨店の成立状況を具体的に把握することは、日本における百貨店業の成立過程を解明する上で重要な論点であるといえよう。

これまで中央百貨店の店舗設置に伴う地方進出については、山本景英氏や鈴木安昭氏らによって、昭和初期における中小小売商の経営窮迫と百貨店の大衆化戦略による競合が反百貨店運動へと展開していく過程が分析されている。また平野隆氏は、地方都市の人口増加と都市化の進展から百貨店が地方に進出し、脅威を感じた中小小売商は、百貨店進出前においては反百貨店運動を展開するものの、その運動は進出後において商法改善運動へ転化していくことを検討した。これらの先行研究によって、一九三〇年代前後における、当該地方都市中小小売商の百貨店脅威論を背景とした、百貨店設置反対運動の展開過程について明らかになってきている[(3)]。しかし、百貨店と同業組合、中小小売商との対抗関係に論点が収斂されてきた結果、戦前期地方都市における百貨店への期待や需要という側面について、ほとんど明確化されてこなかった。

一方、地方における百貨店需要という論点について、満薗勇氏は、百貨店が代理選択を核とする独自の通信販売事業方式を展開しつつも一九二〇年代半ば以降、百貨店の大衆化戦略と地方市場への対応との関係の中で経営に占める通信販売の比重が大きく低下していったことを指摘している[(4)]。このことは百貨店設置以前における地方都市と百貨店との繋がりを考える上で重要な論点であるが、出張販売や通信販売という、百貨店側の販売形態が分析対象であるため、百貨店の支店網形成や地方進出との因果関係はあまり触れられていない。

こうした研究動向を踏まえ、本章では地方における百貨店需要と大都市百貨店の経営戦略双方の関係性から大都市百貨店の地方支店設置過程を考察したい。そこで着目するのが戦前期における三越の動向である[(5)]。戦前期大都市呉服系百貨店で最も積極的に支店網形成を図ったのは三越であった。一九三〇年代、店舗数で業界二位であった松坂屋の店舗数が五店であったのに比し、三越は一九三三年(昭和八)までに本店に加え全国に九つの支店を有するなど、同業他社を圧倒する支店網を形成した[(6)]。

本章では、一九一〇年代後半から一九三〇年代前半にかけての三越を対象として、中央百貨店の地方進出(支店設置)以前より、催物や博覧会を通じた通信販売のみに留まらない百貨店の地方戦略と、地方都市の行政や財界との密接な関わりを明らかにし、そうした関係が地方進出の際、支店の機能をも規定していったことを抽出する。そして、戦前期日本において最も規模の大きかった三越の支店網が、進出先から受けた影響と果たした役割について、地方の産業振興との関係の中に位置付け、その特性の一端を明らかにすることを本章の課題としたい。

第一節　支店設置以前における三越と地方の関係

（一）地方催物の開催と三越

中央百貨店の地方進出といった際、本章では主として大都市呉服系百貨店の地方支店設置過程という意味で使用するが、そもそも支店設置以前において、中央百貨店と地方とが全く縁がなかったわけではない。三越等は明治末期より各地方へ出張販売を行い、また通信販売を通じて顧客を有しており、これらに関する研究も進んでいる(7)。一方、本章ではこれらの販売形態が中央から地方へ、という一方向的なものであったのに対し、後に設置される支店の機能は、それだけに留まらないものになっていった点に着目する。先行研究でほとんど触れられてこなかったが、支店設置以前の段階において既に、中央百貨店と地方双方は催物、博覧会を通じた密接な関係を築いており、この関係が後に、地方支店の性格を規定する一要因ともなったからである。では地方と三越との関係性はどのようにして形成され、支店の特徴に結節していったのか。支店設置の前提として、まず催物を通じた三越と仙台との事例についてみていくこととしたい。

一九一七年（大正六）五月東北振興会主催、東北六県後援のもと、三越日本橋店（以下本店）にて第一回東北名産品陳列会が開催された。一五日間にわたったこの会は、百貨店における物産会の嚆矢とされる催物であった。

この主催元である東北振興会は、一九一三年の東北地方冷害を契機として、渋沢栄一、益田孝ら中央の財界人により東北六県の「産業ヲ振興シ福利ヲ増進」することを目的として組織された団体である。(8)その後一九一六年、山形市で開催された東北六県連合共進会において東北の物産を一瞥した益田は、こうした会を単に生産している現地において行うのではなく、実際に購入に及ぶような消費地、東京で行い、観覧に供することを思い立つ。帰京後渋沢からの賛成を得、三越の野崎廣太社長に相談の上快諾を得たことから話が進み、翌年、東北名産品陳列会は東北振興会の一事業として開催に至った。(9)三越は当時、店内で様々な展覧会を開催しており、催物を行うノウハウに長けていたことが三越で開催されるに至った理由の一つであったと思われるが、それに加え、益田は三井物産初代社長を務め、三井直系事業より三井呉服店を三越呉服店として分離独立させた際の発起人の一人でもあり、三越と縁の深い人物であった。また東北振興会には一九一三年から常務取締役を務める朝吹常吉、一九一八年から常務取締役を務める倉知誠夫らが参画しており、益田や東北振興会と三越との人的な繋がりも会場に三越が選ばれた要因として挙げられる。

一方この東北振興会には後に、地方からの会員として仙台から、昭和初期に仙台商工会議所会頭を務めることとなる、伊澤平左衛門、山田久右衛門らが参画している。(10)伊澤は仙台で酒造業を営む傍ら、仙台市会議員、宮城貯蓄銀行頭取などを歴任し、仙台商工会議所第六代、第八代会頭を務めた。山田久右衛門も第八銀行頭取、大正土地会社社長などの要職にあって、後に仙台市会議長、仙台商工会議所第七代会頭を務めることとなる。このように、東北振興会は三越と仙台財界人との接点となっていた。

東北振興会主催の東北名産品陳列会は第一回以降も、一九一九年、一九二一年、一九二四年、一九二六年、一九二九年(昭和四)、一九三一年、一九三三年、一九三四年、一九三五年と一〇回にわたって継続して開催された。第一回から第八回までは主催、後援、会場とも東北振興会、東北六県、三越本店が担った。(11)第九回は会場を

表１　東北名産品陳列会開催年度並に売上成績

開催回数	年度	月日	日数	会場	売上高(円)
第１回	1917(大正６)	5/1-5/15	15日間	三越日本橋本店	39314.00
第２回	1919	3/5-3/20	16日間	三越日本橋本店	47138.45
第３回	1921	9/4-9/20	17日間	三越日本橋本店	55086.12
第４回	1924	3/3-3/20	18日間	三越日本橋本店	75993.00
第５回	1926	3/7-3/28	22日間	三越日本橋本店	64318.04
第６回	1929(昭和４)	5/1-5/15	15日間	三越日本橋本店	52218.22
第７回	1931	5/20-6/3	15日間	三越日本橋本店	36691.75
第８回	1933	5/12-5/27	15日間	三越日本橋本店	28582.15
第９回	1934	4/9-4/17	14日間	三越大阪支店	19910.32
第10回	1935	11/20-11/30	11日間	白木屋日本橋本店	18189.33
総計			158日間		437441.34

出典　浅野源吾編『東北振興史下巻』（東北振興会、1940年）
※単位：円

三越大阪支店に移し、第一〇回では農村工業展覧会と附帯して白木屋で行っている。一〇回の開催のうち九回までが三越を会場として行っていることから、三越と東北振興会との繋がりの深さがみてとれる。この一〇回の会期は合計一五八日間、即売売上合計は四三万七四四一円を数えた（表1）。

この東北名産品陳列会は、単に物産の陳列即売だけが目的ではなく、会を通じて東北地方の産物の中央市場に対する市場調査・販路拡大の機会として機能していた。第一回名産品陳列会当時、三越仕入部長であった幾度永は、東北物産について「一言にしてこれを評するならば『武骨』若しくは『不粋』の言葉で尽されてると思う」と述べた上で「今度の売れ行きのよいのは決して右の嗜好或は要求に投じたのでは無く、第一は其会場として三越を選択したることにあり『商売の第一は位置』というその位置の選択宜しきを得たるが為めに客足が多く随って売行がよいという結果を生んだ」として、三越を会場とすることの優位性を述べ、以下のように締め括っている。「若しこれが東京風に改善されて居たものならば向かぬ様なものですら、売れるのであるから、より以上に売れ行きがあったことと信ずる」。こうした東北の物産を大都市の消費嗜好という視点から批評し、百貨店の催物を通じ改良を促すという姿勢は、その後の東北名産品陳列会にもみることができる。

会期中に行われる催事細目をみてみると、毎回必ず品評会が開かれていたことが分かる。品評会では出品物に対し受賞者を決定し表彰すると共に、審査委員による批評が行われた。例えば第五回、第六回東北名産品陳列会木工品競技会には三越販売部長・三越家具部係長ほか東京美術学校教授・東京高等工芸学校教授・木工実業家など、これらの審査委員については三越の部門別担当者と、その分野に精通する外部の有識者からなっていた。また第八回東北名産品陳列会の際に行われた品評座談会のように、東京府及び市、東京商工会議所、東京実業組合連合会関係者及びその他各方面の権威者、東北六県出身在京有力者、東北六県の担当職員並びに同上当業者、三越仕入部各主任、東北振興会等の関係者ほか各新聞社ら一二七名の出席をみる大掛りなものもあった(14)。

第五回東北名産品陳列会木工品競技会の審査員の一人であった東京美術学校教授島田佳矣は、審査趣旨と基準について「東北六県に於きまして出来る工芸品を県外移出を成るべく多量にすることと、又延いては海外にまで出るやうにしたい」とし「先ず此東京などの都会に於ける中流若くは中流以上の人々の嗜好に適合するや否やと云うやうなものを自然選ぶ方針であった」と答えている(15)。つまり、この品評会は美術的、工芸的技術の評価は勿論であるが、何より東京における中流以上の顧客の購買意識に合致するか否かが問われるものだったのである。

それは常に都会向きの新しい商品を紹介し消費を喚起させる三越の百貨店としての戦略そのものでもあった。また競技会の開催如何にかかわらず、東北名産品陳列会に出品された物産は染織物、食料品及飲食物、木工家具、漆器其他といった部門別に、毎回それぞれ三越仕入部門の係長クラスが批評を行っていたようである。三越の各部門別担当者の批評の視点も、同様に「東京地方に販売されると云うことに基点を置」く、というものであった(16)。このように会期中に行われる様々な品評に共通することは、東京等の大都市における中流以上の百貨店の顧客をターゲットとして、どのような商品が好まれ、どのように東北物産を改良し販路を開拓するか、という点であった。

第五回東北名産品陳列会では「三越の店に於て他の品物と比較して甚しき見劣りせむと云ふ程度まで進歩した」と評価され、菓子類・缶詰類について三越と取引関係を結んだり、三越以外の東京の問屋に対し宮城県仙台の松笠風鈴・堤人形・牡蠣製品、福島県若松の絵蝋燭や籐製夏枕、通豆、その他各県の酒類などの物産について取引関係ができた、といった事例が報告されており、実際、東北名産品陳列会が東京向けの商品改良、販路の拡大に一定の影響力をもっていたことが分かる。(17) また東北名産品陳列会の出品に関わる出費は、宮城県の場合、宮城県・仙台市・仙台商工会議所の共同経費負担となっていた。(18)

このような支店設置以前における地方と三越との催物等を通じての接点は、金沢についてもみることができる。金沢では一九二一年（大正一〇）に石川県工業試験場が設置されるに伴い、地場工芸品の産業振興を図るため石川県工芸奨励会が結成されるが、この石川県工芸奨励会主催による、石川県工芸品展覧会が一九二五年頃より三越本店で開催されるようになる。この催物は一九三一年（昭和六）に第一〇回を数え、一九三五年頃まで開催されていたことが確認でき、東北名産品陳列会同様、長期間にわたって継続して開催された催物であったことが分かる。(19) その他、一九二八年九月には三越本店において北國新聞社主催の石川県新興名産品陳列会が行われ、好評を博したという。(20)

また本店での催物だけではなく、三越はそれ以前に金沢市において友禅斎に関する墓前祭を主催している。一九二〇年、友禅染の始祖である宮崎友禅斎の墓碑が金沢市龍国寺で発見されたとして、三越がこれを修築し同年五月宮崎友禅斎墓前祭を行った。この友禅斎墓前祭の執行に際し、三越から倉知誠夫代表取締役常務自ら金沢に赴いた他、石川県知事、金沢市長、金沢市会議長他、金沢電燈社長、金沢街鉄道社長等、金沢の官民二百余名が参列しており、三越と金沢の行政・財界人との接点となるものであった。またこれに伴い一〇月には一日から一四日まで、大阪支店で新柄友禅陳列会及び友禅遺品展覧会、一八日から二四日まで三越本店で友禅縮緬陳列会並びに友禅斎遺品陳列をそれぞれ開催し、友禅物の宣伝を行っている(21)。友禅斎墓前祭については東京より萬朝報、中外商業新報、都、国民、中央、読売、やまと、毎夕の各新聞社、大阪から大阪朝日新聞、大阪毎日新聞、地元金沢から北國新聞、北陸毎日新聞、金沢新報と多くの新聞社記者団が参加し、三越本店で開催された友禅縮緬陳列会並びに友禅斎遺品陳列については、中外商業新報、東京毎日新聞、読売新聞がそれぞれ記事にしている(22)。

三越では一九一三年九月より友禅の流行を喚起するため、それまで春秋二回継続的に行われていた新柄陳列会とは独立した形で友禅陳列会を開催していたが(23)、この墓前祭は、友禅物の流行喚起と話題作りのため、三越が大々的に企画したデモンストレーションの一環であり、金沢側の行政・財界もこれに乗ったものであったといえる。結果として、これら一連の企画は多くの新聞媒体が取り上げることとなり、それまで単に加賀染と言われていた染織が(24)、三越を通じて「加賀友禅」として広く世間に知られることとなった。

(二)　地方における博覧会開催と三越

これまで百貨店の催物を通じた地方と三越との関係についてみてきたが、地方と三越とは博覧会を通じた接点も存在していた。以下仙台の事例に即して検討してみたい。

一九二八年(昭和三)四月、仙台商工会議所が主催となって、仙台において東北産業博覧会が開催された。騎兵第二連隊跡(現仙台第二高等学校)を主会場に会期五〇日間中、四四万八六一〇人の参観者をみたこの博覧会は、不況下における景気回復の打開策の一環として行われたものであった。当時の仙台市の人口は二〇万に満たなかったことから、この博覧会が大がかりなイベントであったことが分かる。博覧会総裁は渋沢栄一、会長、副会長（兼事務総長）は当時仙台商工会議所の会頭、副会頭であった伊澤平左衛門、山田久右衛門が務めた。しかし仙台商工会議所単独では博覧会の開催に関するノウハウがなく、このため仙台商工会議所では博覧会の企画について、三越の協力を求めていたことが、東北産業博覧会終了後、編纂された『東北産業博覧会誌』から明らかにすることができる。

この博覧会に対し、三越から参事豊泉益三、装飾係中里研三、牧野七三郎が東北産業博覧会に関わっていた(25)。このうち豊泉は三井呉服店以来の古参店員で、多くの催物を手掛けてきた人物であり、東北名産品陳列会の三越側の担当でもあった。第六回東北名産品陳列会木工品競技会、第七回東北名産品陳列会工芸品競技会では審査委員も務めている(26)。このとき豊泉は、この東北産業博覧会における予算の編成、会場の配置という博覧会の最重要部分について委嘱されている。

予算は一九二七年一月に五〇万円ということで、仙台商工会議所内の準備委員会で編成し、議員総会の決定をみたものの、博覧会の認可申請を商工省に提出する際、より詳細な予算編成を行う必要があり、このため「準備事務の進捗するに従ひ其の規模の小なるを認め斯道に経験深き東京三越呉服店参事豊泉益三氏に委嘱して変更予算を編成」することとなった。この結果、より詳細な予算案が作成され、予算規模も六七万六二三五円となり、一九二七年七月一九日の準備委員会に附議決定された(27)。宮城県知事を経由して、発第一二一三号「博覧会施設ニ関シ認可申請」として仙台商業会議所会頭伊澤平左衛門の名で、商工大臣中橋徳五郎に宛てて認可申請が出されたのが八月五日、同年一二月六日に認可がおりていることから、認可された予算書は三越が作成したものであったことになる。

会場の配置についても「会場の配置は美観の上より且つは観覧者の便宜の上より其の要件を具備せしむる必要あり之れが為には斯道の権威者に諮りて其の意見に聴従するに如かずと為し種々詮衡の結果東京三越呉服店参事

豊泉益三氏に委囑すること」となった[28]。豊泉は数度仙台を訪れ、博覧会事務局と協議して配置を決定している。

会場では、東京府の陳列場として三越自身も陳列を行っており、その内部設営は本店装飾係の中里研三、牧野七三郎が担当している。博覧会開催直前の一九二八年四月一〇日に行われた全国出品関係主任者会議において、東京府からは出席者がなく、三越から中里、牧野がこの会議に出席していることから、事実上東京府の陳列スペースは三越が担っていたと考えられる[29]。東京府の場所は会場のメインとなる第二本館であったが、宮城県が確保した六二七平方メートルの陳列規模に次ぐ五二四平方メートルが充てられており、三番目に大きなスペースを与えられた大阪府が一六八・三平方メートル、三越と同じく百貨店として参加した松坂屋の愛知県の広さが三・三平方メートルであったことからも窺えるように、他の県よりも広く確保された[30]。三越の陳列は大掛りなウィンドーディスプレイで、「三越呉服店の陳列人形は室内の装飾背景、人形の着付等調和宜を得艶麗目を驚かし流石は三越の名に愧さるものと首肯せしめ」、観覧客を魅了した[31]。

このように三越は東北産業博覧会において博覧会の主要な計画立案に関わっていたのである。先に述べたように東北産業博覧会は仙台商工会議所主催で行われ、その会頭、副会頭で、博覧会の会長、副会長を務めた伊澤、山田は東北振興会の会員でもあり、東北名産品陳列会を通じて三越側と接点を持っていた。また三越は催物を数多く手がけ経験豊富な存在としてみられていた。結果、三越は東北産業博覧会に関わることになり、三越自身も東京府の陳列場として出品し、来場者に三越の名を強くアピールすることとなった。また観覧者には都会的なもの、流行的なものに対する憧れを生じさせた[32]。

この他、三越が支店を設置する札幌や金沢における博覧会についても三越は関わっていたようだ。昭和六年七月から八月にかけ、札幌において北海道庁・札幌市・札幌商工会議所主催のもと、北海道拓殖博覧会が開催されている。この博覧会において東京館内にブースを構えていること以外に、三越の具体的な役割は明らかではないものの、会期中、常務取締役であった幾度永自身が札幌へ来会していることから、ここでも三越は一定の役割を果たしていたと考えられる[33]。また金沢支店設置後になるが、一九三二年四月から七月にかけ、石川県・金沢市・金沢商工会議所共同主催による、産業と観光の大博覧会が金沢で開催された際、三越は第一会場本館正門という、まさに博覧会の顔ともいうべき入口のディスプレイを任されている他[34]、三越金沢支店でも隣接する空きスペースにおいて、産業と観光の大博覧会後援のもと日光大博覧会を開催し、博覧会に景況を添えている[35]。

第二節　三越の地方支店網戦略

一九一〇年代後半から一九三〇年代前半の、催物や博覧会を通した三越本店と地方との関わりについてみてきたが、こうした状況が支店設置においてどのような影響を与えていったのか、このことを検討する前に、三越の支店網戦略について確認しておきたい。

一九三〇年(昭和五)前後、三越は「一県一店主義」を掲げ積極的な店舗拡大を模索していく。これは既存の店舗の増改築にはじまり、新たな地方支店設置を図るという積極的な支店網形成を意味するものであった。一九二五年(大正一四)以前において、三越は東京の日本橋に本店、大阪に支店を持つ他に、ソウル、大連、神戸に出張所、京都と桐生に仕入店、関東大震災の際、バラック式のマーケットとして開設した分店を東京市内数か所に有していた。三越は地方支店設置の前段階として、こうした分店・出張所を組織変更し、支店に昇格させていく。神戸出張所は、一九二六年七月大阪支店の神戸分店となり、さらに一九二八年(昭和三)六月支店に昇格、翌一九二九年九月には新宿分店・京城出張所・大連出張所が相次いで支店に昇格、一九三〇年四月には銀座四丁目に銀

図１　三越支店網設置年（※支店名は当時の呼称）

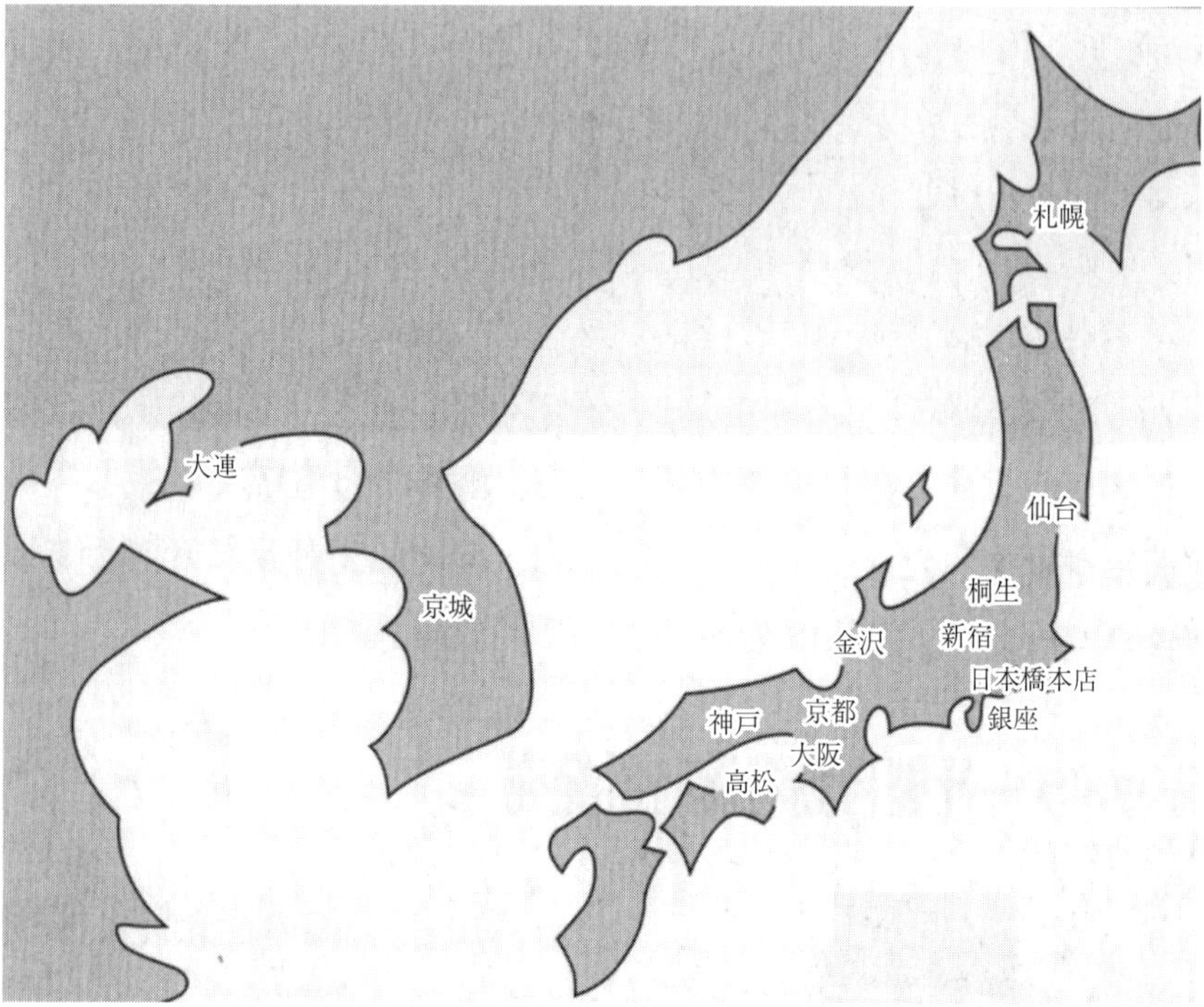

設置年	1932年	1933年	1930年	1930年	1930年	1928年	1907年	1928年	1931年	1929年	1929年	1872年
支店名	札幌	仙台	銀座	新宿	金沢	京都	大阪	神戸	高松	大連	京城（ソウル）	桐生出張所

出典　『株式会社三越100年の記録』（株式会社三越、2005年）

座支店を開設した。

　地方支店はこうした動きに続いて行われていく。一九三〇年一一月に大陸方面、六大都市以外では初の地方支店である、金沢支店が開店、その後一九三一年三月に高松支店、一九三二年五月に札幌支店、一九三三年に仙台支店が相次いで設置された。

　三越の支店網形成は、一九二〇年代後半から一九三〇年代前半にかけての断続的な不況の中で、大都市における百貨店間競争の激化、中小小売商との摩擦に対し、規模の拡大によって乗り切ろうとする三越の経営戦略の一環でもあり、地方支店設置は、中央の百貨店が地方に新たな市場を求める動きであった。前章や後章で触れているように、三越以外の大都市呉服系百貨店である、松坂屋や髙島屋も同時期に地方支店開設の動きが見られ、一九三二年に松坂屋は静岡支店、髙島屋は一九二九年に岸和田、一九三一年に和歌山に出張店、同年から翌年にかけては髙島屋十銭二十銭ストアをそれぞれ開設している。

前章で明らかにしたように、こうした動きは大都市呉服系百貨店経営陣らによるアメリカ視察と、純益金の漸減傾向と売上高自体の減少という百貨店経営面の課題が背景にあり、三越も同様であった（表2）。一九三一年当時、三越常務取締役であった北田内蔵司はアメリカのチェーンストアと百貨店の調査から『百貨店と連鎖店』を著しているが、その中で北田が「現在の百貨店の特徴と連鎖店の特徴を併合することに依つて、より以上完全なる経営法に移ることが、将来の百貨店として当に取る可き進路である様に思はれる」と述べているように、百貨店自身によるチェーンストア方式の導入の一環で

表2　三越営業成績推移

年度	商品売買益	純益金	年度	商品売買益	純益金
1905（明38）	537661	114073	1926（昭元）	11945400	2942592
1906	677050	196361	1927	13553328	3574461
1907	1113950	266255	1928	14828427	3951354
1908	1258827	261631	1929	13997459	3520231
1909	1409134	332901	1930	14072765	2782515
1910	1689979	378842	1931	15560904	2748696
1911	1935082	438928	1932	15573646	2236836
1912（大元）	2094526	560758	1933	16036608	2250267
1913	2117623	558159	1934	16439102	2499771
1914	2111212	536801	1935	17073356	2646538
1915	2365341	644363	1936	18010974	3103691
1916	3094382	1033729	1937	19723449	3387535
1917	4192420	1453938	1938	21192846	3716329
1918	5480450	1910331	1939	24935830	5072622
1919	8840455	2992406	1940	25716744	5384026
1920	9604784	2693065	1941	26099132	5283373
1921	11601464	3350663	1942	23358506	4520197
1922	11102014	2763756	1943	20579838	5033651
1923	10168077	2296529	1944	14890703	5254639
1924	11042848	2223357	1945	19293682	6191295
1925	10541247	2277328			

出典　『株式会社三越100年の記録』（株式会社三越、2005年）　※単位：円
〈備考〉1905年度から1919年度までは12月期決算。1920、1921年度は１月期決算。
1922年以降は２月期決算（1920年、1922年度は13か月換算）。

あった。[36]

しかし一方で北田は支店について、連鎖店とは対極の概念として以下のように述べている。「支店は本店に隷属して居るけれども、殆ど独立に営業してゐるものが多く、一挙手一投足凡て本店に命を仰ぐべきものではない。又必ずしも本店と仕入或は販売を共同でせねばならぬものでもない[37]」と。つまり三越の地方店舗は、そもそも相反する側面が併存する存在であったといえる。ではこうした相反する要素、すなわち「百貨店の特徴と連鎖店の特徴を併合」した地方店舗とはどのようなものであったのだろうか。次節では、三越の地方進出過程をみていくことで、この内実に迫っていきたい。

第三節　三越支店設置と地元の対応

（一）　支店設置に至る商工会議所の対応

催物や博覧会を通して、三越と地方との間には大正期から昭和初期にかけて密接な関わりがあったこと、三越は支店網戦略においてチェーンストアの手法を導入することを模索していたことについてみてきたが、こうした状況が三越支店設置において、どのような影響を与えていったのかについて、仙台を中心にみていくこととする。

三越の支店網形成の一環として、三越仙台支店が設置されたのは一九三三年（昭和八）四月であるが、この設置計画が明るみに出たのは、一九三〇年四月一五日、仙都ビル株式会社（以下仙都ビル）が市内にビルを建設し、このビルを三越が賃借する計画が新聞報道されたことに始まる。仙都ビルは、宮城県出身で台湾総督府秘書官、台湾商工銀行監査役を務めた木村匡という人物が帰郷し創立した会社であった[38]。地元資本がビルを建設し、その建物を賃借し支店を設置するというやり方は、後述するように、三越が地方支店を設置する際、多くとられた戦略であった。当時日本経済が断続的な不況下に置かれていた中、三越が積極的な支店網形成を為し得た背景には、地元資本の協力があったのである。また三越神戸支店が支店昇格後、店舗の土地を買収しているように、六大都市では、おおむね土地建物とも三越自身の不動産となっていったことと対照的といえる[39]。

仙台市内の各商店は同年五月五日、仙台商工会議所に陳情書を提出し、百貨店の進出が「生産品を有せざる当市に於ては其の受くる打撃一層甚大」であるとして、三越の進出を阻止するように訴えた。この陳情に対し、仙台商工会議所では七月一九日の議員総会において処置を検討するものの、結果、一二人の委員による審議の継続とし、仙台商工会議所としての明確な意思を表明することを避けた[40]。三越の仙台進出について、仙台商工会議所理事の佐々木幸平は個人的な意見ではあるが、とした上で三越の進出は「黒船襲来と同様」であり、「仙台市商業の発展をも来し得る[41]」ものである、と述べている。

そもそも、仙都ビル建設にあたって土地を提供していたのは、他ならぬ、当時七代目仙台商工会議所会頭の座にあった山田久右衛門であった。山田は大正土地会社の社長も務めており、仙都ビルに土地を提供したのは、この大正土地会社であった[42]。このように三越進出の話が持ち上がった際、仙台商工会議所としては、中小小売商の設置反対運動に積極的な対応を示していない。

その後、仙都ビルの株式公募が中々進まなかったことや、仙台商工会議所が明確な意思表示をしなかったことから、三越進出の問題は一時鎮静化したが、一九三二年七月、仙都ビルは当初の計画を縮小し、進行中の第一期工事が完了次第、三越仙台店が開店することとなった。こうした状況を受け、再び三越進出反対運動が激化することとなる。

市内各町小売業者代表八〇余名が参加し一九三二年九月四日に創立された、全仙台商店連盟は、同年一〇月三日、仙台商工会議所に陳情書を提出し、全仙台商店連盟の後押しをするよう求めた[43]。その結果、一一月七日の議員総会において百貨店進出反対決議が採択されることとなった[44]。このとき仙台商工会議所において、三越進出反対の決議が採択された背景には、全仙台商店連盟の母体となる東京府商店会連盟を軸とした、全国的な中小小売商の百貨店問題に対する運動や、商工省が百貨店法案を作成し対応に乗り出したこと、これを受けた同年八月一一日、日本百貨店協会による自制協定の発表、といった中央の動向によるところが大きい[45]。しかし、この決議を受けて仙台商工会議所が効果的な対応策を示したかというと疑問が残る。反対決議の採択により、仙台商工会議所は三越との直接交渉、仙台市長による斡旋の交渉を付帯決議し、決議実行委員一〇名を選出[46]、決議実行員は一一月一六日より一九日にかけて上京し、日本商工会議所や商工省などの各機関、三越を訪問した。しかしこれは具体的対案を持たない上京であったため、一般に各方面とも同情的ではあったが、具体的な協力はできないという対応で、三越の中村利器太郎専務等からは進出中止に伴う経済的損失に見合う代替案を提示されないことには、進出中止は難しいという反応であった[47]。上京による陳情や交渉の成果はなかったのである。

その後、仙台商工会議所は一二月一四日、仙台市に仙都ビルを買い受けてもらうことを陳情する。これは全仙台商店連盟によって作成された案を受けてのものであった。しかし一二月八日の議員総会では、佐藤十兵衛副会頭が「仄聞するに木村社長の言なりとして断じて他に売却はしない既定方針で進むと、（中略）市の財政的の事は第二としても如何に商工業に同情しても売らないものを強制買収をすることが出来ない以上は之れ亦出来ないではないか」とし「実行委員否会議所が責任転嫁をしたといふことがあつたならば遺憾千万と思ふ」と発言してい

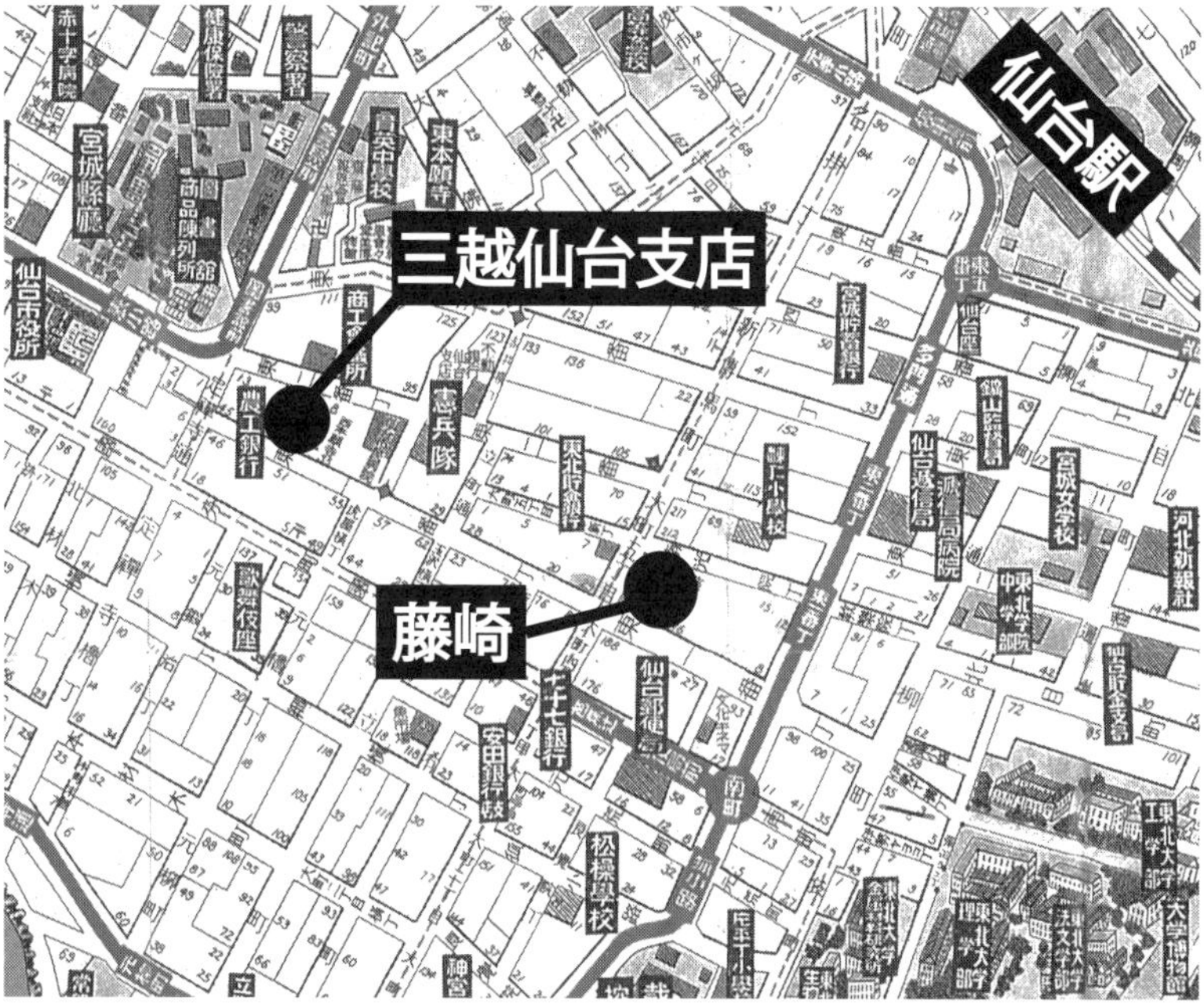

図２　仙台市街図（1936年時）

出典　『最新刊地番入仙台市地図中央部　昭和十一年改正版』（盛文館、1936年）

るように、そもそも市買収案は仙台商工会議所内部でも現実性に乏しく、問題を市に責任転嫁しただけ、という見方があった。陳情を受けた仙台市は、形式上同日、仙都ビル側に売却意思の有無を照会、これに対し仙都ビル側は売却の意思全然なし、と翌一五日仙台市に対し正式に書面で回答した。市当局もこれ以上の動きはみせず、進出阻止の方策が尽きた形となったため、三越進出反対運動は鎮静化した[48]。翌一九三三年三月にビル店舗は予定通り三越へ引き渡され、同年四月一日、三越仙台店は開設された。

　以上見てきたように、三越進出に対する地元の反対運動に対し、仙台商工会議所は積極的な役割を果たしていない。中央の百貨店問題で、百貨店側が「自制協定」を発表した状況を受け、一一月になり仙台商工会議所は反対決議をなすこととなるが、実効性を伴う行動を為さなかった。仙台商工会議所議員で株式会社仙台魚市場代表であった畑谷兵助は、一二月八日仙台商工会議所議員総会にて「十名の委員が上京しても具体案がない、中村専務の手紙によるも其他の報告にも具体案がない其後御帰りになつてから十数日研究の結果会議所の力では出来ない市の力に依てやるといふ意見であるが之れは従来嘗てないことで会議所として甚だ遺憾である」[49]と述べていることが端的に表している。

そもそも一九三二年一二月に仙都ビルでは建設最終付帯工事に入っており、翌年二月にはビル完成を迎える中にあって、一一月以降に阻止の具体的活動を行うというのは無理があった。三越進出に際し、大正土地会社が土地を提供するなど、山田個人としては三越進出を歓迎する姿勢を見せており、議員内部でも阻止は現実的には難しいという認識があったことからみても、反対決議は仙台商工会議所にとって地元中小小売商に一定の配慮を払うという態度以上のものではなかったといえる。

また三越の仙台進出に、行政は歓迎の意向をみせている。宮城県桃生郡町村長会では「三越進出大歓迎」の決議をなし、宮城県、仙都ビル等に対し進出促進を要請し、一九三三年一月には仙都ビル木村社長に対し三越進出歓迎の激励電報を打電している[50]。また宮城県下町村長会では三越進出歓迎の動きを展開、宮城県商品陳列所は宮城県産品の仕入れに力を入れることを要望している[51]。このように三越と直接競合関係にはない財界人、地場物産の振興・販路拡大を望む地方行政にとって、百貨店の進出は歓迎すべきものであった。中小小売商の支店設置反対運動がほとんど有効な対策を取り得なかったのは、こうした地方の行政、財界との思惑の相違から、運動の広がりが限定的であったことによるといえよう。しかし一方で三越は、地方行政や財界の期待に一定の配慮を払っていくこととなり、それは三越の地方支店のあり方を規定するものとなった。後の地方支店のあり方をみていったとき、三越の地方店舗は単純なチェーンストア方式による支店展開とはいかなかったことが分かる。

三越参事豊泉益三が同年二月宮城県庁を訪れ、三越側が地元商品の製造指導を行い、それを同支店で販売すると共に、これを中央に紹介すべき計画を立てていることを説明、県当局と打ち合わせを行っている[52]。二月二二日には常務北田内蔵司が仙台を訪れ、仙台市公会堂において「仙台地方の特産物については出来るだけ他方面に販路を拡大し地方産業の開発に努めたいと考へてゐる」と語っている。仙台支店初代支店長として赴任した蜂谷栄之助は仙台出身の人物であり、三越を東北一円に知名度を高める・東北の伝統産品を本支店を通じ全国に紹介する・仙台はもとより地域の発展に寄与する・支店を通じ人材を発掘する、という経営方針を定め、三越の進出は「単に消費者に対する方面のみではありません」として「農産物水産物の加工業を助成し之等工芸品を我が三越の本支店を通じて、広く全国一般消費者に紹介するに於ては、産業開発の一助ともなる」と述べた[53]。

（二）支店の設置と地方の期待

支店開設後三越では、一九三三年（昭和八）一一月東京雑貨時好会展覧会、一九三四年二月東京雛人形陳列、六月金彫会展覧会、一一月東京雑貨時好会展覧会、一二月江戸芸人演芸と、開店当初、東京を意識した催物を開催していく[54]。また「高級品は多く今まで東京に出るか伝手を求めて直接購入したのであるが、仙台三越の進出で此点頗る便利となり」と評され、本店と同等の品揃えを地方支店でも用意していた[55]。

しかし一方で三越は、様々な形で地場物産の振興や、地方の宣伝活動に関わっていく。三越仙台支店一階には物産品常設陳列が設けられ、埋木、堆朱、堤人形、東北帝大の本多光太郎教授等が発明したＫＳ磁石鋼製品、玉虫塗、青葉鈴、八ツ橋織、仙台平といった仙台の名産品が常設され[56]、『昭和九年中元御贈答用品案内』をみると、岩手の南部鉄花瓶、山形ののし梅といった東北の名産品、埋木鷹置物、堤人形、堆朱香合、鯛味噌陶器入、九重詰合といった仙台の名産品が掲載されており、三越中元贈答用品に東北の物産が提供されていたことが分かる[57]。

地方行政との関わりも深く、一九三六年三月宮城県商工奨励館主催の宮城県観光と産業創作ポスター展覧会を開催、一九三七年九月に宮城県主催の北日本工芸品展覧会では、審査員となっており、一九三八年には、仙台市に対し仙台市内名勝旧跡の説明板寄附を行った。

東北名産品陳列会が三越で開催されて以降、地方にとって三越は地方物産を都市向きに改良し、販路拡大するために重要な存在であった。東北振興会の東北名産品陳列会、仙台商工会議所による東北産業博覧会を通じて、三越と接点を持っていた仙台の財界人や地方行政は三越仙台支店設置の動きを支持し、三越自身も地方産業開発と中央市場への販路拡大を標榜し、その役割を自認していたのである。

このように中央百貨店の進出に対し、地元資本によるビル建設など積極的な誘致の姿勢をとる立場の者が商工会議所の主要な議員でもあるため、地方都市の商工会議所が積極的な動きをみせないこと、進出後、東京を意識した催物の開催、本店同様の品揃えをアピールする一方で、三越支店が地方産業開発と地場物産の中央市場への販路拡大を標榜していくことについては、他の三越支店設置においても仙台と同様の状況を見ることができる。

札幌支店開設に際しては、地元の有力呉服商であった京屋呉服店が、京屋商事株式会社を設立しビルの建設と賃貸を行っている。この京屋商事株式会社の経営主松本菊次郎は、大正期、札幌商業会議所議員を務めており、一九三三年松本の死後、ビル経営を引き継いだ北海道拓殖銀行も、大正から昭和にかけて商工会議所議員を送り込んでいる。このため三越札幌支店に近い、狸小路商店街が進出反対決議を行うものの、札幌商工会議所として明確な対策は取られることがなかった。

また三越札幌支店は一九三二年五月「モダン東京大展覧会」、同年九月「新東京名所百景写真展覧会」と東京と銘打つ催物を行う一方、一九三二年以降、三越札幌支店において、北海道庁主催のもと林檎品評会を開催し、北海道物産の中央市場への販路拡大に力を入れると共に、一九三二年七月北海道優良物産陳列会、一九三三年二月北海道産業の自力更生展覧会、九月北海道工芸試作品展示会、一一月に北海道重要果物蔬菜品評会と、一九三二年の支店設置から翌年の間だけでも五回も北海道庁主催の催物を開催している。店外においても、一九三五年三月に北海道庁商工奨励館で北海道新興商品展覧会が開催されたが、この展覧会における協議会では、北海道庁・道内市役所の関係者と共に、三越札幌支店次長岡西介爾が出席者に名を連ねた[58]。三越札幌支店初代支店長の上田村次郎も三越進出の二大方針として「内地の優良品を北海道に紹介し、第二は道産の商品化を計り、併せて優良商品を中央市場に紹介したいといふにあり」を標榜している[59]。三越と行政が積極的な関係を持ち、物産の振興に努めていったことがわかる。

三越金沢支店設置の際にも、金沢ビルヂング株式会社を設立し三越を誘致したのは製茶業も経営する実業家の林屋亀次郎であり、後に金沢商工会議所会頭も務めており、また金沢商工会議所側は地元中小小売商の進出阻止運動に対して援助を拒否している[60]。金沢支店では一九三一年一二月「弊東京本店特選羽子板陳列会」、一九三三年一月「空より見たる大東京写真展」と、本店同様の商品、催物を行っている。一方、一九三〇年の開設から一九三五年に撤退するまで三越金沢支店長を務めた大槻房吉が「百貨店の使命の一つとして常に産業の助長を念頭に置くものである」と述べているように、先述の本店で開催されていた石川県工芸品展覧会の継続、また一九三二年一一月には金沢市物産宣伝即売会が三越新宿支店、石川県物産陳列会が三越札幌支店で開催されるなど、三越の各店を通じた催物を通じて、販路拡張が図られている他、金沢支店においても、毎年「加賀友禅会力作発表会」を行い加賀友禅の啓蒙を図るなど、産業振興に力を注いでいるのも他支店と同様である。

こうした関係は大都市に設置された三越支店ではみられない。ほぼ同じ時期に設置された三越神戸支店、新宿支店、銀座支店において、設置先との関係を重視する発言は経営陣、支店長から語られることはなく、地方支店特有の構造であったといえる。このように三越の支店設置は、地方へ新たな市場を求め支店網形成を目指す三越と、中央市場への販路拡張並びに物産産業振興を目指す地方行政・財界との関係の上に成り立っていたのである。直接競合関係にない地方の財界人にとって、百貨店の進出は歓迎すべきものであり、地元資本と提携した地方進出は三越が数年間のうちに地方に支店網を形成し得た要因となった。結果、各地方の商工会議所は中小小売商の設置反対運動の有効な受け皿とはならず、設置反対運動は成果をあげ得なかった。

とはいえ、地方にとって百貨店は必ずしも「三越」である必要はなかったことにも触れておきたい。札幌支店設置においては、当初松屋が有力視され、金沢支店においても大丸の誘致に失敗した結果、三越に話がいくことになったという。催物についても、石川県・金沢市・金沢商工会議所の共同出資のもと、一九二七年九月に東京で開催された石川県名産品特売会は、大丸東京支店が会場となっており[61]、一九三四年一一月の東北名産品陳列会の東京会場は白木屋であり、一九三七年六月に東京鉄道局・札幌鉄道局・日本旅行協会・北海道庁が共同開催した「観光の北海道展覧会」は、会場を伊勢丹として行われている[62]。地方にとって、中央市場に対する販路拡張や物産産業振興のため、百貨店と接点をもつことは有効であったものの、それは三越にのみ依存していたわけではなく、よりよい販路を求め、百貨店を選択していったといえよう。

おわりに

昭和初期における大都市百貨店の地方支店の設置は、大都市に集中してきた百貨店店舗を支店網形成によって地方にも展開していく動きであり、中央の百貨店が地方に新たな市場を求めるものであった。同時に、百貨店の経営陣は地方に店舗を設置するにあたり、連鎖店型の仕組を盛り込むことを意識していた。すなわち地方進出にあたっては、中央で仕入れ・商品・サービスを統括する合理化された連鎖店型の経営が模索されたのである。こうした地方店舗における、本店と同様の品揃え、サービスの提供については、先にみたように、東京と銘打つ催物が地方支店で多く開催されていることからも窺える。

しかし一方で三越の地方店舗は、地方の行政、財界人との接点をもとにして、産業振興と、地場物産の販路拡大という期待を取り込む形で成立していった。そのため、地方支店は地方の行政とも関わりを持ちながら、各種催物の開催や物産の紹介を行っていくこととなった。これは昭和恐慌等、昭和初期における断続的な不況下に地方進出が展開されていったこともあり、支店設置における地元資本との提携関係、中小小売商の設置反対運動の盛り上がりの抑制という意味からも、三越として地方との関係を重視していく必要があったからである。

そもそも一九一〇年代以来、催物、博覧会を通じて主に三越本店と地方との間には接点があった。三越は本店において、地方の商品を紹介するため催物会場を提供し、中央向けに改良するための品評も行った、また人材を派遣し地方開催の博覧会計画にも関与した。支店設置以前において、三越は地方にとって、産業振興と地場物産の販路拡大のための存在として一定の影響力を持っていたといえる。こうした関係は本店と地方間におけるものであったが、地方進出において地元の支持を得るため、支店はその目的の一つとして産業振興と地場物産の販路拡大を標榜することとなったのである。このことは支店を通じた地方から中央への物産の流れを作ると同時に、地方支店に一定の独自性をもたらすこととなった。地方物産の中央市場への販路拡張の窓口として地方支店をみたとき、行政主催の産業振興に関する催物を店内で開催する、審査員として品評を行う、地場物産の陳列コーナーを設けるといった関わり方について一定の共通性はあるものの、扱う物産品や開催時期については地方毎の状況を反映し、本・支店間に統一性はなく、地方支店の独自性が強かった。

このことは近代日本における消費文化や流通を考える上で示唆的である。すなわち大都市百貨店の地方支店は、地方に大都市同様の製品・サービスの需要を促す存在であったと同時に、地方物産の中央市場への販路拡張の窓口でもあったのである。大都市百貨店の地方支店は、こうした二面性を持った存在であったといえる。これは、百貨店経営陣が支店網形成に当たり、チェーンストア方式を意識しつつも、現実の地方進出に当たっては地方の期待を取り込む形で支店を設置することとなった結果であり、中央百貨店による地方進出の特徴であったといえる。

本店を中心に各種開催された物産展は、地方物産を百貨店というフィルターを通して都市向きの商品に品評改良する側面を持っていたが、支店網形成により、こうした機能は各地方支店も担うこととなる。本店においても物産展の開催は続いており、一九三四年（昭和九）における三越本店での地方物産展の開催数は七回と、一、二か月に一度は物産展が開催されており、消費者にも一定のニーズのある催物であったといえる[63]。一九一〇年代後半から一九三〇年代前半にかけての百貨店の動きは、地方の都市化の進展の中で、単に中央の商品や流行品を地方に波及させるだけではなく、地方物産が大都市向きの商品に造り替えられ、中央に発信されていく過程でもあった。大都市百貨店の支店網形成は、こうした動きを活性化させ、全国的な地方物産の都市向き商品化の流れを生み出していったといえる。

三越は支店網においてチェーンストア方式の経営を模索しつつも、その進出過程において、支店設置以前からの地方との関係性をもとに支店を展開せざるを得なかった。結果として大都市百貨店の地方支店は、中央の流行や情報を発信する店舗であると共に、地方の地場物産を広く宣伝する役割も又同時に担うこととなったのである。

次章では、百貨店が取り組んだチェーンストア方式導入の多様性について、髙島屋を事例にみていくことにしたい。

（1）『日本百貨店組合調査彙報』第一三巻第一二号（日本百貨店組合、一九三八年）。
（2）初田亨『百貨店の誕生』（三省堂、一九九三年）、神野由紀『趣味の誕生―百貨店がつくったテイスト』（勁草書房、一九九四年）、山本武利・西沢保編『百貨店の文化史―日本の消費革命』（世界思想社、一九九九年）、中西聡・中村尚史編著『商品流通の近代史』（日本経済評論社、二〇〇三年）、藤岡里圭『百貨店の生成過程』（有斐閣、二〇〇六年）、末田智樹『日本百貨店業成立史―企業家の革新と経営組織の確立』（ミネルヴァ書房、二〇一〇年）。
（3）山本景英「昭和初期における中小小売商の窮迫と反百貨店運動（上）（下）」（『国学院経済学』第二八巻第一、第二号、一九八〇年）、鈴木安昭『昭和初期の小売商問題―百貨店と中小商店の角逐』（日本経済新聞社、一九八〇年）、平野隆「百貨店の地方進出と中小商店」（『百貨店の文化史―日本の消費革命』世界思想社、一九九九年）。
（4）満薗勇「戦前期日本における大都市呉服系百貨店の通信販売」（『経営史学』第四四巻一号、二〇〇九年）。
（5）合名会社三井呉服店（一八九三）→株式会社三井呉服店（一九〇四）→株式会社三越（一九二八）と社名変更がなされるが、便宜上以下「三越」で表記を統一する。
（6）一九三〇年代、三越は国内における支店のほか、京城支店、大連支店、桐生出張所を有している。
（7）出張販売については、堀新一『百貨店問題の研究』（有斐閣、一九三七年）、平野前掲「百貨店の地方進出と中小商店」、通信販売については、満薗勇・加藤諭「百貨店による消費文化の地方波及―通信販売から百貨店の成立へ」（『歴史と地理　日本史の研究』六一二号、二〇〇八年）等。
（8）浅野源吾編『東北振興史上巻』（東北振興会、一九三八年）一頁。
（9）『第五回東北名産品陳列会に就て』（東北振興会、一九二六年）一頁。
（10）前掲『東北振興史上巻』三一七頁。
（11）第八回後援は東北六県の他、東京府・東京市・東京商工会議所・東京実業組合連合会、第九回は大阪府・大阪市・大阪商工会議所・大阪府立貿易会館・同工業奨励館・大阪中央卸売市場・大阪実業組合連合会・奥羽会後援、第十回農林省・商工省後援。
（12）昭和初期三越経営陣の一人、一九二六～四四年まで取締役、一九二七～三二年は常務。
（13）「名産品陳列会を通して見た東北各県物産の長所と短所　三越呉服店仕入部長　幾度永氏談」『河北新報』一九一

七年五月一〇日。
(14) 浅野源吾編『東北振興史下巻』(東北振興会、一九四〇年)一六三頁。
(15) 「木工品競技会及審査報告」(前掲『第五回東北名産品陳列会に就て』)二二頁。
(16) 同前書、五五頁。
(17) 同前書、七~九頁。
(18) 「昭和六年度仙台商工会議所事業成績書」(『仙台商工会議所報』第一六九号、仙台商工会議所、一九三二年)二六頁。
(19) 『三越』第一五巻第五号、第二一巻第六号、『三越六月の御案内』(三越、一九三五年、六月)。
(20) 『北國新聞』一九二八年九月九日付。
(21) 『三越』第一〇巻第六、一〇号。
(22) 『三越』第一〇巻第六、七、一二号。
(23) 『三越』第三巻第九号。
(24) 『金沢市史　資料編一六　美術工芸』(金沢市、二〇〇一年)二四四頁。
(25) 豊泉益三~三井呉服店期入店、販売副部長・仕入部長・参事を経て一九三六~四八年まで取締役。中里研三~宮城県商品陳列館から一九二二年三越入店。装飾係主任、一九三六年より装飾係係長。牧野七三郎~三越本店装飾係を経て、一九三二年札幌支店庶務係、赴任後北海道商業美術家協会員として活躍。
(26) 前掲『東北振興史下巻』二一八、二二九、二三二頁。
(27) 仙台商工会議所『東北産業博覧会誌』(仙台商工会議所、一九二九年)七~八頁。
(28) 同前書、九二頁。
(29) 同前書、一二七~一二八頁。
(30) 同前書、一三一~一三二頁。
(31) 同前書、一四五頁。
(32) 東北産業博覧会の地方に与えた影響については、満薗・加藤前掲「百貨店による消費文化の地方波及―通信販売から百貨店の成立へ」。
(33) 『国産振興北海道拓殖博覧会々誌』（国産振興北海道拓殖博覧会、一九三二年）一五二ノ五頁。
(34) 『金沢商工会議所月報』第二四巻第四号。
(35) 『北國新聞』一九三二年三月二七日。
(36) 北田内蔵司『百貨店と連鎖店』（誠文堂、一九三一年）三八、三一六頁。北田は後の三越第二代社長。
(37) 同前書、三八、三一六頁。
(38) 仙台商工会議所七十年史編纂委員会編『七十年史』（仙台商工会議所、一九六七年）一六五頁。
(39) 大丸本部調査課編『昭和十年日本百貨店一覧』（大丸、一九三六年）五三頁。
(40) 『仙台商工会議所所報』第一四五号（仙台商工会議所、一九三〇年）。
(41) 『河北新報』一九三〇年四月二三日。
(42) 前掲『七十年史』一六五頁。
(43) 『仙台商工会議所所報』第一七二号（仙台商工会議所、一九三二年）。
(44) 『河北新報』一九三二年一一月九日。
(45) 山本前掲「昭和初期における中小小売商の窮迫と反百貨店運動（上）（下）」。
(46) 前掲『仙台商工会議所所報』第一七二号。
(47) 『仙台商工会議所所報』第一七三号（仙台商工会議所、一九三三年）。
(48) 『河北新報』一九三二年一二月一六日。
(49) 前掲『仙台商工会議所所報』第一七三号。
(50) 『河北新報』一九三三年一月一〇日。
(51) 『河北新報』一九三三年二月一一日。
(52) 『河北新報』一九三三年二月一五日。
(53) 「三越進出に東北打開の使命」（『三越』百貨店商報社、一九三三年）三一頁。
(54) 開催催物の内容については、第二部補章参照。

(55)『百貨店総覧昭和一二年版』(百貨店新聞社、一九三六年)一六〇頁。
(56)『仙台銘産品の栞』(仙台三越、一九三八年頃)。
(57)『昭和九年中元御贈答用品案内』(仙台三越、一九三四年)。
(58)『北海道新興商品展覧会々誌』(北海道庁経済部商工課、一九三五年)三二頁。
(59)「三越の二大方針」(『三越』百貨店商報社、一九三三年)三六頁。
(60)『北國新聞』一九三〇年四月三日。
(61)『北國新聞』一九二七年七月一五日。
(62)『観光の北海道展覧会』(東京鉄道局、一九三七年)。
(63)「東京各百貨店催物」(『百貨店年鑑昭和十年版』百貨店新報社、一九三五年)。

第三章　戦前期における百貨店の店舗展開
―髙島屋の均一店事業をめぐって―

はじめに

本章は近代日本における大都市呉服系百貨店の支店網、とりわけチェーンストア事業の実態を明らかにすることを目的としている。前章では、一九〇〇年代以降、大都市で先行して成立していた百貨店（大都市呉服系百貨店）の経営陣が欧米視察、とりわけアメリカでの視察を通して、一九三〇年前後にかけて、百貨店自身がチェーンストア（連鎖店）方式を経営に導入することで、経営の合理化を目指す動きについて、国内の百貨店経営状況を踏まえながら考察した。

一方、そうした百貨店の経営方針について検討したものの、一九三〇年代以降のチェーンストア方式の取組について、松坂屋の仕入、売上に関する経営の一次史料が一九二〇年代後半までしか現存していない、という史料状況もあり、経営面の実証的な検討には踏み込まなかった。そこで、本章では、百貨店のチェーンストア事業の取組と経営実態について、戦前期、「十銭二十銭ストア」というチェーンストア方式に基づく均一店事業を展開した髙島屋の事例を分析したい(1)。

高島屋の経営史的研究については、百貨店、とりわけ高島屋の成長を部門別管理制度の発達に着目し検討した藤岡里圭氏の研究[2]、高島屋の百貨店化と経営者一族の飯田家との動きに着目し検討した末田智樹氏の研究がある[3]。しかし、いずれの研究も明治期から高島屋南海店が開設される、一九三〇年前後までの検討という時期設定であり、高島屋のチェーンストア事業についてはほとんど未検討である。チェーンストア事業そのものについては、日本のチェーンストアの初期的成長の中に高島屋のチェーンストア事業を位置付けた須藤一氏や平野隆氏、南方建明氏の研究がある[4]。しかし、一次史料を使った具体的な分析は行われていないため、統計的な裏付けが不十分であった。また後述するように、高島屋のチェーンストア事業は一九三一年(昭和六)から一九三二年にかけての店舗展開と、一九三八年から一九四〇年にかけての店舗展開という店舗数拡大の二つの画期があったが、先行研究では一九三〇年代前半が主な対象となっており、一九三〇年代を通じたチェーンストア事業の内実については統計的にも不明確なままである。

以上のような先行研究の状況を踏まえ、本章では高島屋史料館所蔵の『取締役会決議録』など経営の方針を知ることが出来る議事録等も使用しながら、『支配人会決議録』、『常勤重役会決議録』『関連会社』『丸高均一店営業報告書』『タカシマヤチエン』『マルタカチエン』等、これまでほとんど活用されてこなかった経営史料や、『社史座談会』『一三五年史補遺項目別詳細記録』といった社史編纂史料などを使用し、経営実態を実証的に明らかにしたい。時期設定としては、主に均一店事業が展開される一九三〇年代を対象として、その前後の時期にも目を配りながら、初期に計画された均一商品の研究から実店舗を有した事業展開である高島屋十銭二十銭ストアを経て、一九三八年高島屋本体からチェーンストア事業が分社されるに至る高島屋のチェーンストア事業の初発から終了時までを追い、戦前期百貨店企業がチェーンストア事業を行ったことの歴史的意義を明らかにしたい[5]。

第一節　均一商品売場研究期(一九二二〜一九三一年)

髙島屋の均一店舗展開は一九三一年(昭和六)八月、一〇銭均一価格で商品を取扱う「髙島屋十銭ストア」を設置したことを嚆矢とするが、それ以前より髙島屋では均一商品売場の検討と導入をはじめており、髙島屋の均一店舗展開はそうした、百貨店内における均一商品売場の実績を踏まえたものであった。まずは、髙島屋が均一店を設置していく経緯について押さえておきたい。

均一商品売場導入の検討は、一九二二年(大正一一)に髙島屋取締役であった細原一良がアメリカを視察し、帰国後チェーンストアについて報告したことにはじまる。当時髙島屋は創業以来の土地である京都店のほか、大阪長堀と東京日本橋に店舗を構えていたが、一九二六年一〇月には大阪長堀店五階にマーケット式の「十銭均一」売場を新設、一九二七年(昭和二)九月には同店二階に一〇銭から三円まで九種類の均一値段でもって数百種類の商品を用意した日用雑貨の均一商品売場を催した。長堀店では一九二九年四月にも屋上で一〇銭均一商品売場を開いているが、同年六月には東京店三階でも一〇銭均一商品売場が開設されている。一九三〇年一二月、長堀店に代わる大阪の旗艦店として南海店が開店すると、その一階に商品を一〇〇〇種類に増やして一〇銭均一「ストア」が設置される。一階の目抜きの場所に均一商品売場を設置することについては、一九四一年にまとめられた『髙島屋百年史』に「之れには世間も驚いた。何しろ一日に一八万人も人通りのある大阪一の繁華な処に、何を苦しんで十銭ものを売るのかといふ人もあれば、流石は髙島屋だ、大衆本位にエライ事をやる。ヨソでは出来ぬ事だとほめる人もあった。然しその成績は先見の明があつたと云ふか、素晴らしく売場は混雑を重ね、商品の補充に日もまだ足らぬといふ有様であった」[6]と記されており、路面に面した均一商品売場のマーケティングに手ごたえがあったことが分かる。

均一商品売場は一九二〇年代半ばより、髙島屋百貨店舗内の様々な階で実験的に導入される中で、売場位置は漸次低層化の傾向をたどり、一九三〇年代に入る頃には顧客吸引の目玉として一階売場に設置されていく、という過程がみてとれる。

均一催事や均一商品売場の設置は一九二〇年代の同業他店においても行われており、例えば一九二二年（大正一一）六月に三越大阪店では五〇銭からの「呉服・雑貨均一大売り出し」を開催しているほか、一九二七年（昭和二）三月には松坂屋名古屋店が南大津町に移転新築した後、栄の旧店舗に傍系事業として松坂屋がマーケット式の栄屋をオープンさせた際、栄屋では一〇銭マーケットを売場内に設けている。また一九二八年一月には白木屋日本橋店で一〇銭から五〇銭までの五種類の均一値段で均一商品売場を開設した。第一次世界大戦後の大戦不況や、その後、関東大震災や金融恐慌という断続的な不況期において、百貨店は実用低価格帯商品の取扱を増やしていくこととなるが、均一商品売場もそうした百貨店取扱商品の拡大の中に位置付けられるものといえる。

こうした髙島屋における均一商品売場の導入については、一九二〇年代後半に欧米視察に赴いている髙島屋支配人クラスが主導的に行った。髙島屋では一九二八年、大谷友之進、小瀬竹松をアメリカに派遣、翌一九二九年には小澤直次郎、小川竹次郎を欧米百貨店視察に派遣している。彼らは帰国後、東京、大阪各店舗の支配人クラスとして、均一商品売場の導入に深く関わっていくことになる。一九二八年海外組の大谷は海外派遣当時大阪店営業部長の立場にあり、帰国後は南海店開業準備委員長を務めることとなった[7]。一九三〇年に髙島屋南海店一階の目玉として均一商品売場を配置するのは大谷の計画の下であったといえる。一方の小瀬は関東大震災後の東京店建設委員を経て東京店支配人代理につき、帰国後一九三〇年に東京店の支配人に就任している[8]。一九二九年海外組の小澤直次郎は、一九二五年より京都店支配人であったが、帰国後髙島屋十銭ストアの京都四条進出に伴う土地交渉をまとめ、その手腕が買われたこともあり、(9) 一九三三年四月に髙島屋均一店総本部長の地位に就くことになる人物である。小川竹次郎も、小瀬同様、関東大震災時より東京仮設店舗建設に尽力した後、一九二八年、一九三三年に東京店支配人となっている。(10) 彼らは東京、大阪各店において、均一商品売場配置の低層階化の時期に支配人クラスとして関わったり、後の均一店事業の中核を担うこととなる人物であり、均一商品売場の導入から後の均一事業の運営において、チェーンストアの台頭などアメリカの小売業界を目の当たりにした海外視察組が主導的に関わっていくことは注目すべき点であろう。

このように髙島屋の百貨店店舗内における均一商品売場は海外視察を経た支配人クラスのもと、顧客の需要に応じ漸次低層階化していったが、さらに独立した路面店舗のもとでのチェーンストア展開を目指す背景には、一九二〇年代の髙島屋の経営状況があった。

表1にあるように、一九二〇年代の髙島屋の純益金は一九二四年上期の四一万円をピークとして以降漸減しており、一九二〇年代末には、百貨店経営方針の転換が重役間で検討されるようになっていた。当時顧問であった井上準之助から度々経営に関する示唆もあり、一九二九年二月京都伏見呉竹庵で飯田同族会を開催。(11) 同年九月には営業の合理化を図るため、本店に調査本部を設置し、(12) 各店舗間の協議機関として業務刷新審議会を設けた。支配人会でも均一店経営研究の問題が議論され、一九三〇年九月に均一店によるチェーンストア展開に関する「ストア限界経営標準」が策定されることとなる。(13)「ストア限界経営標準」には本格的な均一店経営を始めるに当たってのひな形がまとめられていた。

まず店舗を売上高別にA級B級C級に分類、それぞれの限界経営標準をA級（一か月平均売上高七五〇〇円、営業諸費一五〇〇円）、B級（一か月平均売上高五五〇〇円、営業諸費一一〇〇円）、C級（一か月平均売上高三七〇〇円、営業諸費七四〇円)として、対応する立地の選定を目指すこととし、営業諸費想定内訳は人件費三七パーセント、家賃並統制本部費六・六パーセント、配給車費八パーセント、電燈費六・七パーセント、商品包装費六・七パーセント、雑費六パーセント、その他九パーセントと見積もっている。また百貨店業に対し営業費におけるサービス費用の圧縮が目指されており、掛売、無料配達、広告費に営業費を振り分けない、実用本位のセルフサービス型販売を行い、立地条件としては交通量の多さを基準として、繁華街、盛り場、小売商店街、駅ターミナル、沿線住宅街、工場地帯を条件としていた。

日本におけるチェーンストア方式の導入については、前章の松坂屋の事例等で明らかにしているように、一九二〇年代アメリカ小売業界を視察した百貨店経営陣のチェーンストア方式への着目と、同時期に内在していた営業効率の悪化という両面があったが、髙島屋においても同様の経緯があったことがみてとれる。また、髙島屋が

表１　髙島屋営業成績推移

	総売上高	営業費	純益金
1919年下期	1063643	662767	370876
1920年上期	1017300	881568	135732
1920年下期	1199785	887079	312706
1921年上期	1219817	902493	318324
1921年下期	1338598	1026076	312522
1922年上期	1345256	1048525	296731
1922年下期	1415064	1122167	292798
1923年上期	1831838	1502832	330005
1923年下期	1653859	1328043	325815
1924年上期	1908659	1493384	415275
1924年下期	1864290	1558021	306269
1925年上期	1844508	1473322	371185
1925年下期	1749374	1489630	259744
1926年上期	1637529	1422009	215520
1926年下期	1689746	1577390	112356
1927年上期	1629320	1440538	188782
1927年下期	1733720	1510044	223675
1928年上期	1743490	1518993	224497
1928年下期	1995537	1748372	247165
1929年上期	1930250	1636770	275502
1929年下期	2205980	1837079	295201
1930年上期	2123598	1787679	265919
1930年下期	2297876	1978736	259140
1931年上期	2490273	2146582	283691
1931年下期	3023264	2572419	450845
1932年上期	3173000	2771063	411936
1932年下期	4468219	3966830	501389
1933年上期	5000749	4462383	538366
1933年下期	5852705	5142407	710298
1934年上期	5452572	4696094	756478
1934年下期	6198578	5382889	814689
1935年上期	5836342	5000846	835496
1935年下期	6474319	5584930	889389

出典　髙島屋各期『営業報告書』
※単位：円　上期は２月～７月、下期は８月～１月

三越や松坂屋のように百貨店自体の支店網を形成するのではなく、百貨店売場内の均一商品売場を独立させ路面店によるチェーン展開を目指す、という方法を採った背景には、四章で後述するように、当時高まりを見せていた中小小売商による反百貨店運動への考慮という側面もあった。髙島屋の総支配人を務めていた川勝堅一は一九三六年当時、以下のように述べている。

「小売商対百貨店問題で、当時の業界の雰囲気は相当重苦しいものでありましたし、公然と髙島屋の店が出るといふことには可成り難色がありましたので、波をたてない様に、周囲に刺激を与えない様に。密かに計画を進める苦心といふものは並大抵のものではございませんでした[14]」。

中小小売商は百貨店が当時行っていた無料送迎、無料配達や不当廉売広告による顧客吸引策等を問題視し、新たな支店設置は、当該都市において中小小売商による設置反対運動を引き起こしていた。川勝が「髙島屋は百貨店で大戦闘艦的威力を発揮、均一店で豆戦艦的サービスを」図ったと述懐しているように、一定の経営規模のもと、営業諸費を伴わないチェーンストア方式の導入と、中小小売商との摩擦の少ない形での支店網形成の両立策として、髙島屋においては、出店による影響が目立ちにくい、均一店によるチェーン化という選択をしたのである。

第二節　均一店舗網形成期（一九三一〜一九三二年）

一九三〇年（昭和五）の「ストア限界経営標準」の策定、同年一二月に開店した髙島屋南海店一階のフロア配置のもとでの十銭ストアの設置を経て、髙島屋では一九三一年四月、第二〇六取締役会において、「十銭均一連鎖式経営」を行うことに決定し[15]、東京、大阪、京都の各母店（百貨店）の配給の下、店舗網を母店近辺より順次拡大することとなった。一九三一年八月、大阪の野田阪神、大正橋の二店舗で「髙島屋十銭ストア」が開設され、同年九月の第二一五回取締役会では、一九三二年大阪南海店の全館竣工までに約五〇店舗を東京、大阪、京都内外に設置することに決定する。『取締役会決議録』には「一〇銭ストアの連鎖組織経営に就ては大に世間の視聴を惹き既に同業者方面に於ても之に類する計画の進行せるものあるやに聞く折柄とて既に三都に於て今日迄に開設せる成績等に鑑み此際急速に進行するを得策と考へらるるを以て来る昭和七年夏南海全館竣工開店迄に約五拾件を三都市内外に設置するを目標として速進する事に協議決定す[16]」とあるように、髙島屋では同業他社に先んじて一気に店舗網を形成し、均一店舗網の体制を整えようとしていたのである。

一九三一年八月から一二月までに開設した店舗は計二六店舗でその支店網展開を大阪、京都、東京の各店所属から時系列順に示すと、以下の通りである。大阪店所属については、野田阪神（八月三〇日）、大正橋（八月三〇日）、花園橋（九月一一日）、玉造（九月二七日）、堺山ノ口（一〇月一七日）、福島（一〇月三一日）、天王寺（一一月一三日）、芦屋（神戸、一一月二三日）、八幡屋新道（一二月一三日）、鶴見橋（一二月一三日）、森小路（一二月二九日）、京都店所属については、四条河原町（九月二一日）、京都駅前（一〇月一三日）、出町（一二月五日）、東京店所属については浅草雷門（九月二一日）、大井（九月二一日）、牛込山吹町（一〇月一九日）、亀戸（一〇月二五日）、日暮里（一一月六日）、四谷（一一月一二日）、上野山下（一一月一七日）、渋谷（一一月二三日）、巣鴨（一一月二四日）、高崎（群馬、一二月一日）、横浜（神奈川、一二月二〇日）、蒲田（一二月二一日）。

一九三一年一一月には、支配人会議において、均一商品研究部設置が要望され、取締役会に付議された上で決定[17]、同年一二月、第二一八回取締役会議では商品品質の安定化のため、一〇銭のみならず、二〇銭商品の取扱を決定、翌一九三二年五月には取扱商品群に二〇銭商品を加えることから、均一店は「髙島屋十銭ストア」から

「髙島屋十銭二十銭ストア」と改称されることとなった。「髙島屋十銭二十銭ストア」は一九三二年七月までに東京二四店舗、大阪二〇店舗、京都七店舗の計五一店舗が開設を完了し、更に東京を中心に水面下では四五店舗の候補地を調査、同年五月の第二二六回取締役会ではこのほか、七月以降の店舗展開として名古屋に五店舗を置くことを決定している。[18]

これだけ短期間に多数のチェーン展開を果たせた背景には、木造旧商店の空き店舗などから、大規模な店舗改造を要しない土地建物を選定し、賃貸契約での出店を図ったことが大きい。このことについて、古参店員の前川梅吉[19]が、後の社史座談会で以下のように述べている。

「百貨店も昭和三、四年というころはえろう不景気でね。そやから均一店をやろうというわけや。それも店が一々家を建てたり買ったりということやあらへん。しにせを買う方がうんと安い。つまり他人の金で商売をしたようなもんや。建設するのはみなよその金なんです。均一の店舗というのは借家ばかりだ[20]」。居抜きによる出店費用の抑制と迅速な開店によって髙島屋は均一店の路面展開から一年以内で五〇店舗以上の店舗展開を果たしたのである。

一九三二年一月から七月までに開設した店舗は計一二五店舗でその支店網展開を大阪、京都、東京の各店所属から時系列順に示すと、以下の通りである。大阪店所属については、四貫島（一月二七日）、大和田（二月七日）、梅田（三月一日）、奈良（奈良、三月一二日）、春日野道（神戸、四月三日）、恵美須町（五月五日）、奥平野（神戸、五月七日）、新開地（神戸、六月四日）、心斎橋（七月九日）、京都店所属については、植物園前（五月一五日）、四条大宮（五月一六日）、七条大宮（五月一九日）、西陣（七月一五日）。東京店所属については銀座（二月二三日）、大塚（三月一三日）、池袋（四月一日）、神楽坂（四月一七日）、前橋（群馬、四月一七日）、桐生（群馬、四月二八日）、高円寺（五月七日）、本郷（六月一日）、五反田（六月一六日）、武蔵小山（七月一二日）、足利（栃木、七月一五日）、川口町（埼玉、七月二〇日)。

しかし、一九三二年八月、日本百貨店協会の自制協定により、加盟百貨店間における新規出店を控える申し合わせがなされたことで、加盟していた髙島屋においても店舗計画は中断し、以降新店舗は当分の間設置されないこととなった(21)。このため一九三一年八月から一九三二年七月までの時期をチェーンストア展開の第一期とみることが出来る。この第一期において運営の手本とされたのはアメリカの均一価格制のチェーンストアであり、髙島屋本店調査本部が一九三二年にまとめた研究資料『連鎖店の展望「欧米及び日本」』では「均一連鎖店」という名称で調査報告している(22)。この中ではアメリカの「均一連鎖店」共通の要素を次のように挙げている。

「(一)均一連鎖店の取扱商品は日常必需品を原則とし流行品の如きは通常除外される。

(二)均一連鎖店はその取扱商品の種類が多い為に(例えばウルウオースの取扱品目は二万種に上ると云はれてゐる)他種連鎖店より比較的広いスペースを必要とし部門化の必要が痛切に感ぜられ、その経営に当つても主任はより高い技能を必要とされる。

(三)均一連鎖店は現金持帰主義を原則とし信用貸、無料配達は之を行はない。

(四)均一連鎖店は原則として自己生産を行はない。この事は薬品連鎖店乃至グロサリー連鎖店等が相当深く自己生産に手を広げてゐる事実と好個の対照をなしてゐる。

(五)均一連鎖店は、飾窓、商品の陳列に最も重きを置き新聞広告の如きは店舗新設の場合等を除き通常之を行はない。

(六)均一連鎖店の販売員は概して素質が悪い。それは一つにはその取扱商品が別段の説明を要しないで売れて行く様な種類のものであるから、比較的素質の悪い販売員で事足るからであり、又一つには販売員の交代がはげしいからである。

(七)均一連鎖店の店舗はその性質上一定の距離を保つて設置される事を必要とする為、勢ひ散在的となり、之が監督が相当重要な問題となる」[23]。

髙島屋総支配人、川勝堅一は一九三五年当時、髙島屋が均一店事業を展開するに当たり、「現金売に限り、懸売は一切しない。お買物はお持ち帰り願つて配達サービスはしない、売場でのお買物もなるべくセルフ・サービス的に買ひ安くする。そして宣伝も殆どやらない、宣伝に費用を掛けないといふことにした」と述べ、先にみたストア限界経営標準もこの方針のもと作成されたと説明している[24]。髙島屋チェーンストア展開は初期において、百貨店本体に対し、掛売、無料配達、広告費といった営業費用を圧縮した、実用本位のセルフサービス型の店舗作りを模索していたのである。

また『連鎖店の展望「欧米及び日本」』では、アメリカの均一価格帯によるチェーンストア、F.W.ウールワースについて独立した項目を立てて調査報告されている。F.W.ウールワースは、初発において五セント、その後一〇セントのツープライスラインでの商品展開で成功したアメリカのチェーンストアであった。先にみたように、髙島屋においても髙島屋十銭ストア、その後髙島屋十銭二十銭ストアと助走を経て、ツープライスでの店舗展開を図っていることからしても、髙島屋の均一店事業は、アメリカの「均一連鎖店」とりわけ、F.W.ウールワースから強い影響を受けていたことが分かる[25]。

第三節　既存店舗整備期(一九三三〜一九三七年)

一九三二年(昭和七)の日本百貨店協会による自制協定以降、一九三三年から一九三七年にかけては十銭二十銭ストアの新規出店は行われなかった。一方でこの時期は、髙島屋の均一店事業がより、独自の発達を遂げていく時期として注目すべきである。前述の通り、髙島屋経営陣は一層の店舗数の拡大と、規模のメリットを活かした均一店事業の展開を志向していたが、その拡大を抑制的にせざるを得なかったことで、髙島屋の均一店事業は海外とは異なる独自の展開をみせるからである。

自制協定以降、髙島屋の経営陣がまず目指したのは、代理店卸売の模索であった。一九三二年一一月、第二三四回取締役会では「百貨店協会の自制声明により当分一〇銭二〇銭ストアの増設をなすことは遠慮を要する点あり一面商品の大量取扱によりて益々原価を引下げ世間の追従を許さざる迄に精選し行く上に於ては消化機関を増すの必要あり」という状況分析の下、「当社に縁故ある人又は相当信用し得る希望者には髙島屋一〇銭二〇銭ストア代理店を開設せしめ条件を定め貸売を為さざる方法によりて卸売行為を開始するの案」が提起され、詳細や条件は更に協議することとなったが、そのための十銭二十銭商品卸売部の新設を決議している[26]。髙島屋十銭二十銭ストアの新設凍結により、直営店ではなく、既存商店と代理店契約を結び商品卸しをすることでチェーン店網の拡大を目指すという、いわゆるボランタリーチェーン方式を想定したものといえよう[27]。

次いで一九三三年三月、第二三九回取締役会において、髙島屋十銭二十銭ストアを三都支店所属から独立させ、新たに統制部を設置し、その下に置くことを決議する。これは、「三都支店に所属せる髙島屋一〇銭二〇銭ストア及其本部全体の統制を図り商品の研究調査を進め大量契約により三本部合同仕入の実を挙げ更に卸売部及代理店の制度を定めて之を実現化せしめ各チェーンの成績に関して統計調査を完全にして益々本業の進展を図る目的にして均一店統制本部を設置することに付其規定と共に審議の結果承認可決す」とあるように、髙島屋十銭二十銭ストアを各支店管轄の店舗として扱うのではなく、均一店運営を百貨店各店から独立させ、均一店を中央で統制する機構に編成することで中央本部による商品統制と一括仕入を推し進めることにあった。統制部は「均一店総本部」という名称に決まり、均一店総本部の下には、調査課、商品課、秘書課が置かれるとともに、東京均一店本部、大阪均一店本部、京都均一店本部が設置され、これまで三都支店いずれかに属していた髙島屋十銭二十銭ストア各店は、エリアごとに各均一店本部所属に置きかえられることとなった。

髙島屋史料館所蔵の髙島屋『支配人会決議録』、『常勤重役会決議録』、『取締役会決議録』、『株主総会決議録』によれば、一九三三年当時の経営における意思決定過程は、店長クラスによる「支配人会」→京都本店在勤取締役による「常勤重役会」→「取締役会」→「株主総会」という流れをとっている。(28) このうち一九三三年三月度支配人会からは本店より専務、理事、会計本部長、店長クラスとしては総支配人、東京、大阪、京都各店舗支配人のほか、均一本部理事、均一本部相談役がメンバーとなっている。(29) 均一本部理事については、均一総本部設置に先立ち、一九三三年二月の第二三八回取締役会で、小澤直次郎が選任されているが、このとき小澤が辞令を受けたのは『取締役会決議録』では「均一部総支配人」とされていることから、均一本部理事は、百貨店支配人と同格の店長クラスの役職であったということができる。(31) このことから、均一店総本部の設置は、各支店の下に置かれていた各十銭二十銭ストアを、髙島屋の組織上まとめて一つの支店としてみなし、均一店事業を支店と同列に置いて一体的に運営しようとしたことが分かる。

髙島屋の均一店事業の一体的な経営については、一九三三年七月、第二四四回取締役会においても諮られ、「均一店の経営に就ては統制上三都店所属の各ストア本部凡てを併合するを理想とするも均一総本部に於いては先づ京阪両部を併合し部長を一にし仕入等の上に合同して有利に経営するを最も急務なりとし茲に京阪店の均一本部併合実施を提案せるものにして審議の結果之を可とする」(32) として、大阪、京都均一本部を併合し仕入れを合同することが了承された。

更に、新規出店が抑制される中にあって、既存店舗の整備が図られていった。一九三三年下期から一九三七年下期にかけて、既存店舗の増改築が積極的に行われていくのである。表2にあるように、この間、店舗家屋の買上や隣接地の買収も含め手が加えられた店舗は、京阪均一本部内では、野田阪神、大正橋、玉造、堺山ノ口、芦屋、八幡屋新道、森小路、四貫島、梅田、奈良、奥平野、新開地、四条河原町、京都駅前、出町、西陣、東京均一本部内では、浅草雷門、大井、江戸川、渋谷、巣鴨、高崎、横浜、蒲田、池袋、前橋、桐生、高円寺、五反田、小山銀座、足利、川口町が対象となっており、京阪均一本部内二七店舗中一七店舗、東京均一本部内二四店舗中一六店舗、総店舗数五一店舗の内では三三店舗と、全体の約六五パーセントに上っている。

それでは、これらの諸政策は、髙島屋十銭二十銭ストアの営業状況にどのような影響を与えていったのであろうか。これまで、髙島屋の均一店事業についての実証的な統計は史料上の制約もあり、先行研究ではほとんど触れられてこなかった。この点について、本節では、髙島屋史料館所蔵の『支配人会決議録』を使用し検討をしてみたい。支配人会は毎月、東京、大阪の持ち回りで開催されていたが、ここでは各月月例報告より売上高、仕入費、営業費についての報告が記されており、そこから一九三二年より一九三七年における営業状況を復元することが出来る。その統計を表したのが表3、4である。

まず売上高についてみてみると、髙島屋チェーンストア展開の第一期にあたる一九三二年においては、均一店事業全体の総売上高は上期から下期にかけて売上高は二三〇万円から三一二万円に上昇したが、新規出店が抑制された一九三三年から一九三六年にかけては、売上高の伸びは鈍化し、おおむね三〇〇～三五〇万円で推移し、その後、一九三六年下期から一九三七年下期にかけては再び漸増し四〇〇万円台半ばまで増加している。こうした売上高の変化は店舗規模と関係があったことは表2からもうかがえる。既存店舗の増改築については一九三三年下期に二店舗、一九三四年上期に三店舗、一九三四年下期に四店舗、一九三五年上期に四店舗、一九三五年下期に五店舗と五店舗以下で推移していたのが、一九三六年上期に入ると九店舗、一九三六年下期に一三店舗、一

表２　髙島屋十銭二十銭ストア増改築案件

取締役会承認日	10銭20銭ストア増改築案件	取締役会承認日	10銭20銭ストア増改築案件
19330828	東京渋谷10銭20銭ストア増築拡張ニ関スル追認ノ件	19360826	大阪野田阪神10銭20銭ストア拡張ニ付家屋並ニ老舗権買収ノ件
19331128	東京江戸川10銭20銭ストア店内改造ノ件	19360826	前橋10銭20銭ストア隣接家屋買収並ニ改造築ニ関スル件
19340219	大阪10銭20銭ストア二店造作申請ノ件	19360918	大阪梅田ストア内外改造補修ノ件
19340619	東京渋谷10銭20銭ストア店内拡張ノ件	19361020	大阪野田阪神ストア新築諸費支出申請ノ件
19340718	東京渋谷10銭20銭ストア増築拡張ニ伴フ什器購入ノ件	19361020	東京雷門ストア新築工事費追加支出申請ノ件
19340825	桐生10銭20銭ストア店内拡張及什器購入ノ件	19361020	前橋ストア増築工事費追加支出ノ件
19340918	東京蒲田10銭20銭ストア増築ニ関スル件	19361119	芦屋ストア地所買収及新築ニ関スル件
19341018	奈良10銭20銭ストア増築ニ関スル件	19370119	京都出町ストア店舗改造増築並ニ什器購入ノ件
19350119	大阪堺、玉造10銭20銭ストア拡張ニ関スル件	19370119	芦屋ストア追加工事費並ニ什器設備費支出ノ件
19350218	高崎10銭20銭ストア増築ノ件	19370119	東京雷門ストア追加工事費並ニ什器設備費支出ノ件
19350226	大阪玉造10銭20銭ストア拡張改築ニ関スル件	19370119	東京高円寺ストア改造築ニ関スル件
19350521	前橋10銭20銭ストア二階増築ノ件	19370119	東京蒲田ストア改造築ニ関スル件
19350618	東京大井町10銭20銭ストア新築ノ件	19370224	野田阪神ストア追加工事費支出並ニ営業用什器購入ノ件
19350824	東京川口町10銭20銭ストア一部改造ノ件	19370318	横浜ストア新店舗建築敷地買収ノ件
19350929	神戸新開地10銭20銭ストア一部改造ノ件	19370318	京都出町ストア及四条河原町ストア工事費支出ノ件
19350929	森小路10銭20銭ストア移転新築ニ関スル件	19370318	神戸新開地ストア一部改造ノ件
19351018	堺10銭20銭ストア拡張改築ニ関スル件	19370420	野田阪神ストア追加雑工事ニ関スル件
19360118	京都出町10銭20銭ストア売場改造ノ件	19370518	足利ストア新築ニ関スル件
19360303	東京渋谷10銭20銭ストア増築ニ関スル件	19370720	東京小山ストア新築ノ件
19360318	大阪泉尾10銭20銭ストア新築ニ関スル件	19370720	高崎ストア店舗改築ノ件
19360519	神戸新開地10銭20銭ストア拡張老舗権買収ノ件	19370826	大井ストア店舗一部改築及什器購入ノ件
19360619	大阪大正橋10銭20銭ストア新築設備追加並ニ営業用什器購入ノ件	19370916	東京巣鴨ストア店舗増改築ノ件
19360619	東京池袋10銭20銭ストア店頭及内部改修ノ件	19371020	東京五反田ストア改築並ニ仮営業所設置ノ件
19360728	東京雷門10銭20銭ストア店舗改築ニ関スル件	19371020	神戸奥平野ストア移転敷地買収新築ノ件
19360728	東京蒲田10銭20銭ストア増築ノ件	19371020	東京高円寺ストア店舗増築ノ件
19360728	大阪恵美須町10銭20銭ストア一部改造ノ件	19371020	高崎ストア追加工事費支出ノ件
19360728	神戸新開地10銭20銭ストア改造ノ件	19371020	桐生ストア店舗新築ノ件
19360826	大阪四貫島10銭20銭ストア隣接家屋老舗権買収並ニ拡張増築ノ件		

出典　『取締役会決議録』（髙島屋史料館所蔵、1933～1937年）　※承認日は西暦・月・日の順

九三七年上期に八店舗、一九三七年下期に一〇店舗と店舗増築案件は一〇店舗前後とほぼ倍増していく(33)。均一店事業においても経営規模が売上高に影響を与えており、経営規模の拡大が売上高の上昇と相関関係にあったことが分かる。また、一九三六年上期以降の店舗増改築案件の増加の背景には、一九三七年に百貨店法が制定されることを見込んだ経営陣による先行増床であったことが、髙島屋史料館所蔵の『常勤重役会決議録』からみてとれる。一九三六年五月に開かれた第三五回常勤重役協議会では、均一店拡張促進の件が付議され、以下のように方針を承認している。

「百貨店組合統制規定により新に店舗の増設を阻止せられたる均一店も最近百貨店法の制定が実現せんとする形勢にありて若し法の制定を見るときは現在店舗の拡張すら容易に為し得ざることとなる恐あるを以て此際将来性に富み有望と認むる各店は出来得る限り急速に隣接地を買収して拡張し置く必要あり資金問題に就ては既に調査して他の事業促進と併行するも差支なき自信を有せるに付右の方針にて進行するの件に付橋爪理事より説明あり之を承認す」

次に仕入費についてであるが、仕入費については、売上高や営業費のデータと比べて支配人会議において報告のない月もしばしばあり、通期的にはやや空白があるものの、売上高の推移と同様、既存店舗の増床に伴って増加の傾向を示している。また売上高に占める仕入費率については七七～八一パーセントと、おおむね八〇パーセント前後で推移している。髙島屋の百

	営業費			
百貨店業	京阪均一	東京均一	合計	百貨店業
	242715	176354	419069	1690979
	338091	240341	578432	2783074
	288055	240325	528380	3442352
	301936	238079	540015	3678069
15347170	292628	237009	529637	3385237
	324436	260689	585125	3843677
15705830	308256	258059	566315	3507838
17887846	348269	280506	628701	4029078
16598616	324674	276591	610628	3683120
20444997	391054	319263	710317	4425015
17944850	394887	341998	736885	4232447
18842527	446115	400416	846540	4680780

は8月～1月

表３　髙島屋十銭二十銭ストア営業成績推移（１）

	売上高				仕入費		
	京阪均一	東京均一	合計	百貨店業	京阪均一	東京均一	合計
1932年上期	1363368	942832	2306200	8660622			
1932年下期	1796537	1328240	3124777	13976274			
1933年上期	1572205	1340030	2912235	16719350			
1933年下期	1719650	1442052	3161702	20085292			
1934年上期	1624720	1507547	3132259	18258625	1312504	1170787	2483291
1934年下期	1835776	1672976	3508752	21743588			
1935年上期	1687892	1566141	3254033	19583454	1336701	1245973	2582674
1935年下期	1860493	1685369	3545862	23728304	1514873	1360706	2875580
1936年上期	1886350	1644425	3530775	20387752	1534810	1298697	2833507
1936年下期	2168298	2093281	4261579	25086005	1758716	1714229	3472945
1937年上期	2207508	1952586	4160094	22609524	1736755	1557199	3293954
1937年下期	2329958	2313315	4643273	24066377	1799325	1783185	3582510

出典　『支配人会決議録』（髙島屋史料館所蔵、1933～1937年）　※単位：円、上期は２月～７月、下期

貨店業における仕入費率は同時期において七八～八四パーセントであることから、均一店事業の方がより仕入費が抑えられているといえなくもないが、その差はほとんどなく、百貨店業に比べて、圧倒的に下回る仕入費率というほどではない。

髙島屋の均一店事業と百貨店業との仕入費率が拮抗していた状況は、均一店の規模が百貨店業と比較した場合どの程度であったのか、という点と関わっている。一九三〇年代半ばにおいて、髙島屋十銭二十銭ストアの営業規模は、東京均一本部管轄で八二五〇平方メートル、京阪も含めると、約一万六五〇〇平方メートルほどであったという[34]。この総床面積について髙島屋の百貨店店舗と比較した場合、東京均一本部管轄分の売場面積は、百貨店業である髙島屋東京店の三分の一以下であり、全体の売場面積でみても、髙島屋南海店のおよそ二分の一に過ぎない。つまり、髙島屋の均一店事業は、髙島屋の百貨店の一支店に満たない営業規模しかなかったのである。先に大阪、京都の均一本部の併合が一九三三年七月の取締役会で了承されたことについて述べたが、その後、東京均一本部との合同はなされず、仕入は東京と京阪二つの商品部に分割して行われる状況は改善されなかった。また、京阪合同時も「関連せる京都グロー

表4　髙島屋十銭二十銭ストア営業成績推移(2)

	均一店仕入率	百貨店仕入率	均一店営業費率	百貨店営業費率	均一店粗利率	百貨店粗利率
1932年上期			18.2	19.5		
1932年下期			18.5	19.9		
1933年上期			18.1	20.6		
1933年下期	83.8	82.4	17.1	18.3	16.2	17.6
1934年上期	79.3	84.1	16.9	18.5	20.7	15.9
1934年下期			16.7	17.7		
1935年上期	79.4	80.2	17.4	17.9	20.6	19.8
1935年下期	81.1	75.4	17.7	17.0	18.9	24.6
1936年上期	80.3	81.4	17.3	18.1	19.7	18.6
1936年下期	81.5	81.5	16.7	17.6	18.5	18.5
1937年上期	79.2	79.4	17.7	18.7	20.8	20.6
1937年下期	77.2	78.3	18.2	19.4	22.8	21.7

出典　『支配人会決議録』(髙島屋史料館所蔵、1933～1937年)。　※単位：%、上期は2月～7月、下期は8月～1月

サリーの経営に就ては之が所属に付京都店支配人、均一総本部との間に更に研究の上其経営所属を取決め再議の上実行することとす(35)」として食料雑貨品に関しては棚上げにされての合同であった。髙島屋総支配人の川勝堅一も一九三六年当時、「全般に亘つて同一の産地又は製造家から三都均一本部の共同で仕入が行はれてゐるといふわけではなく、中には東京は東京、大阪は大阪、京都は京都と夫々単独でやつて居り而もその方が有利なものも相当あるのでありますが、殊に問屋経由の仕入れの場合の如きは自然この例が多いのは云ふまでもない(36)」と述べ、共同仕入れが徹底できていないことを認識していた。

均一店事業は、一九三〇年代半ばに既存店舗の増改築により規模を拡大したとはいえ、百貨店業も含めた髙島屋全体の中では決して大きい営業規模であったわけではなく、また中央総本部による仕入れの一括化というチェーンストアの本来のあり方についても不完全なままであったのである。そのことが、百貨店業と均一店事業との仕入率の拮抗という状況の背景にあったのである。

営業費についても売上高の推移と同様の傾向をたどり、営業費率については仕入費率と同様、一九三二年から一九三七年の

期間を通じてほぼ一定で、その比率は一六パーセント台後半から一八パーセント台前半であった。これは髙島屋百貨店業における営業費率がおおよそ一七～一九パーセント台であったこととくらべると、若干低い比率であるが、その差は一パーセント程度である。髙島屋の均一店事業が百貨店業と比べ、大幅な営業費の圧縮を出来ていたわけではないことが分かる。

髙島屋十銭二十銭ストアの営業については総支配人の川勝堅一が商工省における小売制度改善調査委員会の調査の中で「総べての点に地味に、堅実に進まうといふ根本方針で営業して居りますので、販売方面での積極的な活動例例へば福引つきの売出しとか、或は大々に宣伝をするとかいつた様な外面的に派手なやり方は殆どやつて居らぬと申上げてもいい(37)」として、宣伝や景品等の諸費用については百貨店以上にかけていない、と説明している。それは髙島屋の百貨店業における宣伝効果に依存することが出来たからであった。川勝は「百貨店の髙島屋としては月々新聞によつて盛んに広告の巨弾を発射して居りますが、いはばこの巨砲の余韻、百貨店としての髙島屋のもつ伝統的なマークへの信用といふものが陰に陽に十銭二十銭のチェーンストアに対する消費大衆の関心の上に非常に力強い有効な役割を果たしてゐるものと観察できるのでありまして、いはばこの百貨店の日々の広告は一石二鳥的な効果をもつと云ひ得る(38)」としている。実際、髙島屋十銭二十銭ストアには商号に「髙島屋」が付けられ、店のマークについても、高の○囲み文字と百貨店業と同様のマークを用いており、髙島屋のネームバリューを活かしていたことが分かる。

それでは、景品や宣伝費をあまり使わない営業をしていたにもかかわらず、髙島屋十銭二十銭ストアの営業費率が百貨店業に比べ大きく抑制されなかった背景にはどのような問題があったのであろうか。その一つには既存店舗整備に伴う設備投資費のコストがあげられる。先にみた表2（一〇五頁参照）からもうかがえるように、新規出店が中止されて以降も髙島屋十銭二十銭ストアでは既存店舗の増改築やそれに付随した用地買収などを行って

図1　高島屋十銭二十銭ストア亀戸店

出典　『「高島屋十銭二十銭ストア」に就いて』（商工省商務局、1936年）

おり、什器の減価償却費と合わせて設備投資費が経費としてかかっていたものと思われる。それに加えて着目すべき点は店員比率である。

『日本百貨店総覧昭和一二年版』によれば一九三六年時における東京均一本部下の延床面積は約八二五〇平方メートル、店員数は六五〇人ほどである。一人当たりの売場担当面積は単純計算で一二・七平方メートルであり、この結果は、大阪長堀店の一人当たりの売場担当面積は一二・九平方メートル、大阪南海店の一人当たりの売場担当面積は一三平方メートル、東京店の売場担当面積は一五・六平方メートルと比較してみても、当時の高島屋百貨店業の各店舗の数値とほぼ同じか、売場面積に対する店員数は多めである（表5、6）。このことは、人件費に掛かる経費が百貨店業と比べて遜色がなかったことを物語っている。高島屋十銭二十銭ストアは、セルフサービス型販売を模索していたものの、実際には一店舗あたり充実した店員配置を行っており、接客販売に重点を置いた経営方針をとっていたのである。

このことを裏付けるのが、均一店事業における様々な店員教育である。高島屋均一総本部では、各店舗の女性店員から上席者（スポンサー）を設定、さらに大阪、京都、東京各本部には女性店員から教育係長を抜擢、定期的にスポンサーを召集し、スポンサー会議を開催、本部の指導精神、教育訓練の徹底化を図っていた[39]。このスポンサー制度は髙島屋史料館所蔵の『社史座談会　均一店』によれば、百貨店業に先駆けて均一店事業で開始された販売教育制度であったという(40)。また大阪、京都といった各本部では定期的にサービス競技会を開催、各本部の部長、係長、店舗主任、女性店員の教育係らが審査員となって、態度、動作、言語を採点、優秀な販売員を表彰している(41)。髙島屋では一九三一年より店員向け社内報として『競和』を発行していたが、加えて一九三六年には均一店事業独自の『タカシマヤチエン』を発行、読み物からも接客販売、商品知識の修養を啓蒙した。『タカシマヤチエン』には「販売講座」といった読物欄を掲載し、以下のように店員の重要性を説いている。

「購買

表５　髙島屋延床面積および店員数

店舗	延床面積	店員数	店員１人当担当面積
大阪長堀店	14286	1108	12.9
大阪南海店	33129	2542	13.0
東京店	29326	1875	15.6
10銭20銭ストア（全体）	16500		
10銭20銭ストア（東京）	8250	650	12.7
丸高均一店	38990	2172	18.0

出典　『日本百貨店総覧昭和12年版』（百貨店新聞社、1936年）『髙島屋135年史』（髙島屋、1968）　※単位：m²、人
丸高均一店は1941年時、そのほか1936年時の数字。

然し欲しいと思つただけではお客様は直ぐ御買上げになるものではありません其の商品の代金の高低や、使用する機会の多少、其の外色々の直接、間接の影響も考へてから、此等総ての条件が有利であると解られた時買ふ事になりますが、「よし買ふ」と言ふ最後の御買上げになる決心が無ければなりません。

販売の意味

ストアには誰でも買へる十銭、二十銭の何所の家庭にも必要な商品ばかり数千種類揃へて居ります。御来店下さるお客様は此等の商品が必要でお買物に見えたのです。そして彼方の陳列を眺め、此方の商品を手に取つて試してみて結局多数の御来客が何も買はずにお帰りになります。何故でせうか？　これは決してストアの商品が不必要、不向であるのではなくお客様に其の商品の真の価値が解らず、従つて「其の商品を買はなくては居られない」と感じ

表6　髙島屋十銭二十銭ストア各店舗延床面積および店員数

	構造	建坪数	延床面積	人員数	店員１人当担当面積
雷門店	平屋	48	158	20	7.9
大井店	二階建て	45	223	20	11.1
江戸川店	三階建て	64	475	20	23.8
亀戸店	二階建て	32	158	15	10.6
日暮里店	二階建て	47	233	18	12.9
四谷店	二階建て	76	376	25	15.0
上野店	二階建て	40	198	23	8.6
渋谷店	二階建て	92	455	30	15.2
巣鴨店	二階建て	63	312	22	14.2
蒲田店	二階建て	68	337	22	15.3
銀座店	二階建て	56	277	21	13.2
大塚店	二階建て	63	312	21	14.9
池袋店	二階建て	57	282	18	15.7
神楽坂店	三階建て	75	371	24	15.5
高円寺店	二階建て	40	264	18	14.7
本郷店	平屋	50	165	15	11.0
五反田店	二階建て	70	347	17	20.4
小山銀座店	二階建て	60	297	18	16.5
川口店				17	
高崎店	二階建て	96	475	22	21.6
横浜店	二階建て	79	391	25	15.6
前橋店	二階建て	60	297	18	16.5
桐生店	二階建て	60	297	20	14.9
足利店			305	20	14.8

出典　『日本百貨店総覧昭和12年版』（百貨店新聞社、1936年）
単位：坪、m^2、人。店員１人当担当面積は m^2
史料では建坪のみ記載、延床面積は建坪×3.3×階数×1.5で計算。

ないから買ふ決心がつかないのです。此の決心をつけるには販売員が有効適切な力強い誘導又はお薦めをすることが必要です。此の最後で然も一番大切な誘導又はお薦めが出来て、お客様が実際其の商品をお買上げになつて始めて販売が完成したのです[42]」。

このような充実した接客販売に関わる店員教育は、高島屋が百貨店業を本体としていたことと無関係ではない。高島屋均一店事業の月毎の売上を示した表7をみてみると、上期、下期において最も売上が伸びる時期は七月、一二月であることが多く、次いで季節の変わり目となっている。高島屋総支配人の川勝堅一は、広告、景品といった費用はかけないものの、「中元期と歳暮期には三都ストアの対抗で優勝争奪戦をやつて予算突破をめざすといつた風の内面的な販売増進策はいろいろ試みてゐる[43]」と、高島屋十銭二十銭ストアにとって中元、歳暮が売上に占める比重が大きかったことを述べているように、均一店であるため決算やセールといった特売催物は

表７　髙島屋十銭二十銭ストア営業成績推移（３）

	京阪合算	東京合算	合計		京阪合算	東京合算	合計
1932年３月	259029	150022	409051	1935年１月	253308	243057	496365
４月	279347	179824	459171	２月	239060	197599	436659
５月	270012	184699	454711	３月	295490	254621	550111
６月	276389	187689	464078	４月	314260	270183	584443
７月	278591	240598	519189	５月	293294	254194	547488
８月	291416	193280	484696	６月	263919	255821	519740
９月	269661	191032	460693	７月	281869	333723	615592
10月	309849	211974	521823	８月	290721	243697	534418
11月	290662	218464	509126	９月	229838	207679	437517
12月	400450	325079	725529	10月	306253	261636	567889
1933年１月	234499	188411	422910	11月	289010	269670	558680
２月	226868	171239	398107	12月	478701	466127	944828
３月	281851	209848	491699	1936年１月	265970	236560	502530
４月	312284	254396	566680	２月	249201	180218	429419
５月	259961	229924	489885	３月	316042	270804	586846
６月	244188	215543	459731	４月	367882	296349	664231
７月	247053	259080	506133	５月	342840	272653	615493
８月	266036	214511	480547	６月	300520	278034	578554
９月	240743	193029	433772	７月	309865	346367	656232
10月	297557	220172	517729	８月	328322	282833	611155
11月	276169	235788	511957	９月	254524	235320	489844
12月	406906	375034	781940	10月	345980	316926	662906
1934年１月	232239	203518	435757	11月	343048	337982	681030
２月	232661	189253	421914	12月	574577	614086	1188663
３月	283270	241078	524348	1937年１月	321847	306134	627981
４月	324592	269864	594456	２月	280919	250621	531540
５月	287977	258906	546885	３月	397137	317813	714950
６月	244188	236821	481009	４月	429355	334105	763460
７月	252032	311625	563647	５月	381978	313539	695517
８月	285792	261399	547191	６月	356179	299397	655576
９月	248703	211135	459838	７月	361940	437111	799051
10月	313633	258364	571997	８月	378857	326702	705559
11月	285321	270038	555359	９月	321063	293026	614089
12月	449019	428983	878002	10月	409537	373260	782797
				11月	382126	400009	782135
				12月	558965	615149	1174114
				1938年１月	279410	305169	584579

出典　『支配人会決議録』（髙島屋史料館所蔵、1933～1938年）　※単位：円

積極的に行わなかったことから、これらの需要は中元・歳暮に基づく需要増であったといえる。高島屋の均一店事業は、単なるセルフサービス型のチェーンストア以上の存在として消費者に利用されていたことは、『タカシマヤチエン』の各店舗紹介欄において、「進物期には遠距離たるためか、母店迄お出掛にならずして、当ストアを利用され商品券の御買上が相当なりますが、反面母店の配達の苦情を承ることもあります。」（蒲田店）や「今日では単なるストアと言ふより、百貨店として重要視される様になりました。一昨年の大軌百貨店の開店により相当脅威に覚へましたが、我々の熱意ある奉仕と日夜の努力により、さしたる打撃も受けず、従来にも増した成績を収めてゐます。」（奈良店）といった記述からもうかがえる。

高島屋の均一店事業は、消費者から百貨店の出先機関としても位置付けられていたのである。このため、均一店取扱商品の高価格帯化、多品種化が一九三〇年半ばに進行する。一九三二年五月に一〇銭のみから一〇銭二〇銭の商品を扱うことになった「高島屋十銭二十銭ストア」は、一九三六年段階で、一〇銭取扱商品が約一五〇〇種、二〇銭取扱商品が約二五〇〇種と、二〇銭取扱商品の品種の方が多くなっていたが(44)、一九三七年三月には、五〇銭も取り扱うことで、「高島屋十銭二十銭五十銭ストア」に名称を変更、三〇銭から三円の範囲で部外品として均一価格以外の商品も取り扱うようになっていく。

高島屋の「のれん」の下での均一店事業は、アメリカのF．W．ウールワースとは対照的に、高島屋の店格を求める消費者の要求に応える形で、単なる均一価格の徳用マーケットとしてではなく、徐々に高価格帯化と多種類商品の取扱が進んでいくとともに、季節性によって売上が左右され、店員の接客販売の数と質を保つ営業を行うこととなった。その結果、営業費率も百貨店類似の一定水準を維持することとなったのである。

第四節　均一店独立事業期（一九三八～一九四二年）

一九三七年（昭和一二）一〇月、百貨店法が施行されると、髙島屋内で「髙島屋十銭二十銭五十銭ストア」の分離案が検討されるようになり、同年一二月、第二九七回取締役会において、「髙島屋十銭二十銭五十銭ストア」の均一店事業について新会社を設立し、独立事業とする方針が決定された(45)。百貨店法の施行にもとづく、商工省令「百貨店法施行規則」の第六条、第七条によって、百貨店業者支店、出張所其の他の店舗又は配給所を設置する場合、また百貨店業本店、支店、出張所其の他の店舗の売場面積を拡張する場合は商工大臣の許可が必要となり、第九条によって、原則として百貨店業者店舗の営業時間は四月一日より一〇月三一日迄は午後七時を、一一月一日より翌年三月三一日迄は午後六時迄となり、商工大臣の許可を得た場合でも午後九時迄に限られることとなった。前述の通り、髙島屋の均一店事業は組織上、均一総本部が支配人会に参画していたことからもうかがえるように、髙島屋の百貨店各支店と同格的な位置付けをされており、百貨店業者の店舗ということで、百貨店法の適用を受ける可能性が高かった。また髙島屋の均一店事業は、日本百貨店協会の自制協定以降、新規出店については自粛していたが、店舗の拡張の許可制、夜間営業時間の原則短縮は収支に関わる重要課題という経営陣の認識があった。第二九七回取締役会では「百貨店法ニ依リ均一部分離案ニ関スル件」が付議され、以下のような検討と決議がなされている。

「百貨店法の実施により当社の均一店も百貨店たる当社の傘下にある為め之れを一の分店と看做され適用を受け夜間の営業を許ささることとなるが均一店は夜間を重要なる営業時間とせるため若し夜間の営業を廃するときは

到底収支償はさることとなるため百貨店と分離して別会社を創立し之れに営業を譲渡して従前の如く法の適用より脱して夜間の営業を継続する方法を取るの外なきも法の実施以来一方夜間営業をなすことを申請嘆願し運動する一方分離案に付種々研究せるも省の意向としては別会社とせば勿論法の適用を受けさるも今日の場合に至りては店名、商標を異にせされば脱法行為と看做さるるとの注意あり一方資金調整法により均一に属する資産全部を譲渡するには相当の資本金を有する会社とする要あるも俄に許可を受くる能はさる懸念あり当社との分離を減資の方法に依ることは大なる困難あるため一時五拾萬円以内の小売本会社として創立し商品のみを譲渡し営業をなさしむる方法によるを最も簡便とする訳なるも猶商工省に於て資本系統の点に就ても異論あるやの疑あるを以て更に各方面より研究して此際出来易き方法により分離し適用を受けさる自由の立場に置く可く至急立案進行することに決す[46]」。

高島屋十銭二十銭五十銭ストアの当時の標準営業時間は九〜二一時であり、ターミナル・繁華街においては夜間の営業が重要であった。このため高島屋本体から均一店事業を切り離し、別会社化することで、百貨店法の適用外として運営する道が図られることとなったのである。一九三八年二月、「株式会社丸高均一店」が創立され、資本金四五万円でもって均一店事業は別会社化された。当時の高島屋の資本金は一四〇〇万円であったが、臨時資金調整法に抵触しない形で、株式会社丸高均一店の資本金は低く抑えられていた。代表には、均一店総本部理事から均一総本部長兼高島屋取締役となっていた小澤直次郎が就任し、代表常務取締役となり株式会社丸高均一店に移籍した。当時高島屋では、百貨店法の制定を受け、本業の百貨店事業以外での成長部門を模索しており、一九三八年には丸高均一店のほか、中国大陸方面の軍需物資卸売配給業務を担うため、本社に商事部を新設しているほか、一九四〇年には食品経営、食品加工生産を行う別会社として第一〜第五丸高食品会社を設立している。均一店事業の別会社化もこうした高島屋全体の方針の一端であった[47]。このため別会社化した後も丸高均一店は、定期的に取締役会に経営状況を報告し承認を求めるなど、高島屋本社との密接な関係を維持し続けた。
丸高均一店は百貨店法の適用外の小売業態となることで、中央本部による一括仕入れと規模の拡大というチェーンストア経営を追求していくこととなる。一九三八年六月、丸高均一店は商品本部制を実施し、従来東京、大阪に分かれていた仕入部を統合し、商品本部長の下、第一から第八課までを設置、部門別に一括仕入れを出来る機構に変更する。これは一九三三年の京阪均一部合同以来の大幅な機構改革であった。しかし、高島屋十銭ストア発足当初より仕入は東西別々に行ってきていたため、表8にみられるように東京と大阪ではすでに取扱商品毎の価格帯がかなり異なる状況になっていた。

表8　丸高均一店商品対照表

	10銭		20銭		30銭		50銭		部外品	
	大阪	東京	大阪	東京	大阪	東京	大阪	東京	大阪	東京
小物	20	19	38	47	24	20	23	24	30	55
綿布	1	0	4	3	2	4	5	7	27	60
肌着	0	0	0	1	5	2	14	7	121	138
靴下	0	0	1	8	6	7	9	4	4	6
洋品雑部	63	56	49	54	30	36	24	33	85	93
化粧品	72	89	79	85	8	10	16	21	3	4
石鹸	12	11	9	8	4	6	15	13	26	8
小間物	139	142	68	84	31	38	38	52	20	42
玩具	197	145	111	111	14	52	91	81	14	17
文房具	292	322	96	96	20	40	18	41	11	21
家庭用品	196	236	92	132	65	84	44	73	72	90
傘・履物	9	12	11	11	9	6	14	7	30	43
衛生用品	16	15	13	23	6	2	2	0	2	7
金物	61	80	65	69	21	32	24	23	14	58
陶磁器	54	61	44	42	20	25	16	13	30	21
硝子器	54	61	44	42	20	25	16	13	30	21
菓子	228	195	81	122	2	9	27	19	17	14
食料品	49	91	44	90	15	31	25	23	61	136
合計	1412	1491	809	991	282	389	409	443	580	830

出典　『丸高均一店商品対照表』（高島屋史料館所蔵、1939年）　※単位：商品点数

加えて、仕入部の統合に際し、課を分けた内実として、それぞれの担当部員は実際は一名ずつしかおらず、東京、大阪両方の仕入れをかけ持ちで行うのは現実的には困難な状況であった。高島屋の『社史座談会　均一店』

表9　均一店事業第二期開設店舗（丸高均一店）

管掌本部	第二期開設店舗
大阪	布施、市岡、尼崎、八尾、郡山、板宿、十三、阿部野橋筋、松原、和歌山、御旅筋、水道筋、高田、佐野、守口、姫路、天理、伏見、明石
東京	太田、伊勢崎、本庄、阿佐谷、十条、平塚、大宮、八王子、恵比寿、小田原、三軒茶屋、川越、船橋、栃木、宇都宮、川崎
名古屋	四日市、一宮、桑名、岐阜、岡崎、大垣、堀田、彦根、熱田、静岡、多治見、浄心、仲田、浜松、築港、豊橋、代官町、雁道、大曽根、内田橋

出典　『髙島屋135年史』（髙島屋、1968年）

で当時丸高均一店勤務であった内田仙郎は以下のように述懐している。

「当時総本部が仕入れをやつてたのは昭和十三年だつたと思いますが、半年でケツを割りました。というのは八人で東京大阪かけ持でやるわけです。元老さんがお前ら若い者は家におらんでもいいというわけで月のうち五日か十日しかおられん。お前ら出張するのが商売やないかというんですがケツを割りました。何しろ飛び廻つているんだから自分自身何を仕入れたかわからんようになつた[48]」。このため中央仕入は早くも挫折し、同年一〇月、仕入部は東京詰と大阪詰の二部体制に戻ることとなった。

一方、規模の拡大については、髙島屋の取締役会において付議されている。第三一七回取締役会では「小売業許可制度となる模様もあり旁々当社の経営は連鎖店数の多きに依つて益々妙味を加ふるものに予て拡張の時期の到来を待ちつつありしが前記の法律化する以前に拡張の必要あり[49]」として、チェーンストア経営自体に関する出店規制がかかる前に出来るだけ店舗網を広げる方針を取締役会でも確認している。丸高均一店ではこうした認識の下、一九三八年六月から一九四一年八月にかけて新規出店を行い、一九三九年には名古屋にも進出、一九三九年に二六店、一九四〇年に二七店、一九四一年に二店と店舗を順次開設した。この時期は髙島屋における均一店事業の第二期ということができる。この結果、ピーク時には総店舗数は合わせて一〇六店舗、売場総面積は約四万平方メートル、従業員数二一七二名となった[50]。

しかし、髙島屋史料館所蔵の『株式会社丸高均一店営業報告』『関連会社』から、この間の営業状況についてみてみると、営業成績は店舗規模の拡大と必ずしも比例しなかったことが分かる。売上高は一九三八年上期の四三四万円から漸増し、一九四〇年下期には六七一万円に増加したが、この間物価指数も一九三八年を一〇〇としたとき一九四〇年には一二三と大きく上昇しており、実質的な売上高の増加は見かけ以上に少なかったといえる(51)。また純益は売上高以上に上昇せず、一九四〇年上期には前期の成績を割りこみ、以降漸減傾向をたどった。このため、純益率は一九三八年上期の九・二パーセントをピークに以降低下し、一九四〇年以降五パーセントを切るようになった。一方で営業費率は新規出店時には二〇パーセントを超えている。丸高均一店全体でみた場合、店員一人当たりの売場担当面積は、一人当り一八・四平方メートルと、一九三〇年代半ばの時期と比べ、従業員配置にみる店舗効率は高まっていたが(表5、一一一頁参照)、急速な新規出店による設備投資費が営業費用を押し上げていたものと思われる。また、一九三九年九月に価格等統制令がはじまったことも、純益率の悪化を促進させた要因であった。各県によって公定価格が異なるため、県をまたいでの均一価格の商品の流通が困難になっていったのである。

丸高均一店の社内報である『マルタカチエン』の編集長を務めていた新宮原精華は一九四〇年当時、『マルタカチエン』第三二号最終号において以下のように成績が振るわない均一店事業について記述している。

「この押し迫つた只今私は静かに慌ただしかつた過去の二年間を思はずには居られません。昨年三月新店舗建設の命を受け過去十年間隠忍した包蔵力を発揮すべく仕事を与えられた喜びのみで無く、この秋ぞ溢れつつも局限された仕事を完成させつつ来るべき発展を久しく待つて居られる少壮店友の活動舞台の開拓を考へたからであります。

爾来悪戦苦闘二年未だ悉くが終つた訳ではありませんが大半を終へ現下の情勢に基いて一応私の任務も終末に近

付いて参りました。
着手当時抱いていた抱負、気勢も現在では満身創痍只強い現実に対して無言に頭を下げざるを得ません。少なくとも私は着手当時乏しい乍らも、過去の経験を信じ開設店舗は位置、広さ等に於いて悉く旧店舗の一流の店に互すべく考へて居り、それでこそ幾多の苦難を重役初め諸先輩の後援に励まされて戦つて来ました。然し現実は如何でせう。僅かに二三の稍満足すべき店を得たのみで殆どが旧店舗の後塵を拝して居る状態です。勿論現在の物資の不足もありませう。宣伝の出来ない理由もありませう。然し乍ら其れを少くとも其の衝に当つた自分は挙げ度くありません。それは凡ての店に共通な事ですから。斯く私の経験は無価値になりました。私は自らの建設した店に働かるる主任以下の皆様に対し深くお詫申し度いのです。皆様の現在の努力は自らの非力に依つて多大の障害を受けて居られるのです。只、私は未だ明るい将来を信じて止みません(52)」。

その後一九四二年四月、「株式会社丸高均一店」は「株式会社丸高」に名称変更、配給機関として均一店としての性格を失うこととなる。一九四三年四月、第三六二回取締役会において、均一店事業を推進してきた小澤直次郎(当時株式会社丸高専務)、前川梅吉(当時株式会社丸高常務)をそれぞれ本社嘱託、本社参事として更迭、創業者一族の飯田帍雄が経営を引き継ぎ、事業を漸次縮小することとなり、一九四五年、最後まで残った大阪管下の野田阪神、阿部野、堺、八尾、森小路、奈良、四条河原町、出町、西陣。名古屋管下の堀田、大曾根。東京管下の足利、高崎、桐生、前橋、太田、大宮の一七店舗が高島屋に合併され、各支店の分店部に所属し、高島屋のチェーンストア事業は終了した。

支払利子	総計
12996.58	751712.65
17787.9	990395.11
	964478
27447.62	1272343.8
	1323147.06
	1424393
	1332501.94
	1542834.28
	1231730.01
	1272978.06
	1082190.07
	958927
	817793.62

※単位：円

前川梅吉は社史座談会で後に以下のように述べている。

表10　丸髙均一店営業成績推移（1）

		収入					支出		
		商品利益		雑収入			営業費		
		大阪本部	東京本部	大阪本部	東京本部	総計	大阪本部	東京本部	名古屋
1938	上					827626.22			
1938	下					1069116.3			
1939	上	445597	548089	27036	22694	1043416	444381	520097	
1939	下					1352248.78	546975	609788	93671
1940	上					1392166.6	603399	645103	155747
1940	下						640077	617418	166898
1941	上					1373088.71			
1941	下					1544112.08			
1942	上					1275714.93			
1942	下					1314860.53			
1943	上					1124725.75			
1943	下					1003649			
1944	上					863981.7			

出典　『株式会社丸髙均一店営業報告』（髙島屋史料館所蔵、1938～1939年）、『関連会社』（髙島屋史料館所蔵）

「均一店に百貨店の人が入って来た。第一回は元へ戻って、二回目は昭和十七年ぐらいです。高橋勝平、高田源次郎そういう連中が来てからムチャクチャになった。とにかくカサの高い奴が来てからいうことを聞かんようになった。九・一八価格統制という統制経済が入って来て、九・一八価格統制でやりにくくなった。それで往生したんです。つまり大阪の査定と、京都の査定と、名古屋の査定と、東京の査定と必ずしも基準が一定していない。みんなバラバラです。それが共同仕入れがだんだんむずかしくなった商品経営からいうと九・一八価格統制が境目でしょうね(53)」。

髙島屋十銭二十銭ストアの頃より、髙島屋の均一店事業を推進してきた丸髙均一店経営陣は、別会社化によって、中央仕入や店舗網の拡大という均一店事業の成長戦略を描こうとしたが、統制経済の下、それらは逐次失敗に終わり、髙島屋本社からの出向組との軋轢の中で更迭され、そのノウハウは戦後に引き継がれることなく、髙島屋の均一店事業は終戦に伴い、名実ともに終了したのである。

表11　丸髙均一店営業成績推移（2）

		売上高	純益			純益率	売上高営業費率
			大阪本部	東京本部	合計		
1938	上	4340410			75913.57	9.2	17.3
1938	下	4340410			78722.01	7.4	22.8
1939	上	4668775	28252	50686	78938	7.6	20.7
1939	下	5765226			79904.95	5.9	22.1
1940	上	6220437			69019.54	5.0	21.3
1940	下	6718622					21.2
1941	上				40586.77	3.0	
1941	下				41277.8	2.7	
1942	上				43984.92	3.4	
1942	下	6648000			41882.47	3.2	19.1
1943	上	5463000			42535.68	3.8	19.8
1943	下	5188000			44722	4.5	18.5
1944	上	4680000			46188.08	5.3	17.5

出典　『株式会社丸髙均一店営業報告』（高島屋史料館所蔵、1938〜1939年）、『関連会社』（高島屋史料館所蔵）　※単位：円、率は％

おわりに

髙島屋におけるチェーンストア方式導入への模索は一九二〇年代経営幹部によるアメリカ等の海外視察と、一九二〇年代後半の髙島屋の百貨店事業の営業状況の悪化という背景によって進められることとなった。百貨店一階という目抜きの位置での均一商品売場の成功は、均一店事業の本格展開に髙島屋経営陣をして舵を切らせる契機となり、一九三一年から一九三二年にかけて髙島屋十銭二十銭ストア（初期には髙島屋十銭ストア）が東京、大阪、京都の隣県部も含めた三都市内外五一店舗に設置されることとなる。その後、日本百貨店協会の自制協定以降、既存店舗整備期を経て、百貨店法制定に伴い、一九三八年より髙島屋の均一店事業は丸髙均一店として分社化、一九三九年から一九四一年に再び新規出店により店舗網を拡大するものの、統制経済下では営業成績は伸び悩み、事業規模は縮小整理され、終戦を迎えることとなった。

高島屋のチェーンストア経営は、金融恐慌から昭和恐慌にかけての日本国内の断続的な不況期における、大都市での百貨店の収益力の低下という問題に対し、新たな市場開拓と、共同仕入れによる大量販売、商品の品質・価格標準化等による経営の合理化策の中でクローズアップされる、という三越や松坂屋と共通の経営事情によるところが大きかった。しかし、三越、松坂屋が百貨店業自体の支店網を形成し、その支店網経営にチェーンストア方式を取り入れようとしたことに対し、三越、松坂屋に次いで経営規模において第三位の地位にあった高島屋は百貨店事業本体とは別に、均一店事業を別に展開する選択をとり、アメリカの小売業界事情を視察して来た支店長クラスの経営幹部に現場を指揮させた。この点が高島屋の独自性であったといえる。高島屋十銭二十銭ストアを指揮する均一総本部理事と高島屋各店支配人とを同列に置く組織構造から、均一店事業を一支店と同様な存在として扱ったのである。

均一店事業は、丸高均一店として別会社化した時期も含め、一九三〇年代を通じて、中央本部による仕入統制が不徹底であったこと、高島屋百貨店本体である東京大阪両店を超える市場規模を持ち得なかったことから、仕入費の合理化を図ることは出来なかった。また百貨店としての高島屋の「のれん」に依拠した宣伝戦略、高島屋の名前を冠した店舗名称から、均一店は百貨店の出先機関としての役割も求められており、中元、歳暮が繁忙期である等、単なる均一価格の徳用マーケットではなく高島屋の店格に基づく接客販売重視の営業を行った点で、一九三〇年代、セルフサービス式の店舗運営を行ったアメリカのF．W．ウールワース等とは異なる、日本独自の均一店事業として成長していったのである。

こうした日本独自の均一店事業が形成された背景には、高島屋という百貨店業自身がチェーンストア方式の導入を模索したことも要因であるが、均一店新規出店の抑制の端緒となった日本百貨店協会の自制協定、別会社化の契機となった百貨店法の制定という、一九三〇年代の百貨店業界全体の状況が背景にあったことは否定できない。次章では百貨店法制定に至る一九三〇年代の百貨店業界について考察してみたい。

（1）高島屋は近世以来の呉服商を前身としており、高島屋飯田合名会社（一九〇九年）→株式会社高島屋呉服店（一九一九年）→株式会社高島屋（一九三〇年）と社名を変更しているが、本章では以下便宜的に「高島屋」で表記を統一する。

（2）藤岡里圭『百貨店の生成過程』（有斐閣、二〇〇六年）。

（3）末田智樹「明治・大正・昭和初期における百貨店の成立過程と企業家活動（1）（2）（3）―高島屋の経営発展と飯田家同族会の役割」（『中部大学人文学部研究論集』一八・一九・二〇、二〇〇七～二〇〇八年）。

（4）須藤一「高島屋均一店チェーンについて」（『流通産業』第五巻第二号、一九七三年）、平野隆「戦前期日本におけるチェーンストアの初期的発展と限界」（『三田商学研究』第五〇巻第六号、二〇〇八年）。南方建明「高島屋均一価格店：チェーンストアへの歩み」（『消費経済研究』四、二〇一五年）。南方建明「高島屋均一価格店：なぜ均一価格業態は継承されなかったのか」（『消費経済研究』五、二〇一六年）。

（5）以下本章では均一店、チェーンストア、商標（十銭二十銭ストア等）の用語を用いるが、商品価格の統一したチェーンストアという意味を込めたい場合には均一店、チェーンオペレーション（中央本部による商品統制と一括仕入）を指向した店舗網という意味を込めたい場合にはチェーンストア、固有名詞を使用したい場合は商標という使い分けを行う。

（6）『高島屋百年史』（高島屋、一九四一年）三一三頁。

（7）大谷友之進は一九〇〇年高島屋に入店後、一九一九年高島屋大阪店装飾部長、一九二二年同雑貨部長、一九二六年同営業部長に就任、アメリカ帰朝後南海店開業準備委員長、一九三一年大阪店支配人代理、一九三三年支配人、一九三八年取締役。

（8）小瀬竹松は一八九九年に入店、東京店建設委員を経て一九三〇年に東京店支配人、一九四三年に取締役東京支店長。

(26)『取締役会決議録』第二三四回(髙島屋史料館所蔵、一九三二年一一月)。
(27)当時、資生堂や森永製菓といった製造業者がこうした代理店方式によって小売店を組織化していた。日本におけるボランタリーチェーンの詳細については前掲平野論文「戦前期日本におけるチェーンストアの初期的発展と限界」。
(28)常勤重役会については一九三三年四月より開始。
(29)『支配人会決議録』一九三三年三月度(髙島屋史料館所蔵、一九三三年四月)。
(30)一九三三年三月度支配人会より均一総本部からは理事の小澤直次郎と前川梅吉が出席しているが、前川は当初において肩書は付されず、相談役と呼称されるのは実際には一九三三年七月度から。前川は元大阪長堀店支配人。
(31)『取締役会決議録』第二三八回(髙島屋史料館所蔵、一九三三年二月)、後に小澤は一九三五年九月から一九三八年二月まで髙島屋取締役に昇任。
(32)『取締役会決議録』第二四四回(髙島屋史料館所蔵、一九三三年七月)。
(33)『取締役会決議録』各月議案より抽出、店舗増改築については同一店舗の追加申請に係る重複はそのままとした。
(34)『日本百貨店総覧昭和一二年版』(百貨店新聞社、一九三六年)五三頁、前掲『「髙島屋十銭二十銭ストア」に就いて』一〇頁。
(35)前掲『取締役会決議録』第二四四回。
(36)前掲『「髙島屋十銭二十銭ストア」に就いて』二六頁。
(37)前掲『「髙島屋十銭二十銭ストア」に就いて』三四頁。
(38)前掲『「髙島屋十銭二十銭ストア」に就いて』三七頁。
(39)前掲『「髙島屋十銭二十銭ストア」に就いて』一四頁。
(40)『社史座談会　均一店』(髙島屋、一九六二年)一三五頁。
(41)『タカシマヤチエン』第六二号(髙島屋均一総本部、一九三七年)七頁。
(42)『タカシマヤチエン』第六六号(髙島屋均一店総本部、一九三八年)六頁。
(43)前掲『「髙島屋十銭二十銭ストア」に就いて』三五頁。

(44) 前掲『「高島屋十銭二十銭ストア」に就いて』一八頁。
(45)『取締役会決議録』第二九七回(高島屋史料館所蔵、一九三七年一二月)。
(46) 前掲『取締役会決議録』第二九七回。
(47)『一三五年史補遺項目別詳細記録』(髙島屋史料館所蔵)。
(48) 前掲『社史座談会　均一店』一一三頁。
(49)『取締役会決議録』第三一七回(高島屋史料館所蔵、一九三九年七月)。
(50)『高島屋一三五年史』(高島屋、一九六八年)二五九頁。
(51) 物価指数については日本銀行統計局編『復刻版明治以降本邦主要経済統計』(並木書房、一九九九年)七七頁。
(52)『マルタカチエン』第三十二号(丸高均一店本店、一九四〇年)五頁。
(53) 前掲『社史座談会　均一店』八一頁。

第四章　百貨店法制定とその過程

はじめに

本章は、一九三〇年代における百貨店の営業統制について、日本百貨店協会が自制協定の声明を発表した一九三二年（昭和七）から一九三七年、百貨店法成立までに至る過程を論考するものである。百貨店法は百貨店の営業を統制する法律であったが、この百貨店法制定の背景には、百貨店がこの時期どのような発展を遂げ、それがどのような課題を生んだのか、中小小売商や商工会議所、政府あるいは商工省がこうした問題に対し、どのような対応をみせたのか、という論点を内包しており、昭和初期における小売業界の変化の背景・実状をみていくのに有効であるからである。

百貨店対中小小売商問題については同時代の学者の間でも研究が行われており、経済政策的観点からのみならず社会政策的観点から問題を考察した中西寅雄氏、商業人口の増加という日本経済の構造問題から把握を試みた谷口吉彦氏の研究、百貨店の出張販売を取り上げ、地方における百貨店と中小小売商の摩擦を考察した堀新一氏の研究があるほか、一九七〇年代から八〇年代にかけて、中小小売商による反百貨店運動の展開に重点を置いて百貨店法を取り上げた山本景英氏や、公共政策的観点から百貨店法を分析した鈴木安昭氏らによって研究が進められた。九〇年代に入っては、東徹氏が、小売商業の調整政策の理念や性格という視点から百貨店法を取り上げたほか、岩田悦幸氏が、第一次、第二次百貨店法の比較検討を行っている(1)。

しかし、百貨店、あるいは商工省において百貨店法がどのように捉えられていたのか、そして、制定された百貨店法はどのような運用をされ、どのような効果があったのかということに関して、深く考察されてきたことはなかった。

また、百貨店が全国的に成立していく中で、一九三〇年代の営業統制が百貨店業界にとってどんな歴史的意義があったのか、については明確化されていない。

そこで、本章では百貨店業界団体が発行していた月報である『調査彙報』や、百貨店業界紙が刊行した『百貨店総覧』『百貨店年鑑』、商工省商務局より発行された小売業改善調査委員会に関する史料のほか、各種史料、帝国議会の議事録、各種商工会議所史料、府県当局・新聞社・あるいは学術組織等により行われた座談会、研究会等の史料を使い、前述の疑問を解明し、一九三〇年代の百貨店業界や商工省の小売業政策の歴史的状況をより構造的に描きたいと思っている。

なお、中小小売商という用語について、本章では百貨店に対し、小中規模の在来的な配給機関を中小小売商であるとして論を進めることにする。

第一節　百貨店業界の自制協定に至る過程

日本における百貨店は一九〇〇年代以降、有力呉服店が百貨店経営に経営方針の舵をとることで成立していくことになるが、一九二〇年代後半になると、百貨店と中小小売商との軋轢が問題とされるようになる。この要因の一つには百貨店による営業方針の変化があった。第一次世界大戦後の不況は、特売日の設定や、三越マートといった日用生活用品を取り扱うフロアの開設を百貨店経営にもたらすこととなり、また関東大震災において、百貨店は東京各地に配給所を設け、商品の安定供給と正価販売に努めたほか、関東大震災後の店舗の復興にあたっては、それまでの下足預り制度を廃止し、土足による入場を自由にするなど、一九二〇年代、百貨店は提供商品構成や、サービス等で新政策を打ち出していく。こうした経営策は、百貨店が高級志向路線から、より一般大衆を顧客とするような方向へとシフトしていったことを意味している[2]。

こうした百貨店の営業方針の転換とそれに伴う百貨店の大衆化傾向は、小売業界における百貨店の影響力を強め、中小小売商との摩擦を引き起こすこととなった。一九三一年(昭和六)に行われた東京市商業調査に依れば、東京市における小売業者の数は約一四万二〇〇〇店で、この年の一か年の小売配給高九億四四〇〇万円であったが、このうち百貨店三六店の売上高約二億三五〇〇万円で、小売総額に占める百貨店の割合は二四・九パーセントというほどになっていた[3]。

もっとも、中小小売商の苦境は、百貨店による圧迫だけが原因ではなかった。新規参入のハードルが低い小売業は不況下において失業者が流れやすい分野であり、商業人口が過剰になっていたことや[4]、中小小売商の非合理的な経営方法による営業不振や金融難[5]、そして、産業組合、消費組合、公設市場等、百貨店以外の対抗業種の参入なども中小小売商の苦境の原因となっていた。

しかし、一九三〇年から起きた昭和恐慌は、百貨店と中小小売商との摩擦に拍車をかけた。前章までにみてきたように、百貨店といえどもこの時期の不況による収益の減少は避けられず、横浜の越前屋のように閉店する百貨店もあった[6]。収益の維持と生き残りをかけた百貨店は商品券の発行を増やし、不当廉売による集客戦術や地方への出張販売などの回数を増すようになり、無料配達区域も拡大され、無料送迎バスの運行なども行われるようになるなど、大都市部における百貨店同士の過当競争が激しさを増すようになる。廉売は百貨店の利潤の減少を招き、こうしたサービスは経営費の増大につながることから、百貨店の体力の消耗も大きかった[7]。一方でこうした百貨店の過当競争によって中小小売商に対する経営の圧迫は強まり、ただでさえ不況による経営不振にあえいでいた中小小売商と百貨店との摩擦は深刻なものとなっていったのである。

一九三二年五月、五・一五事件が起きると、中小小売商の百貨店の経営に対する反発の空気はますます盛り上がったが[8]、こうした状況の中、同年六月一〇日新宿の小売商が三越本店に赴き、百貨店の進出に伴う中小小売商の圧迫ぶりを訴えたが聞き入れられず、この小売商が自殺するという事件が起き、これが中小小売商の運動にさらに火をつける結果となった[9]。商工省当局においても、一九三一年に行った東京市の商業調査などから中小小売商の苦境の状況を把握していたが、百貨店法の立案に着手することとなり、その百貨店法の草案は同年八月四日中外商業新報紙上に掲載されることとなった[10]。

こうした事態を受け、百貨店側としてもなんらかの対応を迫られることとなり、一九三二年八月一一日、日本百貨店協会が自制協定の声明書を発表することとなる。日本百貨店協会は懇親を目的として一九一九年(大正八)に誕生した五服会(三越、松坂屋、松屋、白木屋、髙島屋)を前身とし、その継承発展を図るため一九二四年に設立された業界団体組織であり、一九三二年(昭和七)当時、三越、松屋、白木屋、松坂屋、髙島屋、大丸、十合、ほてい屋、野沢屋、阪急百貨店、丸物の一一社の加入をみていた[11]。日本百貨店協会の自制協定は次にあげるように、商工省による商品券供託措置の容認、出張販売の禁止、廉売の禁止、当分のところ百貨店の新設の禁止、無料配達の範囲の縮小、など八項目にわたる百貨店の自主的申し合わせであった。

「日本百貨店協会の自制声明書

声明書

現下の深刻なる不況に当り百貨店事業も又甚大なる影響を蒙り経営容易ならざるものありといへども目下一般小売業界の実状に鑑み慎重協議の結果左に列挙する事項を実行すべきことを協定す

一、出張販売は之を行はざるものとす

二、商品券に付いては当局の指図に依り供託等適当なる措置を講ずることとす

三、支店分店の新設は当分の内之を行はざることとす但し目下建設準備中のものに就いて之を商工省へ具申し諒承を受くるものとす

四、所謂おとり政策の如き廉売方法を採らざることとす

五、過当なるサービスに依る顧客誘致の方法を採らざることとす

六、無料配達区域は東京に於ては最近之を整理縮小せり、関西に於ても之を縮小すること

七、毎月一斉に三日間の休業を行ふこととす、但し中元、歳暮並に誓文払売出期間中は之を除く

八、商業組合法制定ありたるときは百貨店商業組合を設立し、法規に拠る統制を行ふこととす

本協定の実施は昭和七年十月一日とす

昭和七年八月十一日　日本百貨店協会[12]」

この日本百貨店協会の自制協定をもって、百貨店側は商工省との交渉に臨んだ結果、商工省はこの自制協定を了承し、この結果、百貨店法の次国会への提出は見送られることとなった。日本百貨店協会の自制協定により、百貨店対中小小売商問題は一時的に緩和されることになった。しかし、こうして百貨店法という概念は一般に知られることとなり、これ以降、中小小売商をはじめとして百貨店法制定の要求が行われることとなったのである。

一方、自制協定は中小小売商との摩擦の解消という視点とともに、百貨店経営の合理化との関係に着目する必要がある。日本百貨店協会の加盟店のうち、三越、松屋、松坂屋、髙島屋、白木屋、大丸、丸物は当時新たな店舗を形成しつつあり、(13)一九三五年までに廃業することになるほてい屋(同年伊勢丹が建物を取得、現在伊勢丹新宿店の一部)やターミナルデパートとして成立した阪急百貨店を除くと、日本百貨店協会加盟店のほとんどが支店網形成を行っていた百貨店であった。

一九三二年秋には百貨店業界をリードする三越経営陣の交代がなされており、支店網拡大路線を推進していた小田久太郎専務から既存店舗充実を軸とする中村利器太郎専務体制へ移行した。自制協定では、建設準備中のものは中止せず、中止期間も「当分の間」と時期を定めてもいなかったことから、一九三三年には三越仙台支店が設置されているなど例外もあったものの、三越では事実上支店網展開を中止することになり、チェーンストア方式による支店網形成からカルテル協定に基づく既存店舗増築へ舵を切ることになる。

自制協定は、出張販売の中止、商品券の過剰発行中止、支店分店の中止、廉売の中止、過当サービスの中止、無料配達の縮小、休業日の設定などがうたわれていたが、こうした協定内容の多くが営業費の抑制と純益の増加が見込まれるものであり、業界間過当競争の防止としての意味合いも強かったのである。

中村はその後、日本百貨店協会の後継組織である日本百貨店商業組合の初代理事長にも就任することになる。

前章までみてきたように、このことが直ちに大都市呉服系百貨店によるチェーンストア方式の導入方針を転換するものではなかったが、新規出店の抑制は支店網のチェーン化を足踏みさせることになった。中小小売商による反百貨店運動の盛り上がりの中、新規出店による摩擦の拡大よりも、現実路線として大都市呉服系百貨店は業界内でのカルテル化を志向することになるのである。

第二節　百貨店法制定に至る過程

（一）商業組合法について

商工省は、自制協定に伴い百貨店法の提出を見合わせたが、第六三議会に商業組合法案を提出、これは一九三二年（昭和七）九月五日に成立し、商業組合法が同年九月二〇日より施行されることとなった[14]。商業組合法は先に出来た工業組合法を元にして作られたものであったが、その目的は組合化によって共同仕入れをはじめとして、営業の共同化を図らせ、その統制をなし、共同経営研究により効率的で合理的な経営をなさしめる、また組合化により融資を受けやすくするというものであった[15]。単独では立ち行かない中小小売商を商業組合という形で団結させることで生き残りを図らせ、中小小売商の非合理的であった経営を改善し、自力更生をめざさせたわけである。また、小売業者過多の問題も、商業組合によって解消されることを商工省は期待していたようである[16]。

ここに商工省の小売業政策の方向性をみることが出来る。商工省としては百貨店対中小小売商問題に関し、百貨店の中小小売商に対する圧迫に一定の注意を払ってはいたものの、それには百貨店の自制協定でもって足り得ると考え、むしろ中小小売商の非合理的な経営、資本力の弱さ、慢性的な金融難といった脆弱な体質を問題としていたのである。そしてその解決策として商業組合法を制定し、中小小売商が組合化による強みを生かし、自力更生を図っていくことを期待したのである。しかし当初において商工省は、具体的な商業組合の運営に関する指導を欠いており、そのため形だけ組合を結成し、実質的な活動はあまり行われないという状況が多かったようである[17]。商工省商務局商務課長であった大島永明は、一九三四年段階において商業組合制度が未だ十分な成果を収めていないことを認めている[18]。

一方、日本百貨店協会の自制協定の第八条に「商業組合法制定ありたるときは百貨店商業組合を設立し法規に拠る統制を行ふこととす」という条項があったことで、一九三二年八月二一日商工省から認可されたことを受け、九月一九日、日本百貨店協会は日本百貨店商業組合に改組発足することとなった。基本的には日本百貨店協会の自制協定も、日本百貨店商業組合営業統制規程として以下のように引き継いだ。

「日本百貨店商業組合営業統制規程

第一条　本組合は定款第二十三条第二号に基き以下記載せる各条に則り組合員に対し百貨店営業の統制を行ふものとす

第二条　組合員は出張売出しを為さざるものとす但し特定の家庭、工場又は団体の依頼に応じ若は一般顧客に公開せずして特に限定せる顧客のみに商品を販売する場合は此の限に在らず
中国又は九州に主たる営業所を置く組合員は営業所所在の県内に限り前項の規定に拘らず出張売出しを為すことを得但し下関市に主たる営業所を置く組合員は門司市に出張売出しを為すことを得

第三条　組合員は当分の内支店及分店を新設せざるものとす

第四条　組合員は顧客を誘致する目的を以て過当なる「サービス」、時間若は数量を限る廉売又は極端なる廉売の広告を為さざるものとす
第五条　組合員は一般顧客に対し無料若は割引料率を以て送迎輸送を為さざるものとす
但し特別の事情に因り理事会に於て已むを得ず認め商工大臣の承認を受けたる場合は此の限に在らず
第六条　組合員は組合に於て定めたる地域を超えて顧客に対し商品の無料配送を為さざるものとす
第七条　組合員は同一の都市内に於ては毎月左の日数一斉に休業するものとす但し週休制を採用する場合又は理事会に於て特別の事情に因り已むを得ずと認め商工大臣の承認を受けたる場合に於ては一斉休業すべき日以外の日に於て休業することを得
東京市、京都市、大阪市、神戸市及名古屋市に在りては一月に付三日其の他に在りては一月に付二日以内
中元、歳暮及誓文払其の他土地の習慣に依る特別売出し期間中は休業せざることを得
但し休日廃止期間は一年を通し五十日を超えることを得ず汽車又は電車の始終点停車場に於ける食堂の経営は休業せざることを得[19]」

日本百貨店商業組合に改組するにあたっては、その加盟資格を六大都市延坪、千坪以上とし、その他の都市については五百坪以上とした[20]。その結果、これまでの日本百貨店協会会員一一社に加えて、宮市大丸、十一屋、玉屋呉服店、丸三鶴屋、千徳百貨店、山陽百貨店、今井商店[21]、藤崎、玉屋、だるま屋、福屋、山形屋が新たに加盟し、組織は合計二三企業、各支店を合わせ、六三店舗と、より全国的なものとなった。このとき加盟した百貨店はほぼ地方都市に立地する百貨店である。中央百貨店による地方進出と、それに伴う地場系百貨店の勃興をみせていた地方都市においても、大都市部同様、顧客層を巡る百貨店間の過当競争の緩和が求められた結果といえよ

う。また百貨店商業組合では百貨店業界調査研究と月報を兼ねた『調査彙報』を発行することとしており、地方立地の地場系百貨店にとって、そうした最新の業界情報を得られることのメリットもあった。日本百貨店商業組合も当然、商業組合法に基く商業組合であったが、その経緯からして中小小売商の場合とは異なる目的で成立したものと考えてよいだろう。

（二）日本百貨店商業組合による営業統制

一九三二年（昭和七）の日本百貨店協会による自制協定以降、その後の一九三三年、一九三四年は比較的、百貨店対中小小売商問題は大きな盛り上がりを見せることは無かった。しかし、摩擦が根本的に解決したわけではなかった。

先にも述べたが、この百貨店の自制協定は日本百貨店協会に加盟する百貨店においての申し合わせであった。従って、その効力の範囲も、あくまでも協会加盟の百貨店に対してであり、協会に加盟していない百貨店には適用されるものではなく、それは日本百貨店商業組合に改組しても同様であった。つまり、全国の百貨店がどれだけ組合に加盟しているか、その組織規模によっては組合による百貨店の営業統制はあまり効果を持たないことになってしまう。

では当時、全国にはどれだけの百貨店があったのだろうか。一九三六年に百貨店法が制定されるまでは百貨店の基準があいまいで、全国の百貨店の数は史料によって一定ではない。そこで、複数の史料から類推することにする。

一九三三年一月に商工省商務局商政課において調査された全国百貨店統計によれば、百貨店は全国に八九企業、一二四店舗（十銭ストアー、分店及魚菜、野菜市場を含めると一四四店舗）で、そのうち営業面積五百坪以上のものが四四企業、六八店舗（十銭ストアー、分店及魚菜、野菜市場を含めると八八店舗）、五百坪未満のものが四五企業、五六店舗となっている(22)。

次に東洋経済新報社発行の「百貨店の実相」では、一九三四年末現在で百貨店は全国に七三企業、一二二店舗で、日本百貨店商業組合加入有資格店が四七企業、九六店舗、日本百貨店商業組合加入無資格店が二六企業、二六店舗となっている(23)。

また、大丸百貨店の本部調査課によれば、一九三三年において、日本百貨店商業組合加入有資格店は九〇店舗、三四年において、日本百貨店商業組合加入有資格店は九七店舗となっている(24)。

このように調査した組織により、その数は一定ではないものの、日本百貨店商業組合発足当時、組合加入有資格店はおおよそ四五企業前後、店舗にして九〇店舗前後存在していたことになる。日本百貨店商業組合の発足にあたってのその組織規模は、新たに加盟した百貨店を含め、二三企業、六三店舗であったから、全国の百貨店のうち、およそ半数の企業（店舗数にして約三分の二）が、日本百貨店商業組合の営業統制規程に服さない非加盟店、いわゆる「アウトサイダー」であったことが分かる。このような状態であったために、日本百貨店商業組合による自主的な営業統制は、その効果に疑問があった。

こうしたアウトサイダーに関しては日本百貨店商業組合も組合への加入を促したが、初代日本百貨店商業組合理事長であった中村利器太郎（三越の専務で当時社長職空席のため筆頭取締役）の言を借りれば、「極力その加入を勧誘中なれども未だその実現を見ず、扔て当局の命令を以て強制的に統制規程に服さしむるより外に途なき状態(25)」であった。一九三四年に松屋百貨店（福岡）、一九三五年に伊勢丹、寿百貨店、東京横浜電鉄株式会社百貨店部（現東急百貨店）、一九三六年に京浜デパートが加入するに止まり、日本百貨店商業組合創立後の加入率はあまりはかばかしいものではなかった[26]。

これは商業組合が、あくまでも「任意加入の出資団体であり[27]」、強制加入ではなかったからである。

一方、日本百貨店商業組合内においても、営業統制規程が遵守されないという問題があった。その一つに支店分店の新設問題がある。

東京銀座に本店を構える松屋は一九三二年、横浜伊勢佐木町にあった越前屋が経営不振になったのを受けてこれを買収することとなり、新たに支店として一九三四年六月開業を計画していたが、日本百貨店商業組合加入の百貨店は当分の内、支店分店の新設は行わないことになっていたため、同じ横浜の野沢屋から日本百貨店商業組合を通して異議の申し立てが起きた。松屋側は買収契約の成立は一九三二年八月以前であるとしたが、主張は容れられなかったため株式会社鶴屋として六月三日より開店することとなる。表向き松屋と別箇の会社を組織したというのである[28]。しかし鶴屋は松屋の旧名称で、株式名義が古屋惣八（松屋の常務取締役）であったことから、事実上の支店であることに変わりはなかった。

また、京浜電鉄の資本参加のもと、一九三三年六月設立された京浜デパートも事実上の白木屋の子会社ではないかという問題も起きていた。というのも、京浜デパートには白木屋大井分店の社員が入っており、常務の児島明も白木屋出身であったからである。そもそも京浜デパートの設立の経緯についても、白木屋が既存の大井分店に代わり、京浜電鉄の品川駅ガード下を利用した品川分店を新設しようとしたことに端を発した事案であった。営業統制規程によって、日本百貨店商業組合加入の百貨店は当分の内、支店分店の新設は行わないこととされていたが、これに対し松屋や白木屋は形式上別箇の百貨店を設立することで、実質上の支店分店の新設に相当させるという方法をとろうとしたのである。

こうしたことから、日本百貨店商業組合の営業統制規程に追加条項を設けることとなった。一九三四年七月一九日、日本百貨店商業組合第三回臨時総会が行われ、株式会社鶴屋設立並に京浜デパート分店新設に関しての報告がなされ、日本百貨店商業組合営業統制規程第三条に「組合員ハ当分中ノ支店及分店ヲ新設セザルモノトス但シ形式上別箇ノ経営ニ属スルモノト雖モ実質上組合員ノ支店分店ノ新設ト認ムベキモノ亦同ジ」という但書を追加する議案が満場一致で可決されることとなった[29]。

結局、株式会社鶴屋は、一九三四年七月一日から新たに寿百貨店という名で営業を開始するとともに松屋側の株式も譲渡されることとなり、京浜デパートのほうも一九三四年九月、相談役山田忍三（白木屋）、監査役中村四郎の退陣などを受け、一応この問題は決着をみることとなる[30]。しかし前述の通り、京浜デパートは児島明が引き続き常務を務め白木屋との人的関係を一切断ち切っていたわけではなく、寿百貨店も後に結局、松屋横浜支店として営業を行うことになることから[31]、玉虫色の裁定であったことは否めない。

また、出張販売の営業統制規程について遵守されないケースもあったようである。一九三四年五月二五日、東京商工会議所においてなされた商業部会報告において、髙島屋が鶴岡市にて出張販売を行ったことが指摘されている[32]。しかし、日本百貨店商業組合においては営業統制規程違反として問題になることはなかった。

こうした支店分店の新設・出張販売に関するものだけではなく、休日、廉売に関する営業統制規程も遵守されないケースがあった。

日本百貨店商業組合は一九三四年五月二八日、ほてい屋に対し、営業統制規程に反し休業日に開業したため、厳重警告を発している。日本百貨店商業組合は月三回、八の日を休日としていたが、ほてい屋はこれに反し、五月二八日に予告なしに開店し、その後も予告なしに営業を続ける予定を立てていたのである。厳重警告を受けて、同年六月八日付でほてい屋は今後営業統制規程を遵守する旨回答し、この問題は解決したかにみえたが、ほてい屋は今度は不当廉売を行い、営業統制規程をまたしても破った。日本百貨店商業組合はこれを受けて、同年一〇月五日に第一回理事会を開き、ほてい屋に対し、今度は過怠金一〇〇円の罰金を課すとともに、再度厳重警告を発することを決定し、同年一〇月八日付で違約処分書を発送した。この処分に対しほてい屋は異議の申し立てを行ったが、同年一一月六日、異議裁決委員会においてこの申し立ては却下されることとなった[33]。

こうした、ほてい屋の度重なる営業統制規程を遵守しない姿勢の背景には、一九三〇年にほてい屋店主であった西條清兵衛が死去して以降、経営が不振に陥っていたという、ほてい屋の内部事情もあったが、なにより伊勢丹が新宿ほてい屋となりの旧市電車庫用地を買収し、そこに本店を新築落成したために、伊勢丹との競争が激化し、なりふり構っていられなくなったという事情が大きかった[34]。伊勢丹は当時組合非加盟店であったため、休日、廉売に関する営業統制規程からは自由に営業が出来た。そのため、ほてい屋がそうしたアウトサイダーに対抗するためには営業統制規程違反も止むを得なかったのである。

一九三四年当時、東京商工会議所議員であった森濱三郎は日本大学で開かれた小売商問題座談会において以下のように述べている。

「今問題になつて居ります新宿のほてい屋さんの如きは、囮政策を取つて居られる。是もそのお隣さんにある伊勢丹さん、或は美松或は地下鉄だとかいふやうな百貨店商業組合に加入しなければならぬ方々が是が加入が自由でありまする為にお入りにならぬ、さう云ふ方が自由の立場で囮り政策でもなんでもおやりになるからそれでなんでもほてい屋さんは已むを得ずおやりになつたといふやうな結果になつて居る[35]」

このように、日本百貨店商業組合内においても、営業統制規程違反者は少なくなかった。日本百貨店商業組合の統制力というものは、それほど強いものではなかったのである。日本百貨店商業組合が違約処分を行ったのは、先のほてい屋の廉売に関する一件のみであり、しかもその罰金も一〇〇円と軽いものであった。

このように、日本百貨店商業組合の統制力がうまく機能しなかった要因は、ほてい屋の例からうかがえるように、やはり非加盟百貨店の影響が無視できない。非加盟百貨店と競合する事案においては、日本百貨店商業組合内でも統制を強化しにくかったのである。

こうした問題を是正するため、日本百貨店商業組合は一九三四年一一月一三日付で商工大臣に宛てて商業組合法第九条の発動を申請し、同年一二月八日付で商工大臣に宛てて非組合員営業統制規程違反の諸事実を調査報告している。また、東京商工会議所でも、同年一〇月一六日同所で開催された不正競争防止委員会において、ほてい屋が同年夏に行った、晒木綿及手拭中形の不当廉売に関し審議の結果、商業組合法第九条発動を建議することを決議している。

商業組合法第九条によれば、商業組合の営業統制事項を乱すアウトサイダーを矯正することが、当該業界にとって必要であると商工大臣が認めた場合、商工大臣はアウトサイダーに対し、組合所定の統制に従うように命じることが出来た。しかし各個別の商業組合の利害問題が、どれだけ国家の公益性を害しているのかについて、判定することは困難であったため、九条の発動は見送られることが多かった。このため商工省が商業組合法第九条を発動することはなかった。

新宿での、ほてい屋と伊勢丹との過当競争は結局伊勢丹側の勝利で終わり、一九三五年には、ほてい屋は伊勢丹側に買収されることとなる。こうした状況の目処から、一九三五年二月一七日、日本百貨店商業組合に新たに問題の伊勢丹が加入することとなった。しかし、伊勢丹側から加入には条件がつけられた。伊勢丹の加入を承認した二月一七日同日、日本百貨店商業組合第一三回理事会は伊勢丹より休業日取消しに関し営業統制規程の取計方を申請されていた件を承認している[36]。伊勢丹は統一した休業日に服さなくてもよかったのである。このような条件付での加入は常態的なものとなっていったようで、その後新たに加入した寿百貨店、東京横浜電鉄株式会社百貨店部、京浜デパートに関しても同様の特例が承認されている。

つまり、日本百貨店商業組合は、加入を渋る非加盟店に対し、彼らに特例を認めることで、日本百貨店商業組合への加入を促したのである。しかし一部の百貨店に特例条項を認めたことは、山陽百貨店、松坂屋静岡支店、三越高松支店など、そもそもの組合員からも同様の申請がなされる結果を招いてしまった。つまり、日本百貨店商業組合の組織の拡大によって組合の統制力は強化されたわけではなく、特例条項の承認はむしろ営業統制規程の有名無実化を促進させる結果となってしまったのである。

また、日本百貨店商業組合の統制力がうまく機能しなかった要因は、百貨店同士において、その利害関係が必ずしも一致していなかったというところにもあった。老舗の百貨店と新規の百貨店とでは、状況が違っていたのである。

前章から見てきたとおり、一九〇〇年代以来百貨店化を進めてきた大都市呉服系百貨店は、規模の拡大の中で、営業費の増加と利益率の低下が経営課題にあがっており、一定の店舗規模のもとでの店舗経営の効率化を目指していた。チェーンストア方式の導入はその一環であったが、営業統制規程のもと、百貨店間の過当競争抑制に伴う経費節減と利益率回復が図られるのであれば、手段は変われども、経営の合理化という目的は達成されるのであり、反百貨店運動が盛り上がる中、出店が社会問題となっていた状況下において、業界間のカルテル化は成長戦略の現実的な選択肢であった。

京浜デパート問題を起こすなどの摩擦を起こした白木屋にしても、基本的には「今日の小売商の迷惑は百貨店対小売商の競争に依るのではなく、百貨店相互間の競争に基く派生的な影響が主なる原因である。従って、百貨店相互間の競争は出来る丈け防止しなければならぬ[37]」という認識をもっていた。

しかし、一方で後発の比較的新しい百貨店にとっては、日本百貨店商業組合の営業統制規程によるメリットはあまりなかった。先にみたように、中央百貨店の地方進出に直面している、あるいは百貨店業界の調査研究を共有することに意義を感じていた地方の地場系百貨店の一部については日本百貨店協会や、その後継団体である日本百貨店商業組合へ加盟したが、支店分店の当分の新設禁止など、加入百貨店がそれ以上の経営規模の拡大をしにくくなることは事実であり、営業統制規程に服することになれば、老舗の百貨店との差が埋まらなくなるリスクも負っていた。カルテル化のうまみを得られるのは、支店網を形成し得るような経営規模に達している先行する大都市呉服系百貨店であり、新規の百貨店はまだまだ規模も小さく、さらに経営を拡大していく必要があった。こうした新規の百貨店にとって、日本百貨店商業組合は、新たな経営拡大にとって障壁をともなったのである。このため、伊勢丹や東京横浜電鉄株式会社百貨店部のような新規の百貨店は、日本百貨店商業組合の加入に難色を示し、加入に際しても特例を要求したのである。

また、加入している百貨店の中でも、松屋のような中規模の百貨店などは、必要に応じて経営規模を拡大する必要があったし、伊勢丹とほてい屋の問題のように、組合非加盟店の百貨店が近くに出店してきた場合、経営上、組合規定に違反しても廉売などの対抗策にでる必要があった。

以上のように百貨店同士においても、百貨店の経営規模や立地上の競争関係から利害関係は異なっており、そのために日本百貨店商業組合をして強い統制力を発揮することができなかったのである。

そして、こうした日本百貨店商業組合未加入の百貨店に関するアウトサイダー問題や、日本百貨店商業組合内部での営業統制規程違反に伴う問題は、日本百貨店商業組合による営業統制では不十分であるという、中小小売商の認識を強める結果となった。日本百貨店商業組合の営業統制規程に欠陥がある、あるいは有効に機能しないというのであれば、中小小売商の圧迫は緩和されず、日本百貨店商業組合をしてその統制が徹底されないのであれば、商業組合法第九条の適用もしくは百貨店法による百貨店の規制が必要である、という中小小売商の声は次第に高まっていったのである。

（三）　百貨店法制定要求と百貨店の対応

このように日本百貨店商業組合による百貨店の営業統制と商業組合法による中小小売商の自力更生が、いずれにおいても徹底されなかったことで、中小小売商の百貨店法制定要求は一九三四年（昭和九）末以降再び活発化していくこととなった。この時期の中小小売商運動を大丸が調査したところでは、一九三四年において全国で対中小小売業者問題雑件が六五件であったのに比し、一九三五年において対中小小売業者問題雑件は一〇二件と、件数だけで見ても六割近い増加を見ている[38]。また、中小小売商が運動の盛り上がりを見せた背景として、組合非加盟店も含めた、百貨店の新設・増設件数の増加の問題があった。

先にみたように、そもそも、日本百貨店商業組合の営業統制規程により支店・分店の新設は当面禁止されていたが、組合非加盟店の新規百貨店の設立に関してはなんら拘束力のあるものではなかった。また、既存百貨店の改築増床に関しての規定も無かった。こうしたことから百貨店の店舗数、営業面積は毎年増加をみることになる。

大丸百貨店の本部調査課によれば日本百貨店商業組合が設立された一九三二年当時、全国の百貨店は九〇店舗、総面積七二三四一〇平方メートルであったのが、一九三四年には九七店舗、七九三六〇七平方メートル、一九三五年には一〇五店舗、八三五三二六平方メートルと年を追うごとに、いずれにおいても増加をみている[39]。こうした百貨店の店舗数、営業面積の増加は当然中小小売商との摩擦を強めることとなったのである。

一九三四年一二月二四日東京府は、日本百貨店商業組合は非加盟百貨店の統制がとれず、こうした非加盟百貨店のために中小小売商に重圧が加えられており、中小小売商の疲弊は府民公益上無視できないとして、「百貨店法制定に関する東京府会の意見書」を商工大臣・内務大臣宛てに提出した(40)。翌一九三五年二月には百貨店の新設と日本百貨店商業組合の欠陥による小売商の経営圧迫を防止するためとして全日本商店会連盟から百貨店法案が提案された(41)。

これを受けて政友・民政両党はそれぞれ、全日本商店会連盟提案と同様の百貨店法案を一九三五年三月三日、第六七議会に提出することとなった。法案の内容が同一であることから、中小小売商の議員への熱心な働きかけもあったものと思われる。東京実業組合でも同年五月一五日小売業改善委員会を開催、「百貨店法制定要望の件」を協議決定し、日本商工会議所は同年一一月二一日定期総会において、百貨店法を建議する旨を可決している(42)。

このように日本百貨店商業組合による百貨店の営業統制と商業組合法による中小小売商の自力更生が、いずれにおいてもあまりうまく機能せず、再び百貨店と中小小売商との摩擦が深刻化してきたのを受けて、商工省は一九三四年度の予算に小売商改善の調査を計上することとなった。その結果、商工省臨時産業合理局に小売業改善調査委員会が置かれることとなり、同委員会は一九三五年一〇月一一日、第三回総会において「小売業の協同組織に関する事項、小売業の助成及指導機関に関する事項及小売業統制に関する事項」を決議する。しかしこの決議は、小売業者間における無制限な競争に「適正なる規律統制を加ふることは最も緊要」とされたが、「然れども小売業者の推移に対する統制は我国社会、経済に影響する所多きを以て慎重に之を考究するの要ある」とされ、結果「統制は原則として自治的たらしむること」「統制は原則として商業組合に依るを適当とす」というもので、商業組合法第九条の強化も、具体的な百貨店法の制定の必要性も盛り込まれることはなかった(43)。商工省は一九三五年段階において、小売商業政策に関し、既定方針を追認するかたちをとったのである。

一九三二年に日本百貨店協会の自制協定によって、商工省の立案した百貨店法は国会提出を見送られることとなったが、百貨店法案はこれ以降、ほぼ毎回議員立法として、国会に提出されることとなった(44)。しかし一九三六年に至るまで、議員立法としての百貨店法案は可決されることはなかった。中小小売商の百貨店法制定要求は根強いものがあったものの、先に述べた商工省の小売業政策の方針もあって、百貨店法が可決されるまでには至らない状況があった。

このように、何度となく議会において否決され続けた百貨店法案であったが、一九三六年五月一日より開かれた第六九議会において、政友・民政合同案による百貨店法案がようやく衆議院を通過することとなる。これには同年起きた「二・二六事件の如き異常時局後の統制強化や、比較的小問題視され易い百貨店抑制法を、軽々しく議決する議会の空気」[45]があった。二・二六事件後、小売業界の統制問題は「二・二六事件の後を受けた広田内閣の成立により、具体的実行への一歩を進めたことと推測」[46]されるなど、統制経済の機運が高まる中、議員をして比較的消費に暗かったことも影響し、とりたてて深く審議されることなく通過を見たのである[47]。

これによって、百貨店法は新たな局面を迎えることとなった。第六九議会の会期により百貨店法は貴族院にて審議未了ということになり成立には至らなかったが、次議会で再び法案が提出されることは明白で、百貨店法が成立する可能性がでてきたのである。

一方、一九三六年の二月より、東京商工会議所は委員会を設け百貨店問題の審議を行っていたが、東京商工会議所の百貨店法案は七月一日成案を得、東商原案として採択した。この東京商工会議所案は、その法案作成に山田忍三（白木屋専務取締役）、北田内蔵司（三越専務取締役）が委員として選任されていたが[48]、両名はともに当時日本百貨店商業組合の理事も務めており、日本百貨店商業組合の代表としての立場で委員会に関わったものだった[49]。

そもそも、百貨店法は百貨店を統制する法律であることから、百貨店側にとっては不利な法律のはずである。それを百貨店側の委員も係って作成したのにはどのような意図があったのだろうか。これには東京商工会議所の百貨店法案と衆議院を通過した政友・民政合同案（日本商店会連盟案）の百貨店法案とを比較する必要がある（表

国民同盟案	商店会連盟案 （政・民合同案）	東京実業組合連合会案	東京商工会議所案
・命令所定売場面積 ・命令所定使用人数 ・衣食住に関する多種類商品の小売業	・衣食住に関する多種類商品の小売業	・同一営業所 ・命令所定売場面積 ・命令所定使用人数 ・衣食住に関する多種類商品の小売業	・同一営業所 ・命令所定営業所面積 ・衣食住に関する多種類商品の小売業
免許	免許	禁止	免許
認可 認可	認可 認可 認可	禁止 禁止	認可 認可 認可
認可 認可	認可 認可		
認可 認可	禁止 禁止 禁止	禁止 禁止	認可 認可 認可
認可	禁止	本店所在区域外禁止	禁止
	認可	禁止	禁止
認可		禁止	
命ずることを得	加入強制		加入強制 （商業組合員外）
		生鮮食料品及燃料販売禁止	
		禁止	
八ー六時（夏季） 九時ー五時（冬季）	命令所定時刻以後の夜間営業禁止	十時間（夏季） 九時間（冬季）	
毎月一斉三日以上			六大都市毎月一斉三日他二日以内

社、1936年）42頁、中西寅雄編『百貨店法に関する研究』（同文館、1938年）105～106頁

1）。百貨店法は「百貨店の新設拡張を禁止又は制限し、百貨店の経営に関する統制を強化することを目的とする。その立法の立場は専ら中小小売商店の保護を主眼とする」[50]というものであったが、各立場によりその内容には相違があった。

そもそも、衆議院を通過した政友・民政合同案では百貨店の支店・出張店・代理店の新設を禁止し、同業組合への強制加入を規定し、営業時間は開店乃至閉店時間の時刻が設定され、主務大臣の百貨店営業状況の検査権

表１　百貨店法案比較表

	商工省案（1932年）
百貨店の定義	・同一営業所 ・命令所定売場面積 ・命令所定使用人数 ・衣食住に関する多種類商品の小売業
新規開業	認可
店舗・新設	認可
店舗・拡張	認可
店舗・移転	
売場・新設	認可
売場・拡張	認可
新設・支店	認可
新設・分店	認可
新設・代理店	
出張販売	認可
不当廉売	
無料配達区域拡張	
同業組合加入	
営業種類の制限	
興業類似の催物	
営業時間	
休業日	休日規定の変更要認可

出典　『昭和十二年版百貨店総覧』（百貨店新聞

及百貨店の報告義務が盛り込まれるなど、百貨店側としては、かなり厳しい統制が予想されるものだった。しかし、一方で東京商工会議所案は、百貨店の支店・出張店・代理店の新設は認可制とされ、同業組合への加入は日本百貨店商業組合に加入することで代替できるとし、営業時間も開店乃至閉店時間の時刻は定めず総体時間で規定し、「百貨店側としては最も忌み嫌う事柄である[51]」。主務大臣の百貨店営業状況の検査権及百貨店の報告義務が盛り込まれないなど、比較的条件がゆるく日本百貨店商業組合の営業統制規程の枠を超えないものとなっている。

第六九議会において政友・民政合同案による百貨店法案が衆議院を通過したことで、「百貨店法の制定は好むと好まざるとに拘らず必然の運命であり、その実現は時間の問題である[52]」という気運が醸成されつつあった。

一九三六年七月二九日東洋経済新報社において開かれた座談会の中で、東京商工会議所委員にして白木屋専務であった山田忍三は「目的が社会民衆の利益を犠牲にして迄も百貨店の営業を制限し以て小売商を救済せんとする考え方なら不同意であります」とし、大丸専務で日本百貨店商業組合理事も務めていた里見純吉も「百貨店にしてもその都市に於て必要な以上の大きさとか数とかは無益な競争になりますから、之を取締る、さういふ意味に於て百貨店といふ一つの配給機関を合理化する目的の法律であるならばそれも宜い[53]」と発言しているように、こうした状況を看取し、大都市呉服系百貨店を中心として、いずれ百貨店法が成立するのであれば、積極的に反対するよりもむしろアウトサイダーの影響を受けずカルテル的側面が機能するような百貨店法案でもって妥協を図り、より百貨店に有利な条件の百貨店法が成立することを望んだのである。

日本百貨店商業組合としても全く動きを見せなかったわけではなく、一九三五年五月二四日貴族院百貨店法案委員宛に衆議院通過の百貨店法案反対陳情書を提出したのを皮切りに一九三七年三月三〇日まで日本百貨店商業組合、あるいは加盟百貨店有志から計九回の百貨店法反対の陳情を行うとともに、一九三六年八月三一日、日本百貨店商業組合と東横百貨店からそれぞれ、「百貨店法案反対声明書」を新聞記者に発表し、同年九月一〇日百貨店法案反対声明書を各方面に送付している。また、同年一〇月二一日第一〇回臨時総会において元商工省商務局長(一九二九年五月七日〜一九三二年九月一八日)の川久保修吉を理事に選任、同年一二月二九日、さらに第三〇回理事会において川久保修吉を理事長に選任し政治的影響力の強化に努めた[54]。

とはいえ、政友・民政合同案による百貨店法案が衆議院を通過して以降、一連の百貨店側の行動は、百貨店法の制定そのものに反対するというものではなかった。一九三六年八月三一日、東横百貨店から発表された「百貨店法案反対声明書」はその最後に「第六九議会に提出せられたる百貨店法案に対する修正意見」を掲げている[55]。つまり、百貨店側としては、百貨店法の制定は止むを得ないものであるが、第六九議会において衆議院を通過した百貨店法案に関しては反対する、という立場をとり、その運動の目的は政友・民政合同案の「修正」による百貨店にとって有利な百貨店法の制定にあったのである。

一九三六年時における日本百貨店商業組合の役員構成は、理事九名のうち、六名までが日本百貨店協会以来の百貨店で占められており、幹事、異議決裁委員も含めた組合役員には日本百貨店協会加盟百貨店がほとんど名を連ねていた[56]。日本百貨店商業組合は、役員構成からしても、日本百貨店協会の後継組織であり、先にみてきたように、日本百貨店協会による自制協定から日本百貨店商業組合の営業統制規程で定められた事項は、百貨店間の過当競争を抑制し、営業費の低減と利益率の改善を目指したものでもあり、先行する大都市呉服系百貨店にとってカルテル的側面を有していた。百貨店法の内容もこの業界内統制の延長線上に位置付けられることが望ましい、と日本百貨店商業組合では考えられていたのである。

第三節　百貨店法の成立とその効果

（一）　百貨店法の成立

百貨店法案が衆議院を通過したのを受けて、商工省の態度にも変化がみられるようになる。百貨店法案が衆議院を通過した直後の一九三六年（昭和一一）六月の省議においては、これまでの商工省の方針に大きな変化は無く、やや統制に力を入れる方向性を示したものの百貨店法に関しての方針は打ち出されなかったが[57]、七月九日の朝日新聞の以下の記事に見られるように七月に入ると水面下で百貨店法についての検討が始まることとなった。「中小商業救済策としての百貨店法案は、今日尚未解決の懸案として、業界並に一般世人の関心事として注目されつつある。政府も亦中小商工業に対する国策樹立の一項目として「百貨店の進出を押へる百貨店法の制定」が腹案として考へられていると報ぜられている様な現状である[58]」。

一九三六年一二月一九日に商工省臨時産業合理局小売商改善調査委員会は第四回総会決議を行い、「今日の如き社会情勢に於ては百貨店に対し或程度の統制を加え以て小売業者との関係の調整を図ることは已むを得ざるものと認め」、百貨店法の必要性を示唆した。[59] これを受けて、「目下百貨店取締に関する法律の制定に関し考究中[60]」であった商工省は同年一二月二四日の省議で百貨店法制定を正式に決定することとなった。こうして商工省は翌一九三七年三月三日の第七〇議会において政府案として百貨店法案を議会に提出した。しかし、第七〇議会も会期途中で解散となり審議未了となったため、同年七月二七日第七一議会に再び提出し、同年七月三一日衆議院を通過、同年八月七日貴族院を通過し、ここにおいて百貨店法は可決成立され、八月一三日公布されることとなった。[61]

百貨店法の成立により百貨店の定義が決められ「本法に於て百貨店業者と称するは同一の店舗に於て命令を以て定むる売場面積を有し命令の定むる所に依り衣食住に関する多種類商品の小売業を営む者」とされた。この売場面積は六大都市で三〇〇〇平方メートル、その他の地域では一五〇〇平方メートルであった。この定義に基づく百貨店は等しく商工省が管轄するところの日本百貨店組合（日本百貨店商業組合から名称変更）に加入しなければいけなくなり、アウトサイダーは事実上存在できないこととなった。百貨店の新築・増築に関しても商工省の許可が必要となり、自由な店舗拡大は出来なくなった。こうして百貨店は法的統制を受けることになったのである。

しかし第七一議会において成立した百貨店法は、政友・民政合同案では禁止とされていた、支店出張所其の他の店舗又は配給所の新設、出張販売が許可制となり（但し百貨店法施行規則により出張販売は原則不許可）、認可とされていた不当廉売の規定が無くなり、同業組合への強制加入の規定もなくなるなど（但し、百貨店組合に対する加入義務は有り）、それまでの百貨店法案に比べ、成立した百貨店法は百貨店に対する統制は厳しいものではなかった。

一方で、主務大臣は統制事項の全部又は一部の変更又は取消しが可能で、営業の統制に関し必要な事項を命じることが出来るなど、行政の裁量が非常に大きいものであった。「許可」「免許」というのは、行政官庁がある特定者に対し、一定の行為をなし得ることを許容する行政処分であって、その前提として、その行為を一般的に禁止し、ただ許可を得た者だけに之を認めるのに対し、「認可」は行政官庁の独立の行動ではなく、ただ個人・団体・自治体などの行為に対し、ある法律上の効力を付与する補助的行為であったが[62]、百貨店法では支店出張所其の他の店舗又は配給所の新設、本店支店出張所其の他の店舗の売場面積の拡張、出張販売など、営業拡張に関しては全て許可制となった。以下やや長いが、百貨店法について全文を掲載する。

「百貨店法（昭和一二年八月一三日法律第七六号）

第一条　本法ニ於テ百貨店業者ト称スルハ同一ノ店舗ニ於テ命令ヲ以テ定ムル売場面積ヲ有シ命令ノ定ムル所ニ依リ衣食住ニ関スル多種類商品ノ小売業ヲ営ム者ヲ謂フ

第二条　同一ノ建物ニ於テ二人以上ノ小売業者各命令ヲ以テ定ムル売場面積ヲ有シ相連携シテ営業ヲ為ス場合其ノ売場面積及販売スル商品ガ相合シテ前条ノ規定ニ依ル売場面積及商品ノ種類ニ該当スルトキハ各小売業者ハ命令ノ定ムル所ニ依リ之ヲ百貨店業者ト看過ス

第三条　百貨店行ヲ営マムトスル者ハ命令ノ定ムル所ニ依リ主務大臣ノ許可ヲ受クベシ

第四条　百貨店業者ハ左ノ場合ニ於テハ命令ノ定ムル所ニ依リ主務大臣ノ許可ヲ受クベシ

一、支店、出張所其ノ他ノ店舗又ハ配給所ヲ設置セントスルトキ

二、本店、支店、出張所其ノ他ノ店舗ノ売場面積ヲ拡張セントスルトキ

三、店舗以外ニ於テ小売ヲ為サムトスルトキ

第五条　主務大臣必要アリト認ムルトキハ前二条ノ許可ヲ為スニ当リ之ニ制限又ハ条件ヲ附スルコトヲ得
第六条　百貨店業者ハ閉店時刻以後及休業日ニ於テ営業ヲ為スコトヲ得ズ
第七条　前項ノ営業ノ範囲、閉店時刻以後及休業日ニ関シ必要ナル事項ハ命令ヲ以テ之ヲ定ム
第八条　百貨店業者百貨店組合ヲ設立セザル場合ニ於テハ主務大臣必要アリト認ムルトキハ百貨店業者ニ対シ百貨店組合ノ設立ヲ命ズルコトヲ得
第九条　百貨店組合ハ法人トス
百貨店組合ハ営利事業ヲ為スコトヲ得ズ
第十条　百貨店組合ハ左ノ事業ヲ行フコトヲ得
一、組合員ノ営業ニ関スル統制
二、組合員ノ営業ニ関スル指導
三、小売業ニ関スル研究又ハ調査
四、其ノ他組合ノ目的達成上必要ナル事業
第十一条　百貨店組合ハ設立ノ認可アリタル時又ハ第八条第二項ノ規定ニ依リ定款ノ作成アリタル時成立ス
百貨店組合ノ設立アリタルトキハ各事務所ノ所在地ニ於テ設立ノ登記ヲ為スベシ登記シタル事項中ニ変更ヲ生ジタルトキ亦同ジ
百貨店組合ノ設立又ハ登記シタル事項ノ変更ハ其ノ登記ヲ為スニ非ザレバ之ヲ以テ第三者ニ対抗スルコトヲ得ズ
第十二条　百貨店組合ハ全国ヲ通ジテ一箇トシ組合ノ設立アリタルトキハ百貨店業者ハ其ノ組合員トス
第十三条　百貨店組合ハ第十条第一号ノ事業ヲ行フ場合ニ於テハ之ニ関スル規定ヲ定メ主務大臣ノ認可ヲ受クベ

シ其ノ規定ヲ変更セントスルトキ亦同ジ

第十四条　主務大臣小売業ノ円満ナル発達ヲ図ル為其ノ他公益上必要アリト認ムルトキハ前条ノ規定ノ全部又ハ一部ノ変更又ハ取消ヲ為スコトヲ得

第十五条　主務大臣小売業ノ円満アル発達ヲ図ル為其ノ他公益上必要アリト認ムルトキハ百貨店組合ニ対シ組合員ノ営業ノ統制ニ関シ必要ナル事項ヲ命ズルコト得

第十六条　主務大臣小売業ノ円満ナル発達ヲ図ル為其ノ他公益上必要アリト認ムルトキハ百貨店組合ノ組合員ニ対シ組合ノ統制ニ従フベキコトヲ命ズルコトヲ得

第十七条　行政官庁ハ百貨店業者又ハ百貨店組合ニ対シ其ノ業務ニ関シ報告ヲ為サシメ其ノ他監督上必要ナル命令ヲ発シ又ハ処分ヲ為スコトヲ得

行政官庁監督上必要アリト認ムルトキハ当該官吏ヲシテ百貨店業者又ハ百貨店組合ノ店舗、事務所其ノ他ノ場所ニ臨検シ業務ノ状況又ハ帳簿書類其ノ他ノ物件ヲ検サセシムルコトヲ得此ノ場合ニ於テハ其ノ身分ヲ示ス証表ヲ携帯セシムベシ

第十八条　百貨店業者本法若ハ本法ニ基キテ発スル命令又ハ之ニ基キテ為ス処分ニ違反シ又ハ第五条ノ規定ニ依リ許可ニ付シタル制限若ハ条件ニ違反シタルトキハ主務大臣ハ業務ノ停止若ハ法人ノ役人ノ解任ヲ為シ又ハ第三条若ハ第四条ノ許可ヲ取消スコトヲ得

第十九条　百貨店組合ノ決議又ハ組合ノ役人ノ行為ガ法令定款若ハ行政官庁ノ処分ニ違反シタルトキ又ハ公益ヲ害シ若ハ害スルノ処アリト認ムルトキハ主務大臣ハ左ノ処分ヲ為スコトヲ得

一、決議ノ取消

二、役員ノ解任

三、組合ノ事業ノ停止
四、組合ノ解散

第二十条　本法ニ規定スルモノヲ除クノ外百貨店組合ノ設立、登記、管理、解散、清算、其ノ他組合ニ関シ必要ナル事項ハ勅令ヲ以テ之ヲ定ム

第二十一条　第十四条乃至第十六条ノ規定ニ依ル命令又ハ処分其ノ他本法施行ニ関スル重要事項ニ付主務大臣ノ諮問ニ応ゼシムル為百貨店委員会ヲ置ク
百貨店委員会ニ関スル規定ハ勅令ヲ以テ之ヲ定ム

第二十二条　第三条ノ規定ニ違反シ主務大臣ノ許可ヲ受ケズシテ百貨店業ヲ営ミタル者ハ五千円以下ノ罰金ニ処ス

第二十三条　左ノ各号ノ一ニ該当スル者ハ千円以下ノ罰金ニ処ス
一、第四条ノ規定ニ依リ許可ヲ受クベキ事項ヲ許可ヲ受ケズシテ為シタル者
二、第十五条又ハ第十六条ノ規定ニ依ル命令ニ違反シタル者

第二十四条　左ノ各号ノ一ニ該当スルモノハ五百円以下ノ罰金ニ処ス
一、第六条ノ規定ニ違反シテ営業ヲ為シタル者
二、正当ノ事由ナクシテ第十七条ノ規定ニ依ル報告ヲ為サズ若ハ虚偽ノ報告ヲ為シ又ハ検査ヲ拒ミ妨ゲ若ハ忌避シ其ノ他行政官庁ノ命令又ハ処分ニ違反シタル者

第二十五条　百貨店業者又ハ百貨店組合ハ其ノ代理人、戸主、家族、雇人其ノ他ノ従業者ガ其ノ営業ニ関シ本法若ハ本法ニ基キテ発スル命令又ハ之ニ基キテ為ス処分ニ違反シタルトキハ自己ノ指揮ニ出デザルノ故ヲ以テ其ノ処罰ヲ免ルルコトヲ得ズ

第二十六条　本法又ハ本法ニ基キテ発スル命令ニ依リ適用スベキ罰則ハ其ノ者ガ法人ナルトキハ理事、取締役其他ノ法人ノ業務ヲ執行スル役員ニ、未成年者又ハ禁治産者ナルトキハ其ノ法定代理人ニ之ヲ適用ス但シ営業ニ関シ成年者ト同一ノ能力ヲ有スル未成年者ニ付テハ此ノ限リニ在ラズ

第二十七条　百貨店組合本法又ハ本法ニ基キテ発スル命令ニ依ル登記ヲ為スコトヲ怠リ又ハ不正ノ登記ヲ為シタルトキハ組合ノ役員又ハ清算人ヲ三百円以下ノ過料ニ処ス非訟事件手続法第二百六条乃至第二百八条ノ規定ハ前項ノ過料ニ之ヲ準用ス(63)」

(二)　百貨店法の運用とその効果

このように成立した百貨店法はそれまでと比べ、行政の裁量が大きいものであった。それでは商工省はこの百貨店法をどのように運用したのであろうか。行政の裁量が大きいということは、許可判断如何では百貨店法による百貨店統制は限定的にもなり得ることを意味する。第七〇議会に商工省が政府案として百貨店法案を提出した際も、議員の中からはその効果に関して疑問の声があがっている(64)。実際、商工省は当初において、百貨店に対し強い統制をかけようとしたわけではなかった。百貨店の新規出店・増床に関して、当初においては許可されることが多かったのである。

百貨店法は一九三七年(昭和一二)一〇月に施行されるが、その翌年、一九三八年において百貨店の新設、拡張、移転の許可又は着手されたケースは三一件にものぼっている。この結果、百貨店法施行以降においても百貨店の店舗数、増床率とも増加をみる結果となった(表2)。そもそも百貨店法制定以前においても、法的規制がかかる前の駆け込み増資・駆け込み増床は日本百貨店商業組合加盟店、未加盟店に関わらず行われており、一九三

六年から一九三七年にかけて、日本における百貨店業の総床面積は、一〇〇万平方メートルを超えることとなる。一九三六年に百貨店法案が衆議院を通過したことで、かえって百貨店の店舗数・規模は増してしまっていたのである（表2）。

表2　本邦百貨店営業面積趨勢表（各年末現在）

年次	全国合計					
	組合加盟店		未加盟有資格店		合計	
	店舗数	総面積	店舗数	総面積	店舗数	総面積
1913年（大２）					16	40234
1914年					16	56084
1915年					17	56843
1916年					22	64433
1917年					22	81098
1918年					23	86378
1919年					25	101505
1920年					26	118939
1921年					27	147256
1922年					30	170792
1923年					35	157136
1924年	18	136769	19	34541	37	171310
1925年	19	187305	22	46553	41	233858
1926年（昭元）	20	196792	23	59690	43	256483
1927年	20	224215	24	66769	44	290984
1928年	23	258598	25	70049	48	328647
1929年	30	291948	25	67264	55	359212
1930年	37	343616	28	93740	65	437356
1931年	39	425387	32	121169	71	546556
1932年	42	454889	39	163162	81	618050
1933年	66	1919153	24	90090	90	723410
1934年	66	676101	31	117506	97	793607
1935年	69	2261673	36	88975	105	835326
1936年	75	2500853	42	157984	117	983265
1937年					138	1212291
1938年					144	1314750

出典　大丸調査課編『日本百貨店一覧』（大丸、1934～1937各年）、『調査彙報』（日本百貨店商業組合、日本百貨店組合、1933～1938各年）
※単位：m^2（小数点以下は除く）

一九二〇年代後半から一九三〇年代における百貨店の全国的展開には、一九三〇年前後の中央百貨店の地方進出に伴う増加、そして一九三七年前後の百貨店法制定期の二つの画期があったのである。一方、カルテル化のメリットは設備投資費の増加によって、その効果は見えにくくなり、表3にあげた松坂屋の営業成績からも分かるように百貨店の営業成績における利益率が大きく回復するということはなかった。

それでは中小小売商への圧迫の緩和に百貨店法は効果があったのであろうか。一九三九年三月五日付の大阪時事新報によれば、「広告、商品券、催物等の制限によつて小売商側は幾分精神的な不安を除かれたことと、出張販売制限によつて地方小売商が好影響をうけた位である」としているが、同年大阪商工会議所は、百貨店法施行により中小商業者は以前より相当好影響を受けている、としており、特に営業時間制限によって付近の商店街に好影響があった、と商工省に答申していて、その効果の度合いは史料によって一定ではないが、営業時

表3　松坂屋営業成績

年度	総売上高	売買収益	営業費	減価償却	純利益	利益率
1920	25251	3505	2470	84	951	3.8
1921	29475	4844	2817	81	1946	6.6
1922	31568	5180	3308	112	1760	5.6
1923	35960	5907	4182	144	1581	4.4
1924	45219	7509	4716	163	2630	5.8
1925	52675	8388	6055	326	2007	3.8
1926	58334	9560	6674	375	2511	4.3
1927	67031	10945	7601	401	2943	4.4
1928	65403	11166	7921	530	2715	4.2
1929	72296	12749	9083	755	2911	4
1930	67767	11921	8785	732	2404	3.5
1931	65352	11886	8677	704	2505	3.8
1932	63660	11835	8889	652	2294	3.6
1933	65887	12236	9157	591	2488	3.8
1934	73533	14218	10322	781	3115	4.2
1935	72368	13836	10767	766	2303	3.2
1936	73664	14076	10646	870	2560	3.5
1937	82216	16416	12513	1279	2624	3.2
1938	87745	16793	13097	1121	2575	2.9
1939	105923	20482	16371	927	3184	3
1940	106651	18286	15374	819	2093	2
1941	103557	18944	14386	900	3658	3.5

出典　総売上高については『商品仕入送品高月計簿』松坂屋所蔵、1930年以降の総売上高については『新版店史概要』（松坂屋、1964年）261頁、その他の数字については『営業報告書』松坂屋所蔵。
※単位：千円、利益率、営業費率は％

間の短縮により附近の中小小売商に客足が延びたという事例は金沢地方でもあり、百貨店法は中小小売商にとって一定程度効果のあるものであった(65)。

百貨店法制定後も百貨店がその成長を維持した状況にあって、中小小売商への圧迫がどれだけ緩和されたのかということには疑問は残る。しかし、百貨店法が制定されたことで、一応、中小小売商の要求が通った形となり、これまでの百貨店同士による自治的統制ではなく、百貨店法という法律によって百貨店に統制がかけられるようになったということが、中小小売商の精神的不安を解消し、百貨店の営業時間の短縮などにより或程度の目にみえる効果があったこともあり、摩擦の解消の一助となったといえる。

最後に百貨店法による消費者への影響はどうであったのだろうか。小売業改善調査委員会の第四回総会決議では、百貨店の新設拡張の制限には消費者の利益を考慮すべきこと、百貨店の統制に際しての審議には消費者の代表を加えることなどがうたわれ(66)、第七一議会において吉野信次商工大臣の百貨店法案提出趣旨説明に「尤も百貨店は其の大なる資本信用と近代的な組織経営とに依りまして、小売制度の合理化に貢献し、消費者の利便を与えて居ることは、申す迄もないのであります(67)」とあるように、百貨店が消費者の利便を全く考慮しないというわけではなかった。しかし、消費者の保護についての規定は、百貨店法に直接的には見受けられない。一九三九年(昭和一四)三月に大阪商工会議所が商工省に答申した「百貨店法施行の影響調査」では閉店時刻や、外商等の面で百貨店法によって消費者の利便が損なわれている、と報告している(68)。百貨店法制定に際して、商工省にとって消費者はあくまで一定の考慮を払うに過ぎないものであった。

おわりに

本章では一九三〇年代における百貨店業界の自主的統制から法制定がなされるその過程について、分析を行った。従来、先行研究では中小小売商による反百貨店運動に対する妥協の側面が強調されてきたが、一九三〇年代における法制定に至る過程を、百貨店経営の合理化の一環であることを明らかにした。一九二〇年代後半から一九三〇年前半にかけて、百貨店対中小小売商の摩擦が拡大、反百貨店運動が広がりを見せる中、一九三二年、日本百貨店協会は自制協定を発表する。当時日本百貨店協会の構成は、百貨店化で先行していた大都市呉服系百貨店が中心であり、自制協定は中小小売商との摩擦の解消とともに、百貨店経営の合理化としての側面があった。自制協定は、出張販売の中止、商品券の過剰発行中止、支店分店の中止、廉売の中止、過当サービスの中止、無料配達の縮小、休業日の設定などが定められていたが、こうした協定内容の多くが営業費の抑制と利益率の増加が見込まれるものであり、業界間過当競争の防止としての意味合いも強いものであったのである。一九三二年秋には百貨店業界をリードする三越経営陣の交代がなされており、支店網拡大路線を推進していた小田久太郎専務から既存店舗充実を軸とする中村利器太郎専務体制へ移行し、中村は日本百貨店協会後継の日本百貨店商業組合の初代理事長に就任する。大都市呉服系百貨店は、チェーンストア方式による支店網拡大路線からカルテル協定に基づく既存店舗増築へ舵を取ることになった。

しかし自制協定は、未加盟店舗の扱いに苦慮することとなる。一九三三年、商業組合法により、日本百貨店協会は日本百貨店商業組合となり、有資格店による全国組織になっていくが、加盟は義務ではなく、発足当初、有資格店のうち約三分の一もの未加盟百貨店（アウトサイダー）が存在した。また新たに日本百貨店商業組合にこうした未加盟百貨店が加盟する際にも、条件付きでの加盟を要求していくこととなり、協定違反の対応も厳格化出来なかった。このため地方における地場系百貨店の設立は継続され、また増築についての規制はなかったため、百貨店法制定が現実的になるにつれて、百貨店法制定を折り込んでのアウトサイダーの新規出店や、加盟、非加盟店双方による百貨店舗拡張ラッシュが起きることとなり、一九三〇年前後における中央百貨店の地方進出に続き、百貨店の全国的展開の画期ともなった。このため設備投資費の増大によって、カルテル化に伴う利益率の改善は十分な効果をあげることができなかった。

一方、商工省の小売業政策は、一九三〇年代前半において、その主を中小小売商の自力更生とその助成（百貨店は自治的統制によるものとし）とみており、百貨店の自制協定以降、商工省として法制定までは考えていなかった。しかし一九三六年（昭和一一）第六九議会において政・民合同案による百貨店法案が衆議院を通過してしまう。同年七月には東京商工会議所・日本商工会議所から百貨店法案が発表され、百貨店法制定の流れを加速させることとなった。こうした状況を受けて同年七月以降、商工省としても法制定に向けた姿勢をとることとなる。

しかし、商工省は、小売商保護のために強く百貨店を抑圧することは意図せず、法案は日本百貨店商業組合の統制規程を若干強化し、商工省の権限強化とアウトサイダーの取り締まりに落ち着いたものであった。実際法制定後の百貨店の拡張もかなり許可され、百貨店の売上もまた一九三八年以降においても増加し続けた。このことからも商工省としては、小売商保護政策として百貨店法に強い必要性を感じていたわけではなかったことがうかがえる。商工省が一九三七年に百貨店法を制定させた背景には、小売商側が商店法をはじめとした合理化策に反対し、先ずは百貨店法の制定が先だ、という論調が根強く、本来の趣旨（自力更生とその助成）をとっていく上で、表向き法制定することで小売商の不満が商工省へと向かうのを防ぎ、次議会で議員立法として百貨店法（小売商保護の色濃い)が制定されるよりは、商工省の行政権限の強い百貨店法を制定させたほうが得策であったためである。中小小売商側としてもその要求が入れられたこととなり、実際、法による百貨店の営業時間短縮は一定の効果をもたらした。

しかし商工省側の権限強化は、その政策主旨が小売商の自力更生・助成に向いているときは限定的となり得るが、一方でその運用によっては強い統制を図れるものでもあった。時局が統制に向かっていく中で、百貨店法は統制法の一環としての色を濃くしていくのである。一九三七年に始まった日中戦争が長引く中で、当初比較的許可されることが多かった法運用も一九三八年末以降、新設・増設は許可されなくなり(69)、激しい物価のインフレの中、国家による物価統制が行われていくこととなり、一九三九年一〇月二〇日「価格等統制令」が公布施行され、諸物価は九月一八日の時点にストップされ、一九四〇年七月七日「奢侈品等製造販売制限規則」が出されると、百貨店は一層、商品を自由に販売できなくなっていった。

こうして、百貨店は中小小売商にとって、それほどの圧迫を感じない存在となっていった。一九三九年八月一日現在の全国主要三〇都市について行われた商工省の調査に依れば、小売商業の経営を困難ならしめる要因は皮肉にも「統制経済の影響が最も大きな理由となり、同業者の過剰、従業員難がこれに次いでいる」状況であった。百貨店法制定による国家の統制を強く望んだ中小小売商が、一九三九年に困窮の最も大きな要因に挙げたのは皮肉にも統制経済であったのである。

(1)　中西寅雄編『百貨店法に関する研究』(同文館、一九三八年)、谷口吉彦「人口吸収層としての商業階級」(『商業組合』第二巻第四号、一九三六年)、堀新一『百貨店問題の研究』(有斐閣、一九三七年)、山本景英「昭和初期における中小小売商の窮迫と反百貨店運動(上)(下)」(『国学院経済学』第二八巻第一、第二号、一九八〇年)、公開経営指導協会編『日本小売業運動史第一巻戦前編』（公開経営指導協会、一九八三年）、鈴木安昭『昭和初期の小売商問題―百貨店と中小商店の角逐』（日本経済新聞社、一九八〇年）、東徹「日本における大規模小売店舗規制の源流―昭和初期における百貨店と中小小売商の対立と百貨店法の成立」（『北見大学論集』第二九号、一九九三年）、岩田悦幸「百貨店法の制定による大規模小売商の調整」（『愛知論叢』第六六号、一九九九年）。

（2）全国経済調査機関連合会編『百貨店に就て』（全国経済調査機関連合会、一九二八年）三～八頁。

（3）東京市編『東京市商業調査書』（東京市、一九三三年）五一頁。

（4）東洋経済新報社編『百貨店対中小商業問題』（東洋経済新報社、一九三六年）九四頁。

（5）井上貞蔵「小売商問題に就て」（『経済集誌』第七巻第六号、一九三四年）一三頁。

（6）閉店は一九三二年、後に債権者の大林組から松屋が買収。

（7）百貨店事業研究会編『百貨店の実相』（東洋経済新報社、一九三五年）一三七～一三九頁。

（8）渡辺玄「最近に於ける我国小売商の動向」（『小売商更生策―ヴォランタリー・チェーン中心の実証的研究』立教大学販売広告研究会、一九三四年）二一一頁。

（9）『帝国議会誌第一期第十四巻』（東洋文化社、一九七六年）一五一頁。

（10）『中外商業新報』一九三二年八月四日。

（11）大橋富一郎編『百貨店年鑑昭和十三年版』（日本百貨店通信社、一九三八年）二四六～二四七頁。

（12）北田内蔵司「百貨店対小売商の問題に就て」（『経済情報』九月号、一九三二年）三八頁。

（13）松屋は一九三一年に浅草に支店を設置、一九二〇年京都に創業した物産館は一九三〇年に岐阜支店を開設、翌一九三一年丸物と商号変更し、一九三二年には豊橋支店を開設した。

（14）通商産業省編『商工政策史第七巻』（商工政策史刊行会、一九八〇年）一八四～一八五頁。

（15）小笠公韶「商業組合の内容と其方針」（前掲『小売商更生策―ヴォランタリー・チェーン中心の実証的研究』）一九三頁。

（16）大島永明「小売商問題と商業組合制度に就て」（『経済集誌』第七巻第六号、一九三四年）五一頁。

（17）『小売改善に関する座談会記録』（東京府、一九三四年）七三頁。

（18）前掲「小売商問題と商業組合制度に就て」四〇頁。
（19）前掲『百貨店年鑑昭和十三年版』二四八頁。
（20）百貨店新聞社編『日本百貨店総覧昭和十二年版』（百貨店新聞社、一九三六年）総説七七頁。
（21）百貨店としての商号は「丸井今井」。
（22）『調査彙報第一年』（日本百貨店商業組合、一九三三年）第一号二七～三四頁。
（23）前掲『百貨店の実相』九～一一頁。
（24）大丸本部調査課編『日本百貨店一覧昭和十一年』（大丸本部調査課、一九三六年）付録二一―表一。
（25）『調査彙報第二年』（日本百貨店商業組合、一九三四年）第六号三頁。
（26）前掲『百貨店年鑑昭和十三年版』二五二～二五三頁。
（27）大島前掲「小売商問題と商業組合制度に就て」三八頁。
（28）前掲『調査彙報第二年』第六号、三頁。
（29）前掲『調査彙報第二年』第七号、八三頁。
（30）前掲『日本小売業運動史戦前編』一九一頁。
（31）社史編集委員会編『松屋百年史』（松屋、一九六九年）二四八～二四九頁。
（32）前掲『調査彙報第二年』第六号、三頁。
（33）前掲『百貨店年鑑昭和十三年版』二五四頁。
（34）伊勢丹広報担当社史編纂事務局編『伊勢丹百年史―三代小菅丹治の足跡をたどって』（伊勢丹、一九九〇年）六九頁。
（35）「小売商問題座談会」（『経済集誌』第七巻第六号、一九三四年）九九頁。
（36）前掲『百貨店年鑑昭和十三年版』二五五頁。
（37）山田忍三「本問題に就ての一考察」（『経済情報』昭和七年九月号、一九三二年）四三頁。
（38）大丸本部調査課編『日本百貨店一覧昭和九年』（大丸本部調査課、一九三六年）一五～二五頁、大丸本部調査課編『日本百貨店一覧昭和十年』（大丸本部調査課、一九三六年）一三～四八頁。

(39) 前掲『日本百貨店一覧昭和十一年』付録二―二。
(40) 『百貨店対小売商問題に関する資料』(日本商工会議所、一九三五年)一六四～一六五頁。
(41) 同前書、一六九～一七一頁。
(42) 『調査彙報第三年』(日本百貨店商業組合、一九三五年)四九三～四九四頁、一一四五頁。
(43) 『小売業改善調査委員会第三回総会決議』(商工省商務局、一九三六年)一一～一五頁。
(44) 『帝国議会誌第一期第十四巻』『同十五巻』『同二十巻』『同二十三巻』『同二十五巻』(東洋文化社、一九七七年)。
(45) 小林行昌「百貨店法案の検討」(『早稲田商学』第十二巻第二号、一九三六年)二六二頁。
(46) 『調査彙報第四年』(日本百貨店商業組合、一九三六年)三三二頁。
(47) 同前書、一〇一四～一〇一五頁。
(48) 前掲『日本百貨店総覧昭和十二年版』四七頁。カッコ内は筆者加筆。
(49) 前掲『日本百貨店総覧昭和十二年版』総説七五頁。
(50) 前掲『百貨店法に関する研究』一〇六頁。
(51) 上林正矩「中小商業と百貨店法制定の問題(一二)」(『東京市産業時報』第二巻第九号、一九三六年)四〇頁。
(52) 同前書、四二頁。
(53) 前掲『百貨店対中小商業問題』七八、八五頁。
(54) 前掲『百貨店年鑑昭和十三年版』二五二頁、二五六～二五八頁。
(55) 五島慶太『百貨店法反対声明書』(東横百貨店、一九三六年)一三頁。
(56) 前掲『日本百貨店総覧昭和十二年版』総説七五頁。理事には三越、松坂屋、髙島屋、白木屋、大丸、阪急、その他の役員には三越(兼務)、大丸(兼務)、野沢屋、十合、丸物が選出されている。
(57) 前掲『商工政策史第七巻』一九三頁。
(58) 『東京朝日新聞』一九三六年七月九日(夕刊)。
(59) 『小売業改善調査委員会第四回総会決議』(商工省商務局、一九三七年)一～二二頁。
(60) 商務局編『議会に於て問題となるへき事項(第七十議会用)』(商務局、一九三六年)五二頁。

(61)『帝国議会誌第一期第三十巻』(東洋文化社、一九七七年)三〇、一二六、四一一頁。
(62) 小林前掲「百貨店法案の検討」二五三頁。
(63) JACAR(アジア歴史資料センター)Ref.A03022077300　御署名原本・昭和十二年・法律第七六号・百貨店法(勅令第五百三十三号参看)(国立公文書館)。
(64) 前掲『帝国議会誌第一期第三十巻』三八頁。
(65)『調査彙報昭和十四年』(日本百貨店組合、一九三九年)三四九〜三五〇、三八四、八一六〜八一八頁。
(66) 前掲『小売業改善調査委員会第四回総会決議』二頁。
(67) 前掲『帝国議会誌第一期第三十巻』一二七頁。
(68) 前掲『調査彙報昭和十四年』七一九頁。
(69) 前掲『調査彙報昭和十四年』二頁。

第二部　百貨店の地方波及と催物戦略

第五章　戦前期における百貨店の催物―三越支店網を通じて―

はじめに

本章は、一九三〇年代前半の三越で開催された催物を中心として、東京における各百貨店の催物比較ならびに三越本支店間の催物状況を検討することで、大都市・地方間における百貨店催物を通じた関係性の一端を明らかにするものである(1)。

序章、そして第一部で分析したように、日本における百貨店は、一九〇〇年代初頭より三越、松坂屋、髙島屋といった大都市有力呉服店が店舗の増改築、取扱品目の増加、経営方式の転換など各種経営改革を行い、一九三〇年代に至る戦前期を通じて規模を拡大していった。この間、大都市のみならず、地方都市においても百貨店の成立をみてとることができるが、とりわけ地方都市に百貨店の増加がみられるようになるのは一九二〇年代後半から一九三〇年代にかけてであり、一九三〇年代末には、ほぼ全国的に百貨店が存在する状況が現出する。百貨店は、大都市における消費、社会生活、都市文化に大きな影響を与えていったが(2)、このような地方都市における百貨店の登場は、第二章でもふれたが、地方都市における消費文化にも大きく影響を与えていったことが想定される。

地方都市における百貨店の実証的分析については、卸売市場・勧工場・公設市場・百貨店の仙台における展開過程を明らかにした岩本由輝氏、九州の百貨店である玉屋の百貨店化の事例について検討した合力理可夫氏、福岡における百貨店と中小小売商の動向について考察した遠城明雄氏、同じく福岡の岩田屋のターミナルデパート化に着目した末田智樹氏の研究がある(3)。また百貨店の地方進出と中小商店との対抗、その後の商法改善運動の動向について平野隆氏が網羅的に明らかにしている(4)。

しかし、これまでの六大都市以外の、百貨店の地方進出についての研究は、地方における百貨店の成立過程を明らかにするもの、あるいは、百貨店の地方進出と中小小売商による設置反対運動の経緯を追い、百貨店が進出地方の中小小売商に与えた影響を考察するものがほとんどであり、地方都市における都市文化、消費文化に与えた影響についての考察はあまり進展していないのが現状である。

こうした研究動向を踏まえ、本章では地方における百貨店の「催物」に着目したい(5)。百貨店のイベントや広告に関する先行研究としては、一九〇〇年代から一九一〇年代にかけて、三越が催物やPR誌を通して「三越趣味」なる消費スタイルを作り出していった過程を明らかにした神野由紀氏の研究、また一九二〇年代から一九三〇年代における百貨店の広告戦略に着目し、百貨店にとっての新聞広告の意義を考察している山本武利氏の研究、戦前期において百貨店が発行した「機関雑誌」の意義と多面性を提示した土屋礼子氏の研究がある(6)。

しかし百貨店の催物について、その内容を網羅的に、かつ各百貨店間を比較し分析するということはされてこなかった。このため、各百貨店間の催物の変化や特徴について不明確であった。また先行研究では地方都市における百貨店の展開過程について個別実証的に進められているが、イベントや広告を対象とした百貨店の文化史的研究は分析フィールドが大都市部に集中しており、地方都市における百貨店の宣伝催事機能について検討されてこなかった。そのため中央の本店と地方都市における支店との関係性に着目した研究はほとんどなく、一九二〇年代後半から一九三〇年代にかけて百貨店が全国的展開をみせる中、地方進出を果たした大都市呉服店系百貨店の本支店間の関係性については未解明な点が多い(7)。

本章は、こうした先行研究状況を基礎として、同一都市の百貨店間の催物の関係性を地方都市から大都市(東京)にまで拡げて分析するとともに、大都市と地方都市に支店網を有する百貨店、とりわけ三越に着目し、どのような催物戦略を有していたのかについて考察する。それにより一九三〇年代における大都市・地方都市間の消費文化の有り様とその特徴の一端を抽出したい。

具体的なフィールドには大都市として東京を、地方都市として札幌、仙台、金沢を設定し、仙台においては、戦前に成立した二つの百貨店、大都市呉服系百貨店の支店であった三越と、地場系資本による藤崎をとりあげ、その催物を検討する。また、東京においては三越、松坂屋、髙島屋、白木屋、伊勢丹、松屋、ほてい屋、美松の八つの百貨店を取り上げ、催物を通した各百貨店の位置付けと、催物そのものの性格の検討を行う。地方都市として仙台を中心に札幌、金沢を対象とするのは、仙台が東京からの百貨店進出と、対する地場系百貨店の成立という二つの百貨店を有する都市であったため、大都市、地方都市の催物の関係性をみるうえで、非常に有効であるからである。

時期設定については、仙台に三越が進出する一九三三年(昭和八)から、百貨店法が制定され、百貨店が法的に一定の営業統制がかけられるようになる一九三七年までを対象とする。

主な史料としては、東京における事例については、百貨店商業組合が組合向けに内外の百貨店情報や調査報告、経営方法を収録することを目的として出していた『日本百貨店商業組合調査彙報』(8)、百貨店の業界新聞である百貨店新報社が編集していた百貨店年鑑である『配給報国百貨店年鑑　昭和十年版』(9)を使用する。仙台における事例については、両百貨店が主な広告媒体としていた仙台の地方新聞である『河北新報』を使用し、他の三越の地方支店（札幌、金沢）についても、各地方新聞として、『北海タイムス』、『北国新聞』を史料とする。このほか、三越、藤崎をはじめとする各百貨店社史について適宜使用することとしたい(10)。

第一節　東京における百貨店の催物状況

三越の本支店間双方の催物状況を検討する前提として、本節では、三越本店の催物開催の特徴についてみていくこととし、はじめに三越が本店を有していた東京を事例にあげ、東京における同業他店の百貨店との比較の中で三越の催物を位置付けてみたい。

東京において、各百貨店がどのような催物を開催していたのかについて、その一端をうかがうことができる史料として、当時の百貨店業界新聞の一つであった、百貨店新報社が不定期年に発行していた百貨店年鑑のうち昭和十年版である『配給報国百貨店年鑑　昭和十年版』をあげることができる。

この年の百貨店年鑑には、「東京百貨店催物」の項目があり、一九三四年（昭和九）二月より一九三五年一月までの、およそ一年間について、当時の主だった東京の百貨店、髙島屋、三越、白木屋、松坂屋、松屋、ほてい屋、美松、伊勢丹の八つの百貨店の催物が記録されている。このうち、三越、松坂屋、松屋に関しては、当時の経営状況として東京市内に単一店舗ではなく、いくつかの店舗網を有していた。三越は日本橋本店のほか、銀座店、新宿店を有しており、松坂屋は上野店と銀座店を、松屋は銀座本店のほか、浅草に支店を有していた。史料からはそのうち、主に本店もしくは、支店網の内より、東京市内で最も店舗の規模が大きいものを挙げて今回は

表1　三越日本橋本店催物（1934年2月）

店名	期間	見出し
三越	2/1-2-10	ハンドバック特価売出し
	2/1-2/7	愛知県農産水産品宣伝会
	2/1-2/7	六潮会第三回絵画展
	2/1-2/7	七福会染織品陳列
	2/1-	雛人形陳列人形逸品会
	2/1-	人形逸品会
	2/4-	冬物雑貨格安売出し
	2/4	カーネーション品評会
	2/4	塔と富士百景展覧会
	2/9-	春向新柄帯側と袋帯陳列
	2/9-	飯塚琅玕斎花籠展覧会
	2/9-2/17	東西画伯色紙展覧会
	2/9-2/17	女学生人形展覧会
	2/9-2/17	日本美術院作品展覧会
	2/10-	モーニングコート売出し
	2/11-2/15	御家庭用ピッチー練炭売出し
	2/13-2-22	三都賞味会　味覚に対する参考品展覧会
	2/16-2/23	新興会染織品陳列
	2/16-	女学生、小学生通学服陳列
	2/16-	春の新型、ベビー服
	2/16-2-23	春向小紋と大島紬陳列
	2/19-24	三彩会染織品陳列
	2/21-2/25	ミツウロコ豆炭特価

出典　「東京各百貨店催物」『配給報国百貨店年鑑　昭和十年版』（百貨店新報社、1935年）

検討を行うこととする。すなわち、三越日本橋本店、松坂屋銀座店、松屋銀座店である。

この『配給報国百貨店年鑑　昭和十年版』を史料としてみていく際に、年鑑内の記録には、催物の開催会場の明記が一部の催物に関してしか記載されていない。このため、実際に何階のフロアで開催された催物なのかについての全体像は明確には提示できない。しかし件数から考えて、東京の百貨店では複数のフロアで同時期に並行して催物が開催されていた、と考えるのが妥当と思われる。また、ほてい屋、美松に関しては、それを差し引いても催物件数は他の六つの百貨店に比べて極端に少ない。これは両百貨店の規模が小さかったうえ、経営難により、両店とも一九三五年に閉店する（ほてい屋については伊勢丹と隣接店舗であったことから伊勢丹に買収合併されることとなる）[11]という経営状況にあったためと思われる。

催物といっても、その内容は様々である。表1をみてみると、例えば一九三四年二月における三越日本橋本店の催物では、ハンドバッグ特価売出しにはじまり、冬物雑貨格安売出し、モーニングコート売出し、御家庭用ピッチ―練炭売出し、ミツウロコ豆炭特価、といったようなセールを銘打つ催物、六潮会絵画展、塔と富士百景展覧会、飯塚琅玕斎花籠展覧会、東西画伯色紙展覧会、日本美術院作品展覧会といったような展覧会と銘打つ催物、愛知県農産水産品宣伝会や、三都賞味会といった地方物産を扱う催物、七福会染織品陳列、春向新柄帯側と袋帯陳列、新興会染織品陳列、三彩会染織品陳列など新作服飾品の展示・陳列を主とした催物等、内容も多岐にわたっていることが分かる。

　ここではこれら各種催物を大きく四形式に分類し、各百貨店の傾向を明らかにしていくこととする。まず絵画展や美術展といった文化催事や啓蒙に関する企画展の催物については「展覧会形式」、次に各地方あるいは各県毎について地方物産を照覧即売する形式の催物については「物産会形式」、そして新作呉服(洋品)や流行もの季節もの生活用具を一堂に取り揃えてお披露目する催物を「展示・陳列会形式」、最後に、見切り品やセール品を特価安売りすることを目的とする売出に関する催物については「特売会形式」と呼ぶこととする。

　展覧会、物産会、展示・陳列会、特売会と催物の形式を分類し、一九三四年二月から一九三五年一月までの約一年間について、その開催数を調べたのが表2の「東京催物一覧表」である。

　まず展覧会形式の催物が最も多く開催されているのは三越日本橋本店であり、年間にして七四回開催されている。以下、高島屋東京店が四九回、白木屋本店が四三回、松坂屋銀座店が三八回、松屋銀座本店が九回、伊勢丹が七回、ほてい屋が三回となっており、美松

表2　東京催物一覧表

店　名	1934/2～1935/1			
	展覧会	物産会	展示・陳列会	特売会
高島屋	49	4	78	255
三越	74	7	42	47
白木屋	43	2	57	221
松坂屋	38	5	58	301
松屋	9	0	39	88
ほていや	3	0	2	23
美松	0	0	2	28
伊勢丹	7	3	12	88

出典　「東京各百貨店催物」
『配給報国百貨店年鑑　昭和十年版』
（百貨店新報社、1935年）
※単位：回

に至っては展覧会の開催は行われていない。

次に、物産会形式についてみてみると、年間を通じて物産会形式の開催数が最も多いのはやはり、三越日本橋本店であり、年間七回となっている。次点は松坂屋銀座店で五回、以下は髙島屋東京店の四回、伊勢丹の三回、白木屋本店の二回と続き、松屋銀座本店、ほてい屋、美松については物産会形式の開催数はゼロである。

展示・陳列会形式では、三越ではなく髙島屋が上位の開催数をあげている。髙島屋東京店が七八回と最も多く、以下、松坂屋銀座店が五八回、白木屋本店が五七回と続き、三越日本橋本店は白木屋本店に次いで四一回となっている。そのあとは松屋銀座本店の三九回、伊勢丹の一二回、ほてい屋、美松が各二回である。

最後に特売会についてみてみると、この特売会についての年間開催数は松坂屋銀座店の三〇一回が最も多く、次点は髙島屋東京店が二五五回、白木屋本店が二二一回、松屋銀座本店が八八回、伊勢丹も同じく八八回と続き、ここでようやく三越日本橋本店が登場し四七回、残る美松、ほてい屋がそれぞれ二八回と二三回を数えている。

以上、展覧会、物産会、展示・陳列会、特売会と催物を四形式に分け、その催物回数より東京における各百貨店を比較してみたが、この結果から、支店網を形成していた百貨店が、展覧会、物産会、展示・陳列会形式について多数開催していることが分かる。三越日本橋本店における物産会は、具体的にみてみると、二月に愛知県農産水産宣伝会、三都賞味会、三月に四国中国十県特産品陳列会、六月に石川県工芸品展覧会、一〇月に北海道ホームスパン陳列、栃木県物産観光宣伝会、京都名物の会が開催されている。(12) 一九三四年当時、三越が有していた店舗は、札幌、仙台、桐生、東京三店(日本橋・新宿・銀座)、金沢、京都、大阪、高松、京城、大連であったが、これと物産会が開催された地方とを照らし合わせてみると、愛知を除く七回中、六回の物産会は三越が店舗を有している地方が該当しているのである。一九三四年段階において、地方都市に支店網を最も有していたのは三越であり、次いで東京(上野・銀座)、静岡、名古屋(本店・分店)、京都、大阪に支店網を形成していた松坂屋、さらに東京、京都、大阪(長堀橋・南海)に店舗を有し、岸和田、和歌山に出張店を形成していた髙島屋と続く。また白木屋も店舗規模としては小さいものの、東京市内と大阪に複数の分店を有しており、三越、松坂屋、髙島屋ほどの規模の大きさではなかったが、一定の支店網を持っていたと考えてよい。こうしてみると、この支店網の規模と、物産会の開催数の順位とはほぼ一致していることになる。

展覧会の開催数についても、支店網を形成している百貨店が上位四番目までを占めているが、髙島屋の事例からは展覧会についても支店網の規模を活かして行われていたことがわかる。一九三四年五月、真言宗東寺・大阪朝日新聞社の後援で開催された弘法大師展覧会、および大阪朝日新聞社主催で開催されたミス・ニッポン写真展、九月に髙島屋美術部で主催した百選会、一〇月に日本蚕糸会主催、商工省農林省両省の後援で開催された絹の文化展覧会、および生命保険協会主催による生命保険展覧会、一二月に髙島屋主催で開催された珊々会第一回展覧会、以上髙島屋東京店で開催されたこれらの展覧会については、東京の店舗だけでなく、大阪や京都の店舗間との巡回展であったことが『髙島屋百三十五年史』の「催記録」から確認できる。(13) 主催・後援団体が各都市を巡回することを意図して企画する展覧会については、その支店網の規模を活用できる百貨店が会場として選定されていたのである。

展示・陳列会についてみても支店網を有している店舗がやはり上位を占めている。展示・陳列会の多くは、呉服等、服飾に関するものが多く、新柄等を企画する上で、桐生や京都といった織物の産地に店舗を有する百貨店が生産者との接点という上で有利であったといえる。しかし、展覧会、物産会に比べると三越がやや回数的に少なく、髙島屋が最も多くなっており、単純な支店網規模だけを要因としていたわけではなく、各百貨店のカラーともいうべき、呉服に対する位置付けが反映されていたようである。

髙島屋はそもそも、創業以来京都を本店としており、大阪南海店が一九三二年に完成するまでは、本店は京都であった。三越、松坂屋、髙島屋の中で本店が京都であったのは髙島屋のみであり、三越は東京日本橋、松坂屋は名古屋と本店は京都以外の都市であった。このため髙島屋は近世の創業以来、皇室との関係が深く、明治期に入ってからも、一八八九年(明治二二)に宮内省より羽二重御用を受注、翌一八九〇年には天皇旗、皇后旗の御用を受注するなど、以降度々皇太子旗、皇族旗などの用命を受け、一八九七年には宮内省御用達を受けるに至っている。[14]その後も天皇の即位大礼や大葬における調度品の外商を受注するなど、宮内省御用達として、織物の品質においては一定のブランド力があった。このため、呉服等に関する展示・陳列会の開催数が多かったと思われる。松坂屋についても、大正期以来、名古屋店などで広幅織物普及展覧会や、文化帯陳列会を開催するほか、いわゆる名古屋帯の普及に努めたことに代表されるように呉服の商品開発については熱心であった。[15]こうした各百貨店の特徴が開催数にも反映していたのである。

一方、こうした展覧会、物産会、展示・陳列会とやや異なる順位をみせているのが特売会、すなわち売出し催事である。松坂屋、髙島屋、白木屋といった百貨店が順当に上位に顔を見せるのに対して、三越は松屋、伊勢丹よりもその開催数が少ない。三越の日本橋本店にはマーケット売場が存在し、常設の特売売場が存在していたということも影響していたとしても、本店において特売会の催物が少ない、というのは着目すべき点である。

三越日本橋本店は、他の東京の百貨店と比較した際に、支店網の規模を生かした文化催事としての展覧会や、地方との接点を生かしての物産会が多く開催され、髙島屋、松坂屋の東京店舗に比しては少ないものの、一定程度の展示・陳列会も開催していたが、店舗規模に反して特売会の催物の回数は少ないという特徴をもっていたことが明らかとなるのである。

このように東京の百貨店においては、支店網を有する百貨店が、催物において展覧会・物産会を多く企画し得た。対して、支店網を有しないか、東京市内においてのみ展開している百貨店では、物産展を企画することはほとんど出来なかった。三越日本橋本店は特に展覧会、物産会を多く企画し、規模に比して特売会は少ないという特徴を持っていた。これに対して、高島屋と松坂屋はほぼ似た催物構成をとっており、三越に比べ展示・陳列会、あるいは特売会に力を入れるなど、支店網を有する百貨店間においても催物の内容には差がみられたのである。

こうした東京における百貨店間における特徴は、消費者層においても一定程度認知されていた。当該期の婦人雑誌『婦人画報』には東京の主婦層における百貨店の使い分けに関する記事として「中産階級の主婦として」というタイトルが掲載されている(16)。

「廉売や特価品などは、松坂屋や白木屋へ参ります。白木屋は、さうした催しの時には、なかなかいいものがあります。実用品は、三越、松屋の家庭部、松坂屋あたりを利用します。それから食料品は、松屋においしいものが多いやうです。子供服は品の豊富なのは三越だと思ひます。私の娘が結婚したときに、やはり便利という点で、一切の支度をデパートですることに定めました。二千円のお支度とか、三千円のお支度といつて、一つのデパートで見積もつて貰つて、すべてそこで整へた方がいいとも考へましたが、やつぱり方々を見てみたいという気持がして、結局、タンス鏡台といつたやうなものは、松屋で買ひ、式服は手頃なところとして白木屋にしました。貴金属は三越、履物類其の他のものは松坂屋にしました。ところで、私どもの経験として、買い易い店は、松坂屋、松屋、白木屋といつたやうな順です。三越はなんとなく小額の買ひ手に不親切のやうな気がします。」

この記事からは、実用品、特価品については松坂屋や白木屋で購入し、貴金属等、小額に依らない商品については三越で購入に及ぶことが記されている。従来、先行研究においては、三越が第一次大戦後の不況に際して始めた「さかえ日」、「木綿デー」といった特売会の催物をあげて、百貨店の大衆化を三越が先導していったという流れが論じられることが多い[17]。しかし、他百貨店との催物比較や婦人画報の記事から、一九二〇年代後半から一九三〇年代前半における三越は東京の他の百貨店に比べ特売会の魅力は薄く、中高級品に強い百貨店のイメージを持たれていたことが分かる。もっとも自ら中産階級と題うっていることから、この記事の主婦は実際には新中間層の中でも、比較的上の生活を送っていたと考えるべきであろう。そのため松坂屋や白木屋の「特価品」については一定の留保が必要と思われるが、先にみたように、三越は他の大都市呉服系百貨店と比べ特売会の開催数は少なく、商品の豊富さや品質重視の催事、販売戦略を取っていたのである。

第二節　地方都市における百貨店の催物状況

（一）　仙台における百貨店の催物

以上、三越の催物戦略について、本店が立地する東京における状況を見てきたが、次に当該期における地方都市における三越支店と、当該地方の地場系百貨店における催物比較を、三越仙台支店ならびに藤崎の二百貨店が立地していた仙台を事例にあげてみていくこととしたい。もっとも両百貨店における催物開催状況の時系列的変化については補章に譲り、ここでは、東京の催物と比較するため、一九三四年時点での催物状況について、その概要を述べるに留めたい。

藤崎は近世以来の仙台在来の呉服太物商であったが、一九一〇年代に株式会社化して以降、洋品雑貨も取り扱うなど徐々に部門の多角化を図っていたが、一九三〇年代に入ると、本格的な百貨店形式の店舗を計画するようになり、一九三二年一一月、地下一階、地上三階建ての店舗を新設するに至る地場系百貨店である[18]。三越仙台支店が開設されるのは一九三三年四月であるので、仙台にはほぼ同時期に二つの百貨店が出現したことになる。

両百貨店の催物開催状況については、地方新聞である『河北新報』の広告を史料とした。『河北新報』には、当時両百貨店が催物を開催する際、ほぼ広告が出されており、両百貨店の催物開催状況を抽出することが出来るからである。『河北新報』の分析からは両百貨店において開催された催物について、それぞれ性格が大きく異なっていたことが分かる[19]。

次の表3は、一九三四年時における三越仙台支店と藤崎で開催された催物を比較したものである。三越仙台支店では、一九三四年一月に伝書鳩展覧会と仙台市小学校児童書初展覧会、三月に安部金剛氏近作洋画展覧会、四月に建武中興史料展覧会、六月に加藤静児氏洋画展、山に関する展覧会および東京金彫会展覧会、六月から七月にかけて森永夏の味覚展覧会、九月に宮城県漆芸展覧会、一一月に工芸書画展覧会、一一月から一二月にかけて東京雑貨時好会展覧会と展覧会形式の催物を一～三か月毎に開催していく。

一方、藤崎における展覧会形式の催物の開催数は全体を通して三越仙台支店に比べて少なく、一月から二月にかけての山崎朝雲師後援翁朝雲師帰郷第一回木彫展覧会、六月から七月にかけての彩光会洋画展の二回のみであり、三越仙台支店の展覧会の企画内容が幅広いのに比べ、藤崎の展覧会は、内容が彫刻や絵画と美術展に偏っていた。

また三越では東京雛人形陳列、東京金彫会展覧会、東京雑貨時好会展覧会など、東京での流行や趣向を地方にもたらすことを企図した催物も行われている。この他一一月に京都名物の会が開かれているように、地方都市においても他都市の物産会が行われた。しかし藤崎では東京と名のつく催物も、物産会形式の催物も一度も開催されなかった。

これに対し、藤崎が積極的に開催していた催物はセール品の廉売による特売会であり、この種の催物が藤崎においては最も多かった。三越仙台支店では、一九三四年において、特売会の催物が年間八回開催されているが、藤崎では一四回と三越仙台支店を超える頻度をみている。このように仙台における百貨店の催物をみてみると、

藤崎		
1934	1/26-2/1	山崎朝雲師後援翁朝雲師帰郷第一回木彫展覧会
	3/5-3/9	春の藤彩会染織陳列会
	3/21-3/27	藤崎春の大売出し(於全館)
	4/20-4/24	藤崎花見大売出し(於全館)
	4/20-4/24	花見茶屋(於屋上)
	4/20-4/24	五月人形陳列大会
	5/8-5/14	名産東華堆朱陳列即売会
	5	新柄セル特売会
	5	夏の半衿陳列会
	5/10-5/15	婦女界好み麗美モスリン着尺景品付売出
	5/23-5/27	第三回藤彩会夏の染織品陳列会(会場場所不明)
	5/23-5/27	スワン絹上布陳列会
	6/1-6/7	藤崎の夏物一斉大売出し(於全館)
	6/29-7/3	彩光会洋画展
	7/1-7/8	藤崎の盛夏向呉服雑貨大売出し(於全館)
	7	絹麻小紋新柄陳列会
	9	第四回秋の染織藤彩会作品陳列(会場階不明)
	9/22-9/26	秋の新柄大売出し(於全館)
	10/5-10/11	長良大島新柄宣伝会
	10/5-10/11	新柄モス小紋景品付売出し
	10/5-10/11	呉服おつとめ大提供
	10/5-10/11	御婚礼衣裳陳列売出し
	10/20-10/24	商品まつり
	11/3-11/7	増築二周年記念景品附き大売出(於全館)
	11/22-11/26	藤崎の感謝大売出し(於全館)
	12/15-12/19	新春向優秀染織品陳列売出し(於全館)
	12/22-12/26	藤崎の歳暮大福引(於全館)

付不明なもの。開催日不明のものは月のみ記載。終了日不明のものは開始日の

大都市呉服系百貨店と地場系百貨店とでは、その開催内容に差があり、文化的な催物を含め三越仙台支店が、展覧会や物産会など催物の企画内容が幅広かったのと比較すると、藤崎はより特売会を中心とした催物を展開していたといえる。

こうした地方都市における催物開催状況からは、東京における百貨店催物状況の類似性がみてとれる。三越は、本店、支店双方ともに、展覧会形式の催物は多く、本店ほどではないものの、支店においても物産会形式の催物が行われた。三越仙台支店では、展示・陳列会形式、特売会形式も適宜開催され、催物開催内容の多様性を確保している。支店網形成に伴う規模を活かした催物展開は、地方都市の支店においても同様であったのであ

表3　仙台二百貨店間の展覧会形式催物

三越		
1934	1/13-1/15	伝書鳩展覧会
	1/20-1/23	仙台市小学校児童書初展覧会
	2/6-	東京雛人形陳列
	3/12-3/15	安部金剛氏近作洋画展覧会
	4/1-4/15	建武中興史料展覧会
	4/□-4/24	春のショールとパラソル
	5/□-5/15	汎科工芸展覧会
	5/23-	籐椅子特価売出し(於五階)
	5/26-6/3	夏の婦人子供洋服陳列会
	6/1-	夏の和洋家具売出し(於五階)
	6/8-6/11	加藤静児氏洋画展
	6/13-6/19	山に関する展覧会
	6/22-6/28	新製カットグラス陳列会
	6/22-6/28	東京金彫会展覧会
	6-	屋上納涼園
	6	三越の冷蔵庫売出し(於五階)
	6/23-	岐阜提灯売出し(於五階)
	6/29-7/4	森永夏の味覚展覧会
	7	呉服雑貨格安大提供
	7	仏壇仏具陳列(於五階)
	8/5-8/7	三越の七夕祭福引売出し抽選場
	8/1-	仏壇仏具陳列(於五階)
	9/2-9/6	第四回宮城県漆芸展覧会
	10/2-10/10	優秀洋服地陳列会
	10/20-10/30	御婚礼衣裳陳列会
	11/2-11/10	婦人子供洋服と毛皮陳列会
	11/7-11/12	京都名物の会(於木造新館)
	11/14-11/20	工芸書画展覧会
	11/25-12/2	東京雑貨時好会展覧会
	11	ストーブ宣伝売出し(於五階)
	12/11-12/15	江戸芸人演芸
	12/21-12/31	全店歳暮福引大売出し抽選場

出典　『河北新報』1934年1月～1934年12月　※□の部分は日み記載。

る。また東京趣味の地方伝播を企図した催物がみられることは、地方支店の特色であったといえよう。一方、藤崎については、展覧会形式や物産会形式の催物開催数はほとんどなく、その多くは展示・陳列会形式の催物であり、特売会形式の催物において、三越仙台支店を上回る開催数を誇っており、両百貨店の催物開催内容は異なっていたことが分かる。

（二）　催物における本支店間の関係

以上、東京における百貨店の催物の特徴と、その中での三越日本橋本店の位置、そして仙台を事例に大都市呉服系百貨店の地方店舗として進出した三越仙台支店と地場系百貨店である藤崎との催物の特徴について考察してきたが、ここで、催物を通じた百貨店の本支店間の関係性について考察を進めてみたい。そもそも三越仙台支店における三越の催物については、どの程度三越日本橋本店と連動していたのか、あるいは自立したものであったのか、この点を検証することで、一九三〇年代における三越の催物戦略の全体像がみえてくる。

一九三四年（昭和九）における三越の東京本店、仙台支店の本支店間の催物を比較したのが次の表４「三越本支店間催物関係表」である。これは三越仙台支店のホールで開催された催物について、三越日本橋本店においても、ほぼ同時期に開催されているものを取り上げ比較したものである。

この表から一九三四年における三越仙台支店開催催物二七件中、三越日本橋本店で開催された催物と、名称がほぼ一致するか、その名称から類似性をみてとることができるものが一八件あることがわかる。これら類似性のある催物に関しては、三越日本橋本店で七月中に開催された「山と海の会」、三越仙台支店で六月一三〜一九日まで開催された「山に関する展覧会」において、三越仙台支店が開催月について先行していること以外は、基本

表4　三越本支店間催物関係表（1934年時）

	三越日本橋本店催物		三越仙台支店催物
		1/13-1/15	伝書鳩展覧会
2/1	雛人形陳列人形逸品会	2/6-	東京雛人形陳列
		3/12-3/15	安部金剛氏近作洋画展覧会
3/3-3/16	建武中興史料展覧会	4/1-4/15	建武中興史料展覧会
		5/□-5/15	汎科工芸展覧会
5/9-5/20	新型籐製家具売出し	5/23-	籐椅子特価売出し
5/9-5/20	婦人子供洋装のコレクション	5/26-6/3	夏の婦人子供洋服陳列会
5/1-5/7	和洋家具格安大売出し	6/1-	夏の和洋家具売出し
7/□-7/15	山と海の会	6/13-6/19	山に関する展覧会
5/23-5/30	優秀ガラス器陳列会	6/22-6/28	新製カットグラス陳列会
		6/22-6/28	東京金彫会展覧会
		6月中	三越の冷蔵庫売出し
		6/29-7/4	森永夏の味覚展覧会
6/21-23	呉服雑貨格安常設売場	7月中	呉服雑貨格安代提供
7/1-	仏壇仏具陳列	7月中	仏壇仏具陳列
		8/5-8/7	三越の七夕祭福引売出し抽選場
7/1-	仏壇仏具陳列	8/1-	仏壇仏具陳列
		9/2-9/6	宮城県漆芸展覧会
9/21-9/27	新着男性洋服地陳列	10/2-10/10	優秀洋服地陳列会
9/21-9/27	御婚礼衣裳陳列会	10/20-10/30	御婚礼衣裳陳列会
10/16-10/23	毛皮陳列	11/2-11/10	婦人子供洋服と毛皮陳列会
10/20-10/29	京都名物の会	11/7-11/12	京都名物の会
11/1-	洛陽会工芸美術展覧会	11/14-11/20	工芸書画展覧会
11/3-	東京時好会展覧会	11/25-12/2	東京雑貨時好会展覧会
11/9-11/17	サロンストーブ	11月中	ストーブ宣伝売出し
		12/11-12/15	江戸芸人演芸
12/□-12/25	全館歳暮大売出し	12/21-12/31	全店歳暮福引大売出し抽選場

出典　「東京各百貨店催物」『配給報国百貨店年鑑　昭和十年版』（百貨店新報社、1935年）、『河北新報』1934年1月～12月

的には半月から一か月まず先行して、三越日本橋本店で催物が開催され、本店開催後に仙台の支店で開催されるという流れをとっている。

二七件中一八件という数は三越仙台支店の一九三四年における催物の六六・七パーセントにあたる。三越仙台支店の催物のうち、およそ三分の二は本店と連動した催物であったということがいえるのである。このことから、三越仙台支店の催物は東京の傾向を強く

受けたものであったということができる。

本店・支店間における催物開催には連動性が強かったことから仙台支店は開設当初東京の嗜好性が強く、多様な催物を展開することとなり、その結果特売会を多く開催する藤崎との位置付けの中で「見るは三越、買うは藤崎」という消費者の評価を受けるようになる。[20]

（三）支店間における催物状況

先に、東京本店と仙台支店との催物を考察したが、ここでは金沢、札幌、二百貨店も含め、さらに支店間における催物状況を比較してみたい。

仙台支店の催物状況について、主として河北新報を史料としたが、金沢、札幌支店についても、両地域の地方新聞である、北国新聞、北海タイムスを使用し、みてみることとする。金沢支店については一九三五年において店舗撤退しているので、三支店の催物を比較できる一九三三年より一九三五年の三年間の催物状況を比較したのが、次の表5である。

これより、支店間同士においても、催物の開催時期、種類についての類似性が見られることが分かる。金沢支店と札幌支店では、一九三二年において空中戦写真の展覧会が二か月の差で開催されており、仙台支店が開設された一九三三年になると、森永キャラメル芸術展覧会、南洋群島写真展覧会、婚礼衣装の陳列会が三支店で共通に開催されているほか、金沢支店と札幌支店では、刀剣の展覧会、延命長寿の会、防空に関する展覧会、三彩会と銘打つ染織陳列会、印度展覧会が共通する催物として開催されている。また一九三四年の札幌支店、仙台支店をみてみても、雛人形の陳列会、建武中興史料展覧会、ショールとパラソルの陳列会、呉服雑貨の特売会、ガラス食器の陳列会、仏壇仏具の陳列会、婚礼衣装の陳列会、東京時好会の展覧会、工芸書画の展覧会と、共通した催物としてみてとれる。支店間では催物の開催が連動していたのである。

一九三〇年代における三越の『職員録』によれば、三越では本店に営業部直轄の催物係、広告係、装飾係の部門が存在している[21]。本店以外に同様の部門を有していたのは、当時大阪支店のみであり、大阪支店を除く地方支店については、催物係、広告係、装飾係に関する独立した部門は存在しておらず、地方支店の催物の差配は庶務係が代替していたと思われる[22]。このことから支店網全体の催物を企画し得たのは、主として本店であったと思われる。先にみた本店と仙台支店との比較と合わせて考えたとき、本店にはじまる催物が巡回、ないし連動して地方支店で開催される、という三越における催物状況がうかびあがってくる。つまり、三越支店網全体で、催物に対し共通性が図られていたのである。

一方で一九三三年の催物の中には、金沢支店の北陸菊花会、札幌支店の北美会の染織陳列会、仙台支店の仙美会の染織陳列会、東北菊花大会といったように、地方名を銘打った催物が開催されているほか、金沢支店では、地方の商習慣に対応し、一一月には、えびす講による商業祭を行っている。また現代大家新作画の展覧会や、防空展覧会、印度展覧会のように、支店によっては開催されない催物があったこともみてとれるように、支店間で全く同様の催物が開催されていたというわけではない。

展覧会の巡回ルートは主催・後援側の意向もあり、地方名が付されている催物であっても、菊花会や染織陳列会といったように企画については共通性がみられるなど、全く独自の催物というのは、支店設置から間もない一九三〇年代前半においては、それほど多くなかったが、地方支店の催物内容については本店との共通性を保ちつつ、地方における一定の独自性を持っていたといえよう。

三越札幌支店催事場（6F）			
空中戦大展覧会			
山と海の展覧会			
満洲事変一周年記念　陸軍大展覧会			
全道小学生書初展覧会	西暦	日付	三越仙台支店催事場（5F）
森永キャラメル芸術展覧会	1933	4/1-4/15	満蒙は平和の建設へ陸軍展覧会
現代大家新作絵画展覧会		5/11-5/17	仙美会夏の染織品陳列
刀剣百振展覧会		6/25-6/30	現代大家新作日本画展覧会
北美会染織品陳列会		7/6-7/14	中元用呉服雑貨格安提供
延命長寿の会		8/1-8/5	南洋群島写真展覧会
盛夏用呉服雑貨大廉売		10/1-10/10	御婚礼衣裳陳列会
南陽群島写真展覧会		10/12-10/22	秋の婦人子供服陳列会
三彩会染織品陳列会		10/28-10/30	森永キャラメル芸術展覧会
北美会染織品陳列会		11/1-11/12	三越の東北菊花大会
防空大展覧会		11/3-11/7	東京雑貨時好会展覧会
御婚礼衣裳陳列会		11/18-11/25	呉服雑貨均一売出し
婦人子供洋服コレクション		12/21-12/31	呉服雑貨特売
呉服雑貨冬物奉仕大特売	1934	1/13-1/15	伝書鳩展覧会
印度展覧会		1/20-1/23	仙台市小学校児童書初展覧会
新製羽子板陳列		2/6-	東京雛人形陳列
歳末謝恩大廉売		4/1-4/15	建武中興史料展覧会
雛人形陳列		4/□-4/24	春のショールとパラソル
巧芸書画展覧会		6/1-	夏の和洋家具売出し
流行ショールとパラソル陳列		6/13-6/19	山に関する展覧会
第一回東京時好会展覧会		6/22-6/28	新製カットグラス陳列会
池坊華道展覧会		7	呉服雑貨格安大提供
建武中興六百年記念展覧会		8/1-	仏壇仏具陳列
呉服雑貨夏物大奉仕		10/20-10/30	御婚礼衣裳陳列会
実用ガラス食器陳列		11/7-11/12	京都名物の会
仏壇仏具の陳列		11/14-11/20	工芸書画展覧会
御婚礼衣裳陳列		11/25-12/2	東京雑貨時好会展覧会
第二回東京時好会作品展	1935	1/23-1/29	第二回宮城県下小学学童書初展覧会
大塚巧芸社巧芸書画展覧会		2/2-3/3	東京雛人形陳列会
北海道樺太小学生書初展覧会		3/5-3/15	総合春衣裳陳列会
雛人形陳列		4/13-	五月人形大売出し
日露戦役三十周年記念陸軍展		4/13-	動くおもちゃの展覧会
春の染織逸品会		？-5/5	忠臣蔵展覧会
コドモ・ノリモノ大会		5/20-5/30	満州帝国展覧会
満洲帝国大展覧会		6/2-6/9	三越冷蔵庫売出し
東郷元帥追慕写真展覧会		6/25-6/30	東郷元帥追慕写真展覧会
新製冷蔵庫売出し		9/23-9/29	秋の仙美会染織品陳列
たばこ展覧会		9-10？	新柄国産洋服地陳列会
水産文化展覧会		10/20-10/27	御婚礼衣裳陳列会
秋の北美会染織品陳列会		11/3-11/30	日光展覧会
優秀洋服地陳列		12/21-12/31	全店歳暮福引大売出し抽選場
御婚礼衣裳陳列			
エチオピア写真展覧会			
全店福引歳暮大売出し			

1933年4月～）

表5　三越三支店催物比較

西暦	日付	三越金沢支店催事場（6F）	西暦	日付
1932	2/8-2/17	忠臣蔵大展覧会	1932	6/1-6/9
	4/12-4/24	空中戦写真大展覧会		7/15-7/24
	4/12-6/5	日光大博覧会		9/15-9/23
	7/7-7/16	山へ海へ映画の会		1/19-
1933	2/19-2/27	延命長寿の会	1933	2/12-2/16
	3/9-3/13	古今名刀軍刀展		3
	7/17-7/24	南洋群島写真展覧会		4
	9/14-9/20	九、一八記念　瓦斯空襲防護展		5/22-
	9？	秋の三彩会		6/11-6/20
	10/1-10/5	御婚礼衣裳と調度品大陳列会		7/21-
	10/7-10/15	印度展覧会		8/11-8/16
	10/28-10/29	第二回森永キャラメル芸術展		9/□-9/17
	11/2-11/4	北陸菊花大会		9/□-9/17
	11/21-11/26	たばこ展覧会		9/28-10/8
	12/1-5-12/5	呉服祭福引付大売出し		10/13-10/19
	12	三越大歳の市		10/22-
1934	2/17-2/23	エチオピア展覧会		11/□-11/19
	2	雛人形陳列		11/14-11/21
	3/1-3/5	上海事変記念伝書鳩と映画の会		12
	4/1-4/3	池の坊生花会		12/23-
	4/28-5/8	建武中興六百年記念展覧会	1934	2
	6/26-6/29	夏家具特価大売出し		3/□-3/30
	8/14-8/20	旅と山の映画会		4/2-
	10/1-10/7	御婚礼衣裳と調度品陳列		4/21-4/27
	11/1-11/7	満洲展覧会		5/27-
	11/21-11/25	京名物うまいもの競べ		6/10-6/20
	11/21-11/25	吉例三越のえびす講		7/□-7/8
	12/15-12/27	全店福引付歳暮大売出し		7/□-7/15
1935	3	雛人形陳列		8
	3/5-3/12	日露戦役三十周年記念日露戦役写真展		9/29-10/3
	3/5-3/10	春の三彩会		9/29-10/3
	4	動く玩具・流線型玩具大会		11/13-11/19
	4	五月人形陳列	1935	1/19-1/23
	5/15-5/21	水産文化展		2/1-
	7/9-7/15	東郷元帥追憶写真展		3/5-3/12
				3/23-3/30
				4/□-4/17
				5/1-5/12
				6/11-6/17
				6
				7/21-7/28
				8/8-8/18
				9/9-9/13
				9/14-9/19
				9/30-10/6
				11/26-11/30
				12/□-12/30

出典　『北国新聞』、『北海タイムス』、『河北新報』1932～1935における新聞広告（河北新報は

第三節　店舗内部における催物の関係性

百貨店における催物については、各店舗には大概、上階にホールといった催物会場のフロアが設置され、ここが催物のメイン会場であった。しかし、他階において、まったく催物が行われていなかったというわけではない。本章では、主としてこの上階ホールの催物についてみてきているが、最後に店舗内部における催物の関係性について触れておきたい。

例えば、三越金沢支店では一九三三年(昭和八)九月一四日から二〇日にかけて六階ホールにおいては「九・一八記念瓦斯空襲防護展」が開催されているが、このとき北国新聞の新聞広告をみてみると、三階では秋の呉服大廉売、二階では合子供服端物大量大見切処分品提供、地階では食料品一日三種特別大奉仕が行われている。同様に三越札幌支店をみてみると、一九三四年三月下旬より三〇日まで六階ホールで巧芸書画展覧会が開催されていた期間、北海タイムスの広告には、四階の新学年用品大売出し、二階のお子様洋服奉仕廉売、一階の毛布シャツタオルの特価大提供、地階の月末サービスの広告をみてとることができる。同様に、三越仙台支店の一九三五年五月二〇日から五月三〇日まで五階ホールで開催された、満洲帝国展覧会の期間中の他のフロアを河北新報の広告から抽出すると、二階では夏の男女学生服売出し、地階では森永ミルクキャラメル景品付き売出し・バラ化粧品石鹸景品宣伝売出し、木造館では、呉服雑貨特別大奉仕が開かれていることが分かる。階上の催物と階下の売出しは、連動して開催されていたのである。すなわち、百貨店の催物会場において催物が開催されているとき、階下のフロアは常に何らかの売出しを行っており、催事場の催物に来場した客に対し、階下で消費を促す構造になっていた。『河北新報』の一九三四年一月二三日の記事は三越仙台支店で開催された「小学校児童書初展覧会」の様子が記されているが、そこには

「何しろ愛児のお清書が掛物になつて陳列されたといふのでお母さんや姉さんが暇をつくつては二度も三度も出掛けて掛物の前に立止まつて動かない連立つた入賞児童には今日だけは無条件で文房具や食堂をおごるといつた風で店内は混雑するばかりだ」[23]

とあり、催事場における催物は集客のための重要な要素であったということがわかる。

もっとも、階上の催物と連動した階下の売出しという顧客誘引により積極的であったのは、当該地域で競合する地場系百貨店であった。三越仙台支店で「小学校児童書初展覧会」が開催されていた一九三四年一月、藤崎でも「翁朝雲師帰郷第一回木彫展覧会」が開催されている。藤崎ではこの展覧会に連動し、階下にて防寒雑貨大特売が行われたが、この売出しの新聞広告からは藤崎の姿勢がみてとれる。このときの防寒雑貨大特売では、半額にまで値を下げた商品も用意し、一階に臨時の特売場を設置、山積みにして消費者に提供した。広告には「一掃的大廉売」とあり、格安を強く意識させている。三越仙台支店が階下での売出し広告を出す場合、価格についてあまり触れないことが多いが、このように藤崎では半額と銘うって、品も豊富なことを強調するなど、階下での売出しに関し、より値ごろ感を演出し得た。また先に述べたように、階上における催物に関しても特売会形式のものを多数開催していたのは藤崎であり、全館挙げての売出しという強いイメージを消費者に与えることが可能であった。

以上のように、三越においては、一九三〇年代前半、催物は本店において一定程度コントロールされており、本支店とも、時期、種類ともに、共通の催物が開催されるケースが多く、展覧会形式のものは本店で開催された後、支店を巡回するケースも多かったが、一方で地方独自の催物にも配慮がなされていた。また、催事場におけ

る催物は階下の売出しと連動して開催されていた。一方、階上の催物と階下の売出しを連動させていたのは地場系百貨店でも同様であり、階下の売出しについて値ごろ感を演出するのに長けていたのは、地場系百貨店の側であったのである。(24)

おわりに

従来の研究では、一九二〇年代以降、大都市呉服系百貨店を中心に、店舗の下足預かり廃止、特売会にみられるような廉売、低価格商品販売戦略がとられるようになり、百貨店の大衆化が進んだとされてきた。しかし、大都市、地方都市における催物の開催状況からは、そうした単純な流れではなかったことが分かる。

東京に旗艦店(本店)を持ち、地方に支店を有する三越や松坂屋、高島屋といった百貨店は、その支店網を活かす形で、東京の店舗において展覧会形式や物産展形式といった催物を各種開催し、催物の企画の幅を持つことができた。三越や高島屋の事例にみられるように、本支店間の催物の関係も連動しており、支店では本店開催後、同様の催物を多数開催している。こうした本支店間の催物の連動性や巡回性は支店網を有する大都市呉服系百貨店の大きな特色であった。

しかし同じ大都市呉服系百貨店であっても特売会の開催数に関しては三越と、高島屋、松坂屋等では催物のあり方に違いがあり、三越が展覧会、物産会を多数開催し、特売会のような催物形式について抑制的であったのに対し、高島屋、松坂屋は特売会も数多く開催していった。さらに、経営規模が小さい単一店舗、あるいは東京のみに店舗を有するような百貨店では展覧会、物産会を開催し得ず、特売会を主軸に置く催物を行っていかざるを得なかった。催物の四形式について開催数ではなく、その開催内訳比率をみていったとき、より特売会に特化していたのは、髙島屋、松坂屋よりもむしろ伊勢丹、松屋、ほてい屋、美松といった大都市百貨店の方であった。

地方都市仙台における三越、藤崎の二百貨店の在り様も一様ではなく、中央から進出した三越仙台支店が本店に連動する催物開催を行っていたことから特売会形式の催物に抑制的だったのに対し、地元有力呉服商が百貨店化した藤崎は特売会を多数開催し、買いよい店舗を目指していたことが分かる。

当時の業界第一の売上高を誇っていた三越は、必要以上に特売会に力点をおいた催物戦略をとらず、展覧会形式を多数開催するなど、むしろ一定程度、文化的な店格イメージを大事にしていた。これは先に述べたように、本支店間において共通性がみられ、支店における巡回型の展覧会開催や、季節ごとの催物から本店との類似性をみてとれる。もっとも、三越も催事場における催物において、特売会形式は抑制的であったものの、その実、階下においては各種商品の売出しを行っており、催物を目当てに来場した客に対して、階下において消費を刺激するという戦略をとってはいた。

しかし、文化的な催物を三越のように多くは開催できない地場系百貨店や大都市単一店舗は催事スペースにおいて、恒常的に特売会を主とする催物を開催する戦略をとることで、三越に対抗し、それによって消費者に買いよいイメージを醸成していった。髙島屋や松坂屋のような百貨店はその中庸をとっていたといえる。また、地方の百貨店ではこのことに加えて、地元に根差した催物を行うという方向性を打ち出していくこととなる。支店網を有し、幅広い催物による誘客戦略をとった三越に対して、特売会を多数開催することで対抗していった大都市単一百貨店や地場系百貨店という、一九三〇年代の百貨店業界における競合と催物をめぐる状況が、百貨店の大衆化を促進させたのである。

次の補章では、同一地方都市の百貨店間の催物開催状況について、より詳細にみていくことで、一九三〇年代における地方都市に立地した百貨店の催物開催の変化の内実に迫ってみたい。

（1）三越については、創業の越後屋に始まり、合名会社三井呉服店（一八九三）→株式会社三越呉服店（一九〇四）→株式会社三越（一九二八）と社名変更がなされるが、便宜上本章では以下「三越」で表記を統一する。
（2）概容については、初田亨『百貨店の誕生』（三省堂、一九九三年）、前田和利「日本における百貨店の革新性と適応性―生成・成長・成熟・危機の過程」（『駒大経営研究』第三〇巻第三・四号、一九九九年）、藤岡里圭「百貨店」（石原武政・矢作敏行編『日本の流通100年』有斐閣、二〇〇四年）。
（3）岩本由輝「仙台市における卸売市場・勧工場・公設市場・百貨店の展開」（『市場史研究』第一六号、一九九六年）、合力理可夫「地方百貨店成立前史―(株)玉屋を例として」（『第一経大論集』第三一巻第二号、二〇〇一年）、遠城明雄「一九三〇年代の都市中小小売商―福岡県の場合」（『史淵』第一四〇輯、二〇〇三年）、末田智樹「昭和初期における百貨店業の形成と立地展開―福岡市の発展と岩田屋のターミナルデパート化に関する考察を中心に」（『地域地理研究』第一〇巻、二〇〇五年）。
（4）平野隆「百貨店の地方進出と中小商店」（『百貨店の文化史―日本の消費革命』世界思想社、一九九九年）。
（5）百貨店が一定期間、特定のフロアで開催する催事について本章では催物と定義する。
（6）神野由紀『趣味の誕生―百貨店がつくったテイスト』（勁草書房、一九九四年）、山本武利「百貨店の広告戦略と新聞広告」（前掲『百貨店の文化史―日本の消費革命』）、土屋礼子「百貨店発行の機関雑誌」（前掲『百貨店の文化史―日本の消費革命』）。
（7）この問題の言及については、満薗勇・加藤諭「百貨店による消費文化の地方波及―通信販売から百貨店の成立へ」（『歴史と地理　日本史の研究』六一二号、二〇〇八年）。
（8）彙報は百貨店商業組合の前身である日本百貨店協会が一九三三年より発行を始め、日本百貨店商業組合編集を経て、一九三八年以降は百貨店法により日本百貨店商業組合が改組した、日本百貨店組合において継続された。現在一九四三年までのものが現存している。

（9）百貨店新報社が発行した百貨店年鑑のうち、現存するものは昭和一〇年、一三年、一六・一七年合併年版の三冊で、このうち催物について列記してあるのは昭和一〇年版のみ。
（10）三越の社史については主に『株式会社三越100年の記録』（株式会社三越、二〇〇五年）を参照した。
（11）伊勢丹広報担当社史編纂事務局編『伊勢丹百年史―三代小菅丹治の足跡をたどって』（伊勢丹、一九九〇年）六九頁。
（12）「東京百貨店催物」（『配給報国百貨店年鑑昭和十年版』百貨店新報社、一九三五年）。
（13）「催記録昭和九年（一九三四）」（『髙島屋百三十五年史』髙島屋、一九六八年）四九三〜四九四頁。
（14）『髙島屋百年史』（髙島屋、一九四一年）序文。
（15）『新版店史概要』（松坂屋、一九六四年）一七二〜一七八頁。
（16）藤枝みね子「中産階級の主婦として」（『婦人画報第』二七五号、一九二八年）。
（17）初田亨氏の一連の研究や、『株式会社三越100年の記録』等社史。
（18）藤崎の社史については主に『藤崎170年のあゆみ』（株式会社藤崎、一九九〇年）を参照した。
（19）催物状況の詳細については、補章参照。
（20）『藤崎170年のあゆみ』（藤崎、一九九〇年）一一三頁。
（21）三井文庫所蔵の三越の『職員録』にて一九二九年より一九四一年までの三越本支店間の職員配置がわかる。
（22）庶務係の係長は店長が兼務することが多かった。
（23）『河北新報』一九三四年一月一三日。
（24）百貨店間の価格競争についての具体的考察については六章を参照。

補章　昭和初期東北地方における百貨店の催物
―三越仙台支店、藤崎を事例に―

はじめに

本章は一九三二年（昭和七）から翌一九三三年にかけて相次いで仙台に登場した三越仙台支店、藤崎という二百貨店の催物内容を明らかにすることで、昭和初期における地方百貨店の催物の状況の一端を明らかにするものである。百貨店の催物については従来、「流行」、「廉売」の要素が着目されてきたが、百貨店の催物について網羅的に、かつ各百貨店間を比較する分析はほとんどなく、分析対象についても大都市部に限定され、地方都市における百貨店の催物状況についてほとんど明らかにされてこなかった。

そこで本章では対象都市として地方都市仙台を設定し、戦前に仙台に存在した三越と藤崎の二百貨店について「催物」の状況を見ていくこととする。[1] 仙台を対象としたのは、仙台が中央から進出した三越と、地元有力呉服商であった藤崎がほぼ同時期に百貨店として開設した地方都市であり、地方都市における百貨店の位置付けを考察する上で非常に有効であるためである。[2]

時期設定としては三越が仙台に支店を開設する一九三三年から、百貨店法が制定され、百貨店に対し一定の営業統制がなされるようになる以前の一九三七年までを対象とする。

主な史料としては、両百貨店が主な広告媒体としていた仙台の地方新聞である『河北新報』を使用する。また各百貨店社史等を適宜使用することとしたい。

また「催物」という語句についてであるが、今回、本章で取り上げる百貨店の「催物」とは、各フロアで同時並行的に行われていた催し物のうち、特に百貨店において催事場的な役割を果たしていたフロアで企画される催し物という意味で使用する。こうした空間で行われる催物は、展示スペースも広く、他のフロアに比べ大掛かりで、特定の催し物に拠らず、その開催内容は多様であったことから、百貨店における「催物」の特徴をより見出せるからである。

第一節　三越の仙台進出と藤崎の百貨店化

仙台における百貨店の催物についてみていく前提として、まず仙台における二百貨店についてその開設経緯について触れておきたい。

三越は一九〇四年（明治三七）、その前身である三井呉服店から株式会社三越呉服店と名称変更して以降、その規模も拡大、一九二八年（昭和三）には社名から「呉服店」をはずし株式会社三越と名称変更を行うなど一九一〇年代から一九二〇年代にかけて呉服店から百貨店への転換を図っていったが[3]、一九二〇年代後半から一九三〇年代前半かけて、支店網形成を図り各都市に三越の支店が設置されるようになる（第二章参照）。

大陸方面を除く国内での三越店舗は一九二五年以前においては、東京日本橋本店、大阪支店、京都支店のほか桐生に出張所があるのみであったが、一九二五年(大正一四)新宿分店が設置(一九二九年支店に昇格)されるのを皮切りに、以降一九二六年(大正一五)神戸分店(一九二八年支店に昇格)、一九三〇年(昭和五)金沢支店、一九三一年高松支店、一九三二年札幌支店と相次いで支店網が形成されていった[4]。仙台出店もこうした支店網形成の一環として、一九三三年四月仙台支店が開設された。

一方、藤崎は一八一九年(文政二)創業の仙台の有力呉服商であり、明治の半ば頃には、呉服業の他に製造業も経営していたが(大正期に製造業からは撤退)、一八九七年(明治三〇)、大町五丁目に店舗(土蔵造り瓦葺座売式店舗)を移し、一九一二年(明治四五)には株式会社化している。一九一九年には総床面積六六〇平方メートルとなる近代的洋風二階建て木造館を新築、これに伴い座売式より陳列式の販売方式を取るようになり、呉服以外の取扱商品も増やすようになる。このように、三越などの中央での百貨店化に比べ、その進展に差はあるものの、藤崎は徐々に百貨店化の道を進むことになる[5]。

ところで、仙台の人口規模は一九一五年には一〇万人を超え、一九一九年にはバス会社が開業、一九二六年には市電が開通するといったように市内交通機関の整備も進んだ[6]。このような藤崎の百貨店化は、こうした仙台の都市化とも密接に関係していたといってよい。

一九三〇年、株式会社藤崎呉服店から株式会社藤崎に社名変更がなされ、一九三二年一一月には新館が落成し百貨店として開業、地下一階、地上三階、総床面積二〇〇〇平方メートルとなり、屋上庭園、食堂を備え、食料品、靴、鞄等各種売場が新設され、旧木造館(地上二階)と併せ総床面積は二八〇〇平方メートルとなった。また、翌一九三三年には商業組合法により設立された全国規模の百貨店組合組織である、百貨店商業組合に加盟している[7]。

以上、藤崎についてみていったときに、藤崎は百貨店として開業する以前より百貨店化の動きを見せていたことが分かるが、藤崎が百貨店として開業する要因として大きな転機となったのは、三越の仙台進出であった。一九三〇年三越の仙台進出が新聞紙上にあがり[8]、一九三二年七月には出店先ビルの一期工事が完了し次第開店することとなった。出店にあたっては地元商工業者からの反対運動が起きたものの、同年一二月、三越仙台支店の開店が決定的となる[9]。三越の仙台進出が予想される中で、藤崎がとった経営戦略は自らが百貨店となり、三越に対抗するということであった。藤崎の百貨店としての開業は、「三越支店を向ふに廻して、多難な商業経済戦へ華々しく挑戦することになつた藤崎側では、お客の不便を一掃し百貨店としてより充実するために」行われたのである[10]。

第二節　三越の催物とその特徴

一九三三年(昭和八)二月、三越仙台支店の出店先である、仙都ビルディングが竣工し、一九三三年四月一日、三越仙台支店は開店した。三越仙台支店の規模は地上五階、地下一階からなっており、総床面積四七二八平方メートルであった[11]。同年三月三一日の河北新報に掲載された三越仙台支店の新聞広告に拠れば、そのフロア構成は以下の通りであった。

「地下　食料品、和洋酒、罐詰、海苔、菓子、精肉、ハム、バター、ソーセージ、五十集、鰹節、御結納品、銘茶、果物、野菜、漬物、佃煮等、鮮魚加工品、調味料、雑貨格安品

一階、化粧品、履物、足袋、雨傘、写真機、煙草、洋品、帽子、商品券、御買物差上所、御届物御承り所、御預品差上所、御忘物承り所、ツーリスト・ビューロー

二階　ショール、パラソル、玩具、靴、鞄、糸、袋物、髪飾、時計、指輪、銀器、洋服、外套、トンビ、雨着、毛皮、子供服、子供服飾品、学生服、ベビー用品、呉服格安品、休憩室

三階　木綿、唐物、モスリン、夜具、蒲団、綿、蚊帳、婦人コート、呉服特売場、呉服既製品、風呂敷、友禅、半襟、帯地、裾模様、白生地、大島紬、御召、銘仙、高貴織、色絹地、婚礼調度品承り所、御贈答品売場

四階　文房具、運動具、子供乗物、乳母車、電気ガス器具、食堂、食堂土産、喫煙室

五階　日本家具、西洋家具、カーテン、テーブル掛、日本食器、西洋食器、漆器、美術品、ホール。」[12]

注目すべきは五階のホールであり、実質的にこのホールは催事場として機能し、ここで様々な催物が行われることとなった。三越仙台支店ではホール以外の売場においても売場の販売促進の為に陳列会や特売会等は行われたものの、大掛かりな催物はほぼ五階のホールで行われていくこととなる。

そもそも三越においては百貨店として登場する当初から催物は非常に重要視されていた。一九〇四年（明治三七）三越日本橋本店が新聞紙上に掲載した「デパートメントストア宣言」には、経営方針として「春秋二季新柄陳列会を開きて各地織業者の新作品を促し同時に又美術的展覧会を催して一般意匠の進歩を謀り他に比類なき出陳品を先づ御来客様方の御選取に供する事」があげられている。[13]また「今日は帝劇あすは三越」のキャッチコピーを生み出した濱田四郎は、催物の効果について、この新柄陳列会を例にあげ、百貨店にとって集客のための重要な要素であるとともに、生産者の指導、品評を行い商品の向上をはかり、消費者に最新の流行を提示するものである、とまとめている。[14]

では実際どのような催物が開催されていたのだろうか。昭和初期において三越の広告媒体として新聞が重要な位置を占めていたことについては山本武利氏によって明らかにされているが、[15]ここでは河北新報に掲載された三

越仙台支店の新聞広告をもとに催物の内容を明らかにしていくこととする。

三越の河北新報に対する新聞広告は特定の商品に対する広告も行われたが、各売場で開催される催物の案内が多かった。掲載回数は月によって差はあるものの、およそ週一回から二回出されている。催物の期間は五日から一〇日程度開催されるものが多かったことから、河北新報における三越の新聞広告によって、三越仙台支店における催物の状況がおおよそ抽出できると考えられる。

そこで、一九三三年四月から一九三七年までの河北新報に掲載された三越の催物のうち主として、ホールがあった五階で開催されたものをみていきたい(以下後掲二〇二頁、表1参照)。

三越仙台支店では、前章でも触れたように、展覧会形式、物産会形式、展示・陳列会形式、特売会形式と多様な催物を支店でも開催していた。例えば展覧会形式については、一九三三年四月に満蒙は平和の建設へ陸軍展覧会、七月に映画ポスタースチール展覧会、一〇月に森永キャラメル芸術展覧会、一九三四年には一月に伝書鳩展覧会、四月に建武中興史料展覧会、六月に山に関する展覧会、森永夏の味覚展覧会、一九三五年五月に忠臣蔵展覧会、満洲帝国展覧会、一九三六年四月に日本舞踊に関する展覧会、八月に当用薬草普及会主催薬用植物展覧会、十一月に世界婚礼風俗展覧会、一九三七年五月にライカ展、一一月に空の荒鷲展覧会といった具合に多様な展覧会を開催している他、年二～三回絵画や写真に関する美術展も開催している。

また仙台(宮城)以外の他地方の特産品、物産品や観光名所を紹介する催物についても定期的に開催されている。例えば、一九三四年には京都名物の会、一九三五年には日光展覧会、一九三六年には栃木県物産宣伝即売会、一九三七年には山形県宣伝大会といったように、毎年一～三回程度観光会や物産会が開催されていた。しかし、こうした物産会はホールではなく、隣接の木造館で行われることが多かったようである。これには観光会や物産会の場合、会期中、芸妓連による地方舞踊や演芸がデモンストレーションとして行われることがあり、そう

表1　三越仙台支店催物表

西暦	開催日	催　　物
1933	4/1－4/15	満蒙は平和の建設へ陸軍展覧会
	4/1－4/3	仙台音頭、伊達小唄、仙台芸妓連中新作小唄振
	4/1－4/7	大神楽、曲芸、奇術
	5/11－5/17	仙美会夏の染織品陳列
	5/11－5/17	宝飾品陳列
	5/20－5/30	夏の婦人子供洋服売出し
	6/25－6/30	現代大家新作日本画展覧会
	7/1－7/5	映画ポスタースチール展覧会
	7/6－7/14	中元用呉服雑貨格安提供
	7/22－7/30	家具類特価提供
	7/22－7/30	新製カットグラス器陳列
	8/1－8/5	南洋群島写真展覧会
	10/1－10/10	御婚礼衣裳陳列会
	10/1－10/10	御婚礼調度家具陳列(於五階)
	10/12－10/22	秋の婦人子供服陳列会
	10/24－10/26	小原流国風会瓶華盛花会
	10/28－10/30	森永キャラメル芸術展覧会
	11/1－11/12	三越の東北菊花大会(於屋上)
	11/3－11/7	東京雑貨時好会展覧会
	11/18－11/25	呉服雑貨均一売出し
	11/23－11/25	呉服雑貨均一売出し
	11/27－11/30	箪笥鏡台特価大売出し
	12/3－	羽子板陳列
	12/3－12/20	第二回箪笥鏡台特価大売出し
	12/21－12/31	呉服雑貨特売
1934	1/13－1/15	伝書鳩展覧会
	1/20－1/23	仙台市小学校児童書初展覧会
	2/6－	東京雛人形陳列
	3/12－3/15	安部金剛氏近作洋画展覧会
	4/1－4/15	建武中興史料展覧会
	4/□－4/24	春のショールとパラソル
	5/□－5/15	汎科工芸展覧会
	5/23－	籐椅子特価売出し(於五階)
	5/26－6/3	夏の婦人子供洋服陳列会
	6/1－	夏の和洋家具売出し(於五階)
	6/8－6/11	加藤静児氏洋画展
	6/13－6/19	山に関する展覧会
	6/22－6/28	新製カットグラス陳列会
	6/22－6/28	東京金彫会展覧会
	6－	屋上納涼園
	6	三越の冷蔵庫売出し(於五階)
	6/23－	岐阜提灯売出し(於五階)
	6/29－7/4	森永夏の味覚展覧会
	7	呉服雑貨格安大提供
	7	仏壇仏具陳列(於五階)
	8/5－8/7	七夕祭福引売出し抽選場
	8/1－	仏壇仏具陳列(於五階)
	9/2－9/6	第四回宮城県漆芸展覧会
	10/2－10/10	優秀洋服地陳列会
	10/20－10/30	御婚礼衣裳陳列会
	11/2－11/10	婦人子供洋服と毛皮陳列会
	11/7－11/12	京都名物の会(於木造新館)
	11/14－11/20	工芸書画展覧会
	11/25－12/2	東京雑貨時好会展覧会
	11	ストーブ宣伝売出し(於五階)
	12/11－12/15	江戸芸人演芸
	12/21－12/31	全店歳暮福引大売出し抽選場

西暦	開催日	催　　物
1935	1/2	開運福袋売出し
	1/23－1/29	第二回宮城県下小学学童書初展覧会
	2/2－3/3	東京雛人形陳列会
	3/5－3/15	総合春衣裳陳列会
	4/1－4/9	桜に因む展覧会
	4/13－	五月人形大売出し
	4/13－	動くおもちゃの展覧会
	－5/5	忠臣蔵展覧会（於五階ホール前、木造新館）
	5	須摩氏新作油絵風景展覧会
	5/20－5/30	満洲帝国展覧会
	6/2－6/9	化粧品まつり福引大売出し
	6/2－6/9	三越冷蔵庫売出し（於五階）
	6/25－6/30	東郷元帥追慕写真展覧会
	8/□－8/15	仏壇仏具陳列
	8/6－8/7	七夕祭福引大売出し全店抽選場
	9/2－	学用家具売出し（於五階）
	9/23－9/29	秋の仙美会染織品陳列
	9	新柄国産洋服地陳列会
	10/20－10/27	御婚礼衣裳陳列会
	11/3－11/30	日光展覧会
	12/6－12/10	カメラより見たる昭和十年
	12/12－12/17	江戸芸人演芸大会
	12/11－	格安和洋家具年末大奉仕（於五階）
	12/20－	三越仲見世
	12/21－12/31	全店歳暮福引大売出し抽選場
1936	1/2	福引つき初売出し抽選場

西暦	開催日	催　　物
1936	1/2	開運福袋売出し
	1/7	三越大黒祭
	1/23-1/28	小学児童書初展覧会
	2/2-	東京雛人形陳列会
	3/4-3/8	アイヌ少女舞踊
	3/2-	仏壇仏具陳列（於五階）
	3/7-3/15	総合春衣裳陳列会（於三階）
	3/21-3/27	学用文具製作実演会
	4/2-4/12	日本舞踊に関する展覧会
	4/20-4/29	逓信文化展覧会
	5/5-5/12	京大阪うまいもの会（於地階）
	5/5-5/13	化粧品まつり景品付大売出し
	5/18-5/24	仙美会夏の染織品陳列会
	5/18-5/24	夏の雑貨逸品会
	5/18-5/24	時計宝飾品陳列会
	6	三越好み中形浴衣陳列
	6	すだれと籐椅子売出し（於五階）
	7/4-7/12	仏壇仏具陳列（於五階）
	7/□-7/12	丹波緑川画伯日本画展覧会
	7/□-7/21	創美会展覧会
	8/2-8/14	仏壇仏具陳列会
	8	屋上納涼園
	8/6-8/7	七夕祭福引大売出し抽選場
	8	アイヌ少女舞踊
	8/26-8/30	薬用植物展覧会
	9/2-9/9	騰貴前の洋服地陳列会
	9/2-	学用家具売出し（於五階）
	9/21-9/24	秋の仙美会染織品陳列
	9/28-10/3	秋の雑貨逸品会

西暦	開催日	催　　物
	9	東京金彫会第三回展覧会
	10/5-10/11	丹後縮緬工業組合後援丹後縮緬宣伝大会
	10/8-10/15	東北六県絹の文化展覧会
	10/21-10/27	栃木県物産宣伝即売会（於木造館）
	10/25-10/31	武藤夜舟少佐筆満州事変絵巻物展覧会
	11/6-11/15	世界婚礼風俗展覧会
	11/6-11/15	御婚礼衣裳陳列会
	11/23	優良呉服雑貨大奉仕
	12/1-12/6	十銭より五十銭までの五色サービス
	12/8-12-16	年一回和洋家具見切売出し
	12/11-12/17	新春用和食器陳列
	12/13-	仙台塗箪笥四日間サービス
	12/19-12/31	三越名物仲見世
1937	1/2	開運福袋売出し
	1/6-1/10	東北郷土玩具展
	1/24-2/3	万国貨幣展覧会
	2/6-	東京雛人形陳列会
	2/11-2/13	旧正月福引大売出し抽選場
	3/2-	学用家具売出し（於五階）
	3/6-3/10	緬羊生産物利用宣伝即売会
	3/21-3/28	教育玩具製作実演会
	3/24-3/28	満州移民写真展覧会（於新館）
	4/2-4/14	マジックアイランド
	4/24-4/29	五月人形陳列会
	5/8-5/14	ライカ展

西暦	開催日	催　　物
	5/18-5/24	仙美会夏の染織品陳列会
	6/2-	三越好み中形浴衣陳列
	6/2-6/7	婦人子供洋装夏のコレクション
	6/2-6/4	エリザベスアーデン化粧法実演
	6/9-6/15	オリンピック写真展
	7/3-7/11	航空展覧会
	7/24-7/28	盛夏用家具大特価
	7/□-7/14	仏壇仏具陳列会
	7	屋上納涼園
	8/20-8/24	アイヌ少女舞踊北海道本場追分節
	9/4-9/8	福光太郎氏芸術写真展覧会
	9/17-6/26	全国特産品宣伝大会
	9/23-9/30	秋の仙美会染織品陳列会（於三階）
	10/2-10/6	清和園帯地創作品展観
	10/2-10/6	みの虫応用品陳列
	10/19-	高級雑貨大特売
	10	新製洋家具発表会
	11/2-11/7	御婚礼衣裳陳列会
	11/10-11/17	足利織物同業組合後援足利織物宣伝大会（於三階）
	11/13-11/15	附属余興足利の郷土味豊かな八木節と花笠踊
	11/10-11/17	仙山線全通記念山形県物産宣伝大会（於木造館）
	11/11-11/13	附属余興山形芸妓連中出演おばこ節新庄節山形小唄其の他
	11/20-11/23	空の荒鷲展覧会

出典　『河北新報』（1933～1937年）

※三越仙台支店の場合は主としてホールのあった５階について取り上げた。それ以外を会場とした催物については括弧で場所を付した。

※三越仙台支店の場合、開催場所が５階ホールではなく、単に５階とのみ広告されているものに関しては（於五階）としてある。

※具体的な日付が不明な場合は□、開催期間が不明なものは月のみを表記

した会場に五階ホールが当てられる場合があったからであろう。このほか春の総合衣装陳列会や、仙美会による夏秋の染織品陳列会、秋の婚礼衣装陳列会など季節毎の陳列会や、特売会形式の売出し催物も定期的に開催されていく。こうした催物開催の多様さは一九三三年から一九三七年を通じて共通しており、三越仙台支店における催物の特徴であったといえる。

一方で、地元に即した催物と「東京」と銘打つ催物の開催数については変化がみられる。開店当初において、地元の芸妓等による演芸がホールで催されているが、地元仙台（宮城）に即した催物はほとんど行われない。しかし一九三四年に入り、年初に仙台市小学校児童書初展覧会が開催され、以降毎年、年初には小学児童の書初展が行われるようになっていくとともに八月には仙台七夕祭にちなんだ売出しが行われていく。また同年には宮城県漆芸展覧会が開催され、一九三六年一二月に仙台塗箪笥四日間サービス、一九三七年には三月に仙台市学務課の後援で教育玩具製作実演会が開催されるなど、徐々に「仙台」、「宮城」にちなんだ催物が開催されていくようになっていった。また、一九三三年一一月に東北菊花大会、一九三六年一〇月に東北六県絹の文化展覧会、一九三七年一月に東北郷土玩具展といったように、「東北」とタイトルに銘打たれた催物も一定程度行われている。

これと対照的なのが「東京」と銘打つ催物の開催数である。タイトルに東京が付されている催物は、一九三三年東京雑貨時好会展覧会、一九三四年二月東京雛人形陳列、六月金彫会展覧会、一一月東京雑貨時好会展覧会、一二月江戸芸人演芸と開店当初多く開催されるものの、その後は一九三五年二月東京雛人形陳列会、一二月江戸芸人演芸大会、一九三六年二月東京雛人形陳列会、一〇月東京金彫会第三回展覧会、そして一九三七年には毎年開催されている東京雛人形陳列会のみと徐々に減少していった。

このことは三越仙台支店の経営方針を考察する上で重要な視角である。第二章で検討したように、三越仙台支店は設置に際し、東京の流行を地方都市に波及させるとともに、地元商品の販路開拓や産業振興の役割を求められていた。また六章で分析するように、販売戦略において一九三五年の金沢支店撤退にみられるように、地方都市における中央における流行だけでは消費者の需要に応えられず、地方の在来的嗜好にも対応しなければならなかった。例えば、東京日本橋本店では季節柄染織品陳列会については三彩会として開催していたものを三越仙台支店では当初より仙美会と銘打って開催している。三越は支店設置以前より出張販売、通信販売を通じて地方にも顧客を有しており、呉服等の商品については中央とは異なる在来的嗜好性があることを一定程度把握していた[16]。このため、染織陳列会については本店の三彩会をそのまま持ち込まず、仙美会として仙台の消費傾向を意識した展示・陳列会形式を開催していたのである。

「東京」と「仙台、宮城、東北」を銘打つ催物の変化は、こうした地方都市における消費市場に対する大都市呉服系百貨店支店による一定程度の催物の独自性と柔軟な対応の過程としてみることが出来るのである。

第三節　藤崎の催物とその特徴

次に藤崎の催物について検討したい。前述の通り、藤崎は三越の仙台進出に対抗するため、三越仙台支店の開店におよそ半年先立って一九三二年（昭和七）一一月三日、地下一階、地上三階、総床面積二〇〇〇平方メートルに増築し旧館と合わせて総床面積二八〇〇平方メートルの百貨店として開業した。

河北新報一九三二年一一月一日朝刊に掲載された藤崎の新聞広告ではフロア構成が示されているが、その構成は、

「地階、和洋瓶詰、罐詰乾物、佃煮漬物、和洋菓子、家庭金物、硝子器、銅器、陶漆器、台所用品、荒物、銘産

品、均一賣場、呉服雑貨特売場

一階　洋品、婦人洋品、帽子類、洋傘・ショール、婦人子供服、既製コート、トンビ、旅行洋品、鞄類、雨傘・足袋、煙草・薬品、度量衡の一部、御手荷物預所、オーバー、仕立夜具、布団、化粧品、石鹸糸類、紐類髪飾、商品券売場承り所、お客様用電話、

二階　銘仙高級着尺、御召小紋、友禅模様、帯地木綿、唐物モスリン、半衿絽紗、呉服細工、御祝儀用品、旗幕類、休憩室、三階では、和洋家具、カーテン・クッション、室内装飾品、竹工品類、学習文房具、事務用品、玩具、運動用品、子供車、自転車子供車、乳母車、食堂、お客様用電話

屋上　展望台、遊歩道」[17]というものであった。

このフロア構成に拠れば三越仙台支店におけるホール、すなわち催事場に当たる空間が存在しない。河北新報の藤崎の新聞広告を分析する中でも、やはり独立した催事場があった形跡はなく、主として二階呉服売り場の一角や屋上等を催事場に当てていたようである。このため、藤崎の催物については、屋上、二階呉服売場における催物についてみていくこととする。

藤崎の広告媒体については、百貨店業界紙を手がけていた百貨店新聞社が発行した、昭和一四年版の『百貨店総覧』[18]によれば、主要なものとして、新聞折込広告、新聞広告であり、宛名広告、交通機関広告がこれに続いている。三越同様、新聞は藤崎にとって重要な広告媒体であった。藤崎の『河北新報』に対する新聞広告は、三越同様、特定の商品に対する広告も行われたが、各売場で開催される催物の案内が多かった。掲載回数は月によって差はあるものの、やはり週一回から二回であって、催物の期間は五日から一〇日前後開催されるものが多かったことから、藤崎においても河北新報における新聞広告によって、催物の状況がおおよそ抽出できると考えられる(以下後掲二〇八頁、表2参照)。

表2　藤崎催物表

西暦	開催日	催　　物
1933	3/5–3/7	第一回藤彩会春の染織品の会
	3/9–3/15	第二師団凱旋記念展
	4/1–4/10	母とコドモの展覧会
	4/13–	モス単衣長襦袢売出し
	4/13–	第二回華道奨励会特撰名菓陳列会
	4/13–	仙台写真研究会展
	5/13–5/15	鶴若錦川社中三才流盤景第五回陳列会(会場場所不明)
	5/13–5/15	新柄単帯陳列会(会場場所不明)
	5/20–5/25	藤彩会夏の染織品陳列会
	5/20–5/25	新柄セル仕立無料奉仕
	5/20–5/25	初夏向きブドーモス優秀柄投票会
	5/20–5/25	詩、原稿展覧会主催東北文芸
	6/1–6/8	夏物一斉売出し(於全館)
	6/10–6/15	せいか上布宣伝売出し
	6/10–6/15	ジョーゼット小紋新柄逸品会
	6/10–6/15	ベンベルグ製品絽小紋ベンベルグ製品クレープ絽紋紗片側帯陳列
	6/13–6/18	仙台皐月同好会主催皐月陳列会(於屋上)
	6/18–	新柄明石陳列会
	6/23–6/27	藤崎夏の感謝大売出し(於全館)
	7/8–7/15	三原山展
	7/22–7/26	河北新報主催意匠広告優秀作品展覧会
	□–9/7	主催神宮奉賀会壁画事務所明治神宮絵画館壁画集展覧会
	9/22–9/26	第一回秋の染織藤彩会作品陳列会
	9/22–9/26	藤崎秋の新柄大売出し(於全館)
	9/25–9/26	実用家庭洗濯法実演会(於屋上)
	10/1–	クレープ金紋新柄会
	10/5–10/9	全国郷土玩具陳列売出し
	10/7–10/11	御婚礼衣裳大売出し
	11/8–11/12	新製山まゆ錦紗陳列売出し
	11/8–11/13	鶴若錦川社中三才流盤景展覧会
	11/8–11/14	趣味の絞り衣裳陳列会(会場階不明)
	11/22–11/26	藤崎の感謝大売出し(於全館)
1934	1/26–2/1	山崎朝雲師後援翁朝雲師帰郷第一回木彫展覧会
	3/5–3/9	春の藤彩会染織陳列会
	3/21–3/27	藤崎春の大売出し(於全館)
	4/20–4/24	藤崎花見大売出し(於全館)
	4/20–4/24	花見茶屋(於屋上)
	4/20–4/24	五月人形陳列大会
	5/8–5/14	名産東華堆朱陳列即売会
	5	新柄セル特売会

西暦	開催日	催　　物
	5	夏の半衿陳列会
	5/10-5/15	婦女界好み麗美モスリン着尺景品付売出
	5/23-5/27	第三回藤彩会夏の染織品陳列会(会場場所不明)
	5/23-5/27	スワン絹上布陳列会
	6/1-6/7	藤崎の夏物一斉大売出し(於全館)
	6/29-7/3	彩光会洋画展
	7/1-7/8	藤崎の盛夏向呉服雑貨大売出し(於全館)
	7	絹麻小紋新柄陳列会
	9	第四回秋の染織藤彩会作品陳列(会場階不明)
	9/22-9/26	秋の新柄大売出し(於全館)
	10/5-10/11	長良大島新柄宣伝会
	10/5-10/11	新柄モス小紋景品付売出し
	10/5-10/11	呉服おつとめ大提供
	10/5-10/11	御婚礼衣裳陳列売出し
	10/20-10/24	商品まつり
	11/3-11/7	増築二周年記念景品附き大売出(於全館)
	11/22-11/26	藤崎の感謝大売出し(於全館)
	12/15-12/19	新春向優秀染織品陳列売出し(於全館)
	12/22-12/26	藤崎の歳暮大福引(於全館)
1935	1/26-1/28	年1回防寒雑貨の大見切(於全館)

西暦	開催日	催　　物
1935	1/26-1/28	春のレーヨン片側帯陳列
	1/26-1/28	東都名工人形頒布会
	3/5-3/11	春の染織藤彩会作品陳列
	3/21-3/25	藤崎春の大売出し(於全館)
	4/1-4/7	藤崎春の景品つき大奉仕(於全館)
	5/20-5/29	第四回夏の染織藤彩会作品陳列会
	5/20-5/29	屋上喫茶所特設(於屋上)
	5/20-5/29	祝藩祖政宗公三百年祭記念大売出し(於全館)
	6/2-6/9	夏物一斉大売出し(於全館)
	6/22-6/26	藤崎夏の感謝大売出し(於全館)
	7/2-7/8	盛夏の呉服雑貨売出し(於全館)
	9/4-	秋の新柄小紋錦紗陳列
	9/4-	新秋向セルネル陳列
	9/4-	秋のレーヨン片側帯名古屋帯陳列
	9/4-	新柄モスリン小紋陳列
	9/4-	佐藤昇天氏洋画個人展
	9/4-	夜具地と布団綿売出
	9	第六回秋の染織藤彩会作品陳列会
	9/21-9/25	秋の新柄大売出し(於全館)
	10/5-10/9	秋の呉服雑貨大奉仕(於全館)
	10/11-10/15	九曜会第三回試作展
	11/3-11/7	増築三周年記念景品つき大売出し(於全館)

西暦	開催日	催　　物
	11/22-11/28	藤崎感謝売出し(於全館)
	12/14-12/18	新築北売場開店披露景品つき大売出し(於全館)
1936	1/2	藤崎の初売大福引(於全館)
	2/11-2/13	創業百十七年記念大福引(於全館)
	3/11-3/18	第七回春の染織品藤彩会陳列会(会場階不明)
	3	新学期用品売出し
	3/21-3/25	春の流行総合逸品会
	3/21-3/25	西陣織名古屋帯均一十五円の会
	3/21-3/25	錦紗小紋均一十八円の会
	3/21-3/25	藤崎春の大売出し(於全館)
	4/2-4/8	藤崎春の景品つき大奉仕(於全館)
	4/20-4/29	商工祭協賛花見大売出し(於全館)
	5/5-5/10	東北合同写真展
	5/5-5/15	単衣錦紗小紋陳列
	5/5-5/15	初夏向きボーラお召陳列
	5/5-5/15	ステープルハイバー製パラマウント着尺陳列
	5	足康次氏新作「新緑の仙台近郊」洋画小品展(於北売場二階)
	5/□-5/20	仙台動物園風景懸賞写真発表会
	5/23-5/27	第八回夏の染織藤彩会
	5/23-5/27	山草展覧会(於屋上)
	5/23-5/27	えびす祭大福引(於全館)

西暦	開催日	催　　物
	6/13-	新柄流行くらべ中形ゆかた地大会
	6/13-	夏の新柄帯陳列会
	6/13-	新柄明石陳列会
	6/13-6/20	ジョーゼット小紋景品付売出し
	6/13-	夏のお半衿陳列売出し
	7/4	江口隆哉宮操子サインデー(於屋上)
	7/2-7/8	盛夏向呉服雑貨大売出し(於全館)
	8/17-8/23	第四回九曜会日本画試作展
	8/23-8/24	決算前夏物大棚さらへ(於全館)
	8/23-8/24	新柄夜具陳列売出し
	8/28-8/30	河北新報社主催ベルリン・オリンピック写真展覧会(会場階不明)
	9/2-9/5	藤田嗣治画伯近作日本画展覧会
	9/11-9/15	草光会第四回作品発表展覧会
	10/2-10/8	秋の呉服雑貨大奉仕(於全館)
	10/2-10/8	特選西陣桐生八王子御召福引売出し
	10/5-10/11	丹後縮緬工業組合後援丹後縮緬宣伝大会(会場階不明)
	10/10-10/12	一日一点超奉仕(於全館)
	10/12-	新製エボック小紋陳列会
	10/23-10/27	商品祭(於全館)
	11/3-11/7	第一回仙台盆栽会陳列会(於屋上)

西暦	開催日	催　物
	11/3-11/7	七五三御祝い衣裳陳列
	11/3-11/7	藤崎の増築記念景品つき大売出し(於全館)
	11/21-11/27	藤崎感謝景品券つき大奉仕(於全館)
1937	1/2	正月二日藤崎の発売大福引(於全館)
	1/□-1/15	特選歌舞伎好み帯揚げ陳列会
	3	第十回春の染織藤彩会陳列会(会場階不明)
	3	懸賞冬の写真発表展覧会(会場階不明)
	3/20-3/28	豊公を偲ぶ作品帯地陳列会
	3/20-3/28	藤崎春の大売出し(於全館)
	4/2-4/8	新柄流行セル陳列会(会場階不明)
	4/2-4/8	藤崎春の景品付大奉仕(於全館)
	4/17-4/19	春の藤崎三日間大奉仕(於全館)
	4/17-4/19	五月人形陳列大会
	4/24-4/29	藤崎の花見大売出し(於全館)
	4/24-4/29	花見茶屋(於屋上)
	5	全国逓信部内書画写真展
	5/13-5/15	季節品三日間特別大奉仕(於全館)
	5/22-5/26	第十回夏の染織藤彩会作品会陳列

西暦	開催日	催　物
	5/22-5/26	えびす祭大福引(於全館)
	5/22-5/26	仙台山草の会主催山草展覧会
	6/11-	特選新柄明石今夏の逸品陳列会
	6/11-	ポーラ銘仙新柄競技投票会
	6/11-	博多献上単衣帯陳列売出し
	6/11-	清涼長襦袢陳列売出し
	6/23-6/27	夏の感謝大奉仕(於全館)
	6	薔薇の展覧会(会場階不明)
	7	神風写真ニュース展
	8	金魚と鯉の鑑賞会(於屋上)
	8/18-8/22	決算前夏物大棚さらへ(於全館)
	8/□-8/27	仙台市役所河北新報社募集新観光写真展(会場階不明)
	9/2-	秋の新柄錦紗小紋
	9/2-	秋向セル、ネル陳列
	9/2-	秋のレーヨン片側帯、名古屋帯陳列
	9/2-	秋の新柄モスリン小紋陳列
	9/2-	新製白生地陳列別染奉仕会
	9/2-	流行婦人子供帽子陳列会
	9/2-	秋のネクタイ、ワイシャツ売出し
	9/2-	特選ベビー用品陳列売出し
	9/2-	新柄秋のハンドバック陳列
	9/□-9/8	社栄社洋画小作品展(於二階、屋階)
	9/3-9/7	関西大神社巡りスタンプ押捺会(於三階)
	9/11-9/15	菊地青衣子氏俳画展

西暦	開催日	催　　物
	9/7-9/11	青潮会日本画展
	9/23-9/27	第十二回秋の染織藤彩会作品陳列会
	9/23-9/27	秋の新柄大売出し(於全館)
	10/2-10/6	秋の呉服雑貨大奉仕(於全館)
	11	皇軍慰問スケッチハイキング作品展(於屋上)
	11/3-11/7	増築五周年記念景品つき奉仕(於全館)
	11/10-11/15	仙山線開通記念祝賀景品つき売出し(於全館)
	11/10-11/15	絞り銘仙絞りと染めの実演会
	11/10-11/15	仙台旅客課御後援開通記念仙山線観光展
	12/11-12/13	御贈答好適品の陳列会(於屋階)
	12/22-12/28	仲見世市(於屋階)
	12/22-12/28	藤崎の歳暮大福引大売出し(於全館)

出典　『河北新報』(1933～1937年)

※藤崎の場合は主として2階で開催された催物について取り上げ、2階以外のフロアを会場とした催物については括弧で場所を付した。
また藤崎では二階も含め各階、全館で開催された催物については(於五階)とした。

※具体的な日付が不明な場合は□、開催期間が不明なものは月のみを表記

藤崎における催物の特徴としてまずあげられるのが、当初より地元仙台(宮城)に即した催物が開催されるのに比して、地方の特産品、物産品を扱った催物についてはほとんど行われなかったということである。地元仙台(宮城)に即した催物については、一九三三年仙台写真研究会展、一九三四年名産東華堆朱陳列即売会、一九三五年、藩祖政宗公三百年祭にあわせて名産品売場を特設、一九三六年に仙台動物園風景懸賞写真発表会、足康次氏新作「新緑の仙台近郊」洋画小品展、一九三七年仙台市役所河北新報社募集新観光写真展等、定期的に開催されている。一方で、呉服の生地や反物に関し各織場産地の陳列会は行われるものの、三越仙台支店で開催された京都名物の会、栃木県物産宣伝即売会といったような催物は五年間の間で一度も開催されず、唯一、一九三七年一一月に仙台旅客課御後援開通記念仙山線観光展が開催されたのみである。同様に東京と銘打つ催物も一九三五年

に東都名工人形頒布会のみであった。

また展覧会形式の催物の場合、一九三三年当初は三月第二師団凱旋記念展、四月母とコドモの展覧会、五月東北文芸主催詩、原稿展覧会、九月神宮奉賀会壁画事務所主催明治神宮絵画館壁画集展覧会と、幅広い内容で展覧会を開催したものの、それ以降は絵画・写真展が主体となり、それ以外での展覧会としては一九三四年の翁朝雲師帰郷第一回木彫展覧会、一九三六、一九三七年の山草展覧会、一九三七年薔薇の展覧会のみと企画の多様性は三越仙台支店ほどではなかった。

一方で両百貨店ともにみられる催物の共通性として季節性を重視していたことがあげられる。春の流行総合逸品会、夏の和洋家具売出し、秋の新柄小紋錦紗陳列といった具合に、売出しのタイトルに季節を冠するものが多くみられ、三越では、夏に屋上納涼園を設置したり、藤崎も春に花見茶屋等を開設している。展示・陳列会形式の催物としては春夏秋に藤彩会による染織陳列会のほか、季節柄陳列に関する催物が行われている点では三越仙台支店と同様であった。

また、両百貨店とも婦人と子供を対象とした催物を行っている。例えば、三越仙台支店は一九三三年五月に夏の婦人子供洋服売出し、一〇月に秋の婦人子供服陳列会を行っているが、藤崎も一九三三年四月に母とコドモの展覧会を開催している。その他、ランドセル等学童用品の売出しや、雛人形、五月人形、七五三といった子供の行事に関する催物が定期的に開催されており、三越では初春に宮城県下の小学児童の書初展覧会がほぼ毎年行われるようになっていった。こうした催物から両百貨店においても、婦人が子供を連れて買い物に来るという状況を想定し、また客層のターゲットとしていたことが分かる。婦人や子供を客層として取り込み、季節性を強調することで消費を喚起することは、東京等大都市の百貨店の催物でも行われていたが(19)、地方都市の百貨店においても、同様の効果を催物に求めていたといえよう。

しかし、季節にちなんだ商品の催物であったとしても、三越が扱った冷蔵庫やストーブといった商品は、藤崎では取り上げていない。また売出しに関する特売会の催物は藤崎のほうが三越に比べ相対的に開催数が多いなど、その内容や開催数には差異があることが分かる。三越仙台支店と藤崎とでは売場面積に差があり、催物を開催するスペースは同様ではなかった。そして開催される催物についても、三越仙台支店では開催された催物の内容も多様で、仙台で初めて開催される類の催物も少なくなかった。それに対し藤崎は、地元に即した催物を開催するほか、特売会といったセール的な催物を多く開催していくという違いがあった。同一都市においてほぼ同時期にできた百貨店ではあったものの、催物の内容についてみていったとき、その性格は両百貨店において、大きく異なっていたのである。

また藤崎においては期間全体を通して多い催物は売出しに関する特売会であり、開催数は三越より多い。これは藤崎においては、三越のようにホールが存在しなかったこと、また藤崎の二階は主力商品である呉服、太物を扱うフロアであるという売場構成であった影響から、売出しに関する催物が増えてしまったためであるが、二階のみならず全館あげての売出しは多く、これは藤崎の催物の特徴であったといえる。

おわりに

補章では前章の分析を踏まえ、一九三三年（昭和八）から一九三七年について仙台を事例に地方同一都市百貨店における催物を比較検討し、仙台に立地した三越仙台支店と藤崎とではフロア構成、開催催事ともに異なっていた状況を明らかにした。三越仙台支店には一九三三年設置時より五階に催事用ホールが常置されており、設置当初は東京を意識した催物を多数開催するとともに、多様な展覧会や他地方の観光物産会が定期的に開催された。一方で地場系百貨店である藤崎は三越仙台支店のような「ホール」はフロア構成には存在せず、呉服太物を扱う二階フロア等の一画が催事スペースとして機能していた。催物は特売会形式のものが多く、一九三二年から一九三七年にかけての催物開催状況をみてみても、東京と銘打つ催物は、一九三五年開催の東都名工人形頒布会のみであり、展覧会も絵画や写真展が中心と企画の多様性が薄かった。

一方で、両百貨店とも季節毎に、展示・陳列会を行っており、季節性を重視した催物を開催することでは共通していた。また、三越仙台支店では当初開催回数が多かった東京と銘打つ催物が年を経るに従い減少し、地元に根差した催物の件数が増加していくこととなる。従前の章で明らかにしてきたような、東京の流行の波及と在来的嗜好への対応という柔軟性について、催物の開催内容からも裏付けられるのである。

（1）仙台市史編さん委員会編『仙台市史』資料編6近代現代2、仙台市、二〇〇一年、二五六頁。一九四六年（昭和二一）、仙台駅前に丸光という地元百貨店が登場するまで、仙台における百貨店はこの二店舗のみであった。

（2）三越は、仙台以外にも札幌、金沢、高松に地方支店を有していたが、札幌においては、地場系百貨店として丸井今井、五番館といった複数の地場系百貨店が存在したほか、金沢支店は一九三五年（昭和一〇）に撤退しており、高松においては、隣接市部において地場系百貨店が形成されるなど、仙台支店とはやや状況が異なる。

（3）三越の社史については主に三越本社編『株式会社三越一〇〇年の記録』（株式会社三越、二〇〇五年）を参照した。

（4）百貨店商報社編『三越日本百貨店総覧第一巻』（百貨店商報社、一九三三年）五頁。

（5）藤崎の社史については主に『藤崎170年のあゆみ』（株式会社藤崎、一九九〇年）を参照した。

（6）「仙台市統計書平成十四年版」（仙台市、二〇〇三年）。

（7）詳細については第四章参照。

（8）『河北新報』一九三〇年四月二三日。
（9）『河北新報』一九三二年一二月一六日。
（10）『河北新報』一九三二年一〇月二六日。
（11）前掲『株式会社三越一〇〇年の記録』一四〇頁。
（12）『河北新報』一九三三年三月三一日。
（13）前掲『株式会社三越一〇〇年の記録』三六二頁。
（14）「商品の陳列販売制度」（『商業界』第九巻一号、同文館、一九〇八年）。
（15）山本武利「百貨店の広告戦略と新聞広告」（山本武利・西沢保編『百貨店の文化史―日本の消費革命』世界思想社、一九九九年）。
（16）この問題の言及については、満薗勇・加藤諭「百貨店による消費文化の地方波及―通信販売から百貨店の成立へ」（『歴史と地理日本史の研究』六一二号、二〇〇八年）。のほか、通信販売の視点から、満薗勇「戦前期日本における大都市呉服系百貨店の通信販売」（『経営史学』第四四巻一号、二〇〇九年）。
（17）『河北新報』一九三二年十一月一日。
（18）百貨店新聞社編『日本百貨店総覧昭和十四年版』（百貨店新聞社、一九三九年）五一～五二頁。
（19）東京における百貨店の催物については、初田亨『百貨店の誕生』（三省堂、一九九三年）。神野由紀『趣味の誕生―百貨店がつくったテイスト』（勁草書房、一九九四年）に詳しい。

第六章　戦前期における百貨店の地方進出とその影響

はじめに

本章は、地方都市における百貨店の成立が当該地域の消費や社会環境に与えた影響について、その一端を分析するものである。

ここまで第二部では主として百貨店間の催物に着目し、一九三〇年代の百貨店間において、催物開催戦略が異なっていたことを明らかにしてきた。その前提を踏まえた上で、本章では、地方都市に成立した百貨店が、消費者の消費動向や娯楽のあり様に如何なる影響を与えていったのかについて、地方都市における百貨店催事空間成立の歴史的意義について考察し、その上で開催された売出し広告から百貨店の具体的な商品販売戦略と競合関係について分析してみたい。

近代日本においては、国立、公立美術館の設立が遅れたこともあり、展覧会等については、新聞社が主催・後援を引き受け、百貨店を会場として催物が開催される、という方式が大都市部において形成されてきた。そうした流れは吉見俊哉氏や岩渕潤子氏によって明らかにされてきている(1)。また百貨店における催物が、都市における新たな流行や消費文化を生み出した、という視角から、神野由紀氏や津金澤聰廣氏が一九一〇年代から一九二〇年代における三越日本橋本店、大阪支店の催物について分析を行っている(2)。

しかし、先行研究は東京、大阪といった大都市部を検討の対象としているため、地方都市において百貨店が都市文化、消費文化に与えた影響についての考察はあまり進展していないのが現状である。このため一九三〇年代に入り、百貨店が成立した地方都市において、催事空間がどのように変容したのか、については未解明な状況にある。

一方、前章までみてきたように、百貨店が開催していた催物は様々であり、百貨店における催物は展覧会形式のものだけでなく、物産会や展示・陳列会形式、廉売を軸にした特売会形式など単なる文化催事に留まらない多様性を持っていた。とりわけ同一都市間において百貨店が競合する催物は特売会形式であり、支店網形成が十分に行えなかった地方の地場系百貨店は、中央百貨店の地方進出の対抗策として特売会を数多く開催した。しかし、この特売会については、催物開催数からの検討は行って来たものの、同一都市間の価格競合の実態についての実証的な分析は先行研究も含め行われてきていない。そのため特売会の内実については不明確なままである。

以上の研究状況を踏まえ、本章では戦前期における百貨店の都市空間における催物の意義と、商品販売戦略の関係性を複合的に明らかにし、一九三〇年代における地方都市立地の百貨店の大衆化について検討したい(3)。時期設定は一九三〇年代、フィールドとなる地方都市については、仙台、金沢を設定し分析していくこととする。仙台、金沢は戦前期において、百貨店業界における売上規模が業界第一位であった三越による地方支店と(4)、藤崎（仙台）、宮市大丸（金沢）という地元資本による地場系百貨店がそれぞれ存在しており、一九三〇年代における百貨店の全国的展開と中央百貨店の地方進出の実態をみる上で有効なフィールドであるからである。史料は各百貨店社史のほか、仙台の地方新聞である『河北新報』、金沢の地方新聞である『北國新聞』といった当該都市各地方新聞を活用するとともに、百貨店以外の催物状況について『宮城県商品陳列所年報』、『宮城県商工奨励館年報』等を使用することとしたい。

第一節　催物空間の変化

（一）催物空間としての宮城県商品陳列所

三越の地方進出は、当該地方都市において、地場系百貨店を登場させることとなり、地方都市の百貨店店舗数増加の要因となった。一方で、地方都市における百貨店の登場は、地方都市における催物空間の移動を伴うことになる。地方都市における百貨店と催物会場の変化について、仙台を事例にみていくこととしたい。

戦前期において、仙台には公的な美術館や博物館は存在せず[5]、仙台市内に百貨店が登場する以前、仙台における催物会場は主に、宮城県の商品陳列所や、市公会堂、西公園といった公共空間が担っていた。このうち仙台市公会堂、西公園については、市公会堂での催物が河北新報の記事に掲載されているほか、西公園は一九二八年（昭和三）に開催された東北産業博覧会の会場となっているなど、定期的に催物会場として活用されていたことが分かるものの、その催物開催内容及び開催頻度については史料上の制約があるため、本章では史料上、催物の内容を一定程度追うことができる宮城県商品陳列所（のちの商工奨励館）に着目したい[6]。

宮城県商品陳列所については、各年、年報を発行しており、その中には催物の開催数や来場人員、営業収益などが記載されており、催物の開催状況を把握するのに有効だからである。現在確認できるものは昭和元年度から昭和一五年度までのものであるため、本章においてはこの時期について分析を試みていきたい(7)。

宮城県商品陳列所は、一九〇一年(明治三四)に物産陳列所を前身として、その後一九二一年(大正一〇)に発明部及図案部を新たに加え「県下産業ノ改良発達ヲ図ル」ことを目的に設置された県の施設である(8)。主として県内物産品の陳列紹介、委託販売、販路の斡旋等を業務とし、そのほか、内外発明品の収集、調査、縦覧、店頭装飾及び図案の調製、指導奨励、研究、縦覧も行っていた(9)。建物はコの字型二階建て総床面積は約一九二四平方メートルであり、会堂と陳列場を備えており、場所は現在の宮城県庁南前の勾当台公園付近にあった。

宮城県商品陳列所は、会堂と陳列場を有していたことから、昭和初期においては催物会場としても機能しており、藤崎・三越という百貨店が仙台に成立する以前において、多彩な催物を展開していた。例えば一九二六年(昭和元年、大正一五年を含む)度における催物をみてみると、四月に百貨陳列会及び県産工業品展覧会、五月に仙台美術展覧会、六月に仙台藩政時代美術工芸品展覧会、九月に造型展覧会、一〇月に東北振興会主催巡回陳列会および、宮城県菓子品評会、一一月に副業及家庭手工品展覧会、一二月に利酒会および、宮城県水産物奨励即売会が開催されており、年間催物開催数九回と、冬季をのぞいてほぼ毎月何らかの催物が開催されていたことが分かる。

一九二六年度の年間一日平均来場数は四三一名であったが、催物開催の期間は入場者の数も増加したようである。最も入場者数を誇ったのは、百貨陳列会及び県産工業品展覧会であり、改良された県産工業品の比較陳列のみならず、内外の生活必需品の陳列即売を兼ねた展覧会であったことも反映してか、会期一三日間の間に、延べ七万百余名が入場するほどの盛況ぶりであり、仙台美術展覧会についても、一二日間で八九二八名の入場人員をみるなど、開催数、来場者ともに、仙台における催物会場の中心の一つとなっていたことが分かる(10)。

一九二六年以降もこの傾向は変わらず、一九二八年度は催物開催数が一〇回、年間一日平均来場者数は七一二名であったが、とりわけこの年は東北産業博覧会が開催されたため、四月一五日から六月三日まで、会期を同じくして開催した東北遺物展覧会は、一日平均五千人以上の入場人員をみたという。年間一日平均来場者数が多いのも、この影響によるものと思われる。翌一九二九年度も催物開催数一四回、年間年間一日平均来場者数三〇三名となっており、七月に地元小売商が企画した仙台協賛会百貨市場や一二月に年末年始用品即売会など、消費者の購買意欲を喚起するような催物も開催されている。このように、宮城県商品陳列所は県の施設ではある一方で、催物会場として各種催物が開催されて、一定数の来場者を誇っていたのである。(11)

（二）百貨店の登場と催物空間の変化

しかし藤崎、三越といった百貨店が仙台に登場すると、こうした宮城県商品陳列所の傾向に変化が生じ始めることになる。三越仙台支店が開設された一九三三年度における宮城県商品陳列所では、一二回催物が開催され、年間一日平均来場者数五八八名となっているが、これを境に以降、宮城県商品陳列所は催物開催数、来場者数ともに減少していくことになるのである。

この要因の一つには、催物空間の移動があった。表1は一九三三年度に宮城県商品陳列所で開催された催物の一覧である。これをみると六月に全国郷土玩具展覧会、同月、箪笥籐家具特売会、九月に宮城県漆芸展覧会が開催されているのだが、一九三三年（昭和八）一〇月、藤崎において全国郷土玩具陳列売出し、同年一一月および一二月、三越仙台支店において箪笥鏡台特価売出し、翌一九三四年五月の三越仙台支店における籐椅子特価売出し、同年九月に第四回宮城県漆芸展覧会が三越仙台支店で開催と、一九三三年以降同様の催物が、三越仙台支

表1　宮城県商品陳列所催物
（1933年度）

1933年	主な催物
4月	仙台箪笥商工組合春季特売会
6月	全国郷土玩具展覧会
6月	箪笥、籐家具特売会
7月	工芸講演会
7月	観光地ポスター展覧会
7月	友愛セール
8月	宮城県物産宣伝会
9月	9.18事変展覧会
9月	宮城県漆芸展覧会
10月	河北新報社健康週問
11月	県産百貨市場
11月	防空展覧会

出典『昭和八年度宮城県商品陳列所年報』（宮城県商品陳列所、1934年）

店、藤崎といった百貨店フロア内で開催されていくのである。一九二九年に行われたような年末年始用品即売会等も一九三三年時においては宮城県商品陳列所で行われず、年末年始の歳末売出しは藤崎、三越仙台支店が大々的に展開していくこととなった。

百貨店の登場によって、宮城県商品陳列所自体の「商品陳列」としての意義が徐々に喪失していくこととなるのである。このことは宮城県商品陳列所における商品売買の売上高の減少をみても明らかである。一九二六年度に一一〇万三五四二円あった宮城県商品陳列所内の商品売上高は、一九三二年度まではおおむね九〇万円以上を維持しているが、一九三三年度には七三万五五三一円と七〇万円台となり、以降漸減し、一九三五年以降は二〇〜三〇万円台を推移するに留まるようになる（表2）。

昭和初期は金融恐慌や、昭和恐慌といった断続的な不況があるものの、一九三〇年代半ばには地方都市においても景気が回復していくことから、宮城県商品陳列所における商品売上高の低下は景気に依るものではなく、百貨店の登場が大きな影響を与えたものといえよう。施設内商品売上高の漸減と歩調を合わせるかのように、宮城県商品陳列所の年間催物開催数もまた減少をみていくこととなる。一九三三年度まで、おおむね一〇回前後の開催数であった催物は、一九三五年度には七回と減少、一九三六年度には三回を数える程度になり、以降三〜四回の開催が続くことになる（表2）。

宮城県商品陳列所の存在意義については、新聞紙上でも問われるようになる。一九三四年一〇月二〇日の河北新報では「宮城県商品陳列所移管問題に就て」という記事が掲載されており[12]、「産業振興の策たるや一にして尽くさざると同じく、仙台市の商工業者の利益に傾き、または産業発達指導の困難なことを以て、商陳を無能視すべき筋ではない」としながらも、「商取引の紹介にしても通信広告の発達した今日例外的な場合でなければ、商陳の手を経る商品亦稀とする。しかも産業調査の如きに到っては、宮城県商工課自体が今どき県内の商工業実体の基礎的資料すら有しない乏しさをかこつてゐる次第である。また販路拡張にせよ、実勢件はずして叫ぶ所謂〝空呼り〟に近い徒労に帰するばかりである」として、宮城県商品陳列所が商品博物館と化しており、陳列している商品が販売に結びつかず、商品陳列所の役割が有効に機能していないことを指摘している。また施設自体についても触れており、立地条件において「現在の商陳は甚だ利用率に乏しい場所に置かれてあることは誰人も首肯するところ」として、内部施設についても「商陳の屋根は数年来雨漏りが甚だしくしかもこんなに苦心してもスレート葺の屋根の雨漏り箇所を突き止めることが出来ず、大修繕のために三千円の支出を甘んじなければならぬといふから皮肉なことで、当局の頭痛の種となつてゐる」という催物会場としての建物の老朽化について言及している。

表2　宮城県商品陳列所ならびに宮城県商工奨励館統計

西暦(元号)	委託商品売上高(円)	催物開催数
1926(昭和元)	11035.42	9
1927	9413.27	
1928	9344.20	10
1929	8083.29	14
1930		
1931	11069.78	
1932	9509.24	
1933	7355.31	12
1934	5806.49	
1935	2821.34	7
1936	3274.39	3
1937	1766.45	3
1938	2672.97	3
1939	3134.22	4
1940	2397.92	2

出典　『宮城県商品陳列所年報』(昭和元年～8年度)、『宮城県商工奨励館年報』(昭和10年～15年度)

こうした状況の中、一九三五年に、宮城県商品陳列所は宮城県商工奨励館と名称を変更し、業務内容を大きく変えていくこととなる。従来宮城県商品陳列所の目的は宮城県商品陳列所規程によれば、「本所ハ縣下産業ノ改良発達ヲ図ルヲ以テ目的トス」とされ、まずあげられていたのが、「参考上必要ナル縣内外ノ物産ヲ蒐集陳列シテ公衆ノ縦覧ニ供スルコト」であったのに対し、新しく名称変更された宮城県商工奨励館規程では、「本県物産ノ改良販路ノ拡張其ノ他産業ノ改良発達ヲ図ルヲ以テ目的トス」とされ、その業務の第一に「物産ノ販賣斡旋」があげられている。また「東京販賣斡旋所ニ於テ分掌スヘキ業務左ノ如シ　一、産及商取引ノ斡旋及紹介　二、商況ノ通報及商品ノ調査　三、見本品ノ陳列及試売　四、前各號ノ外商品ノ改良及販路拡張ニ関シ必要ナル事項」として、新たに東京販売斡旋所を設置する規程が盛り込まれた(13)。

これは、これまでの宮城県商品陳列所の主たる業務が、施設内での陳列供覧から販路拡張へ重点を移したことを意味するものであり、東京に販売斡旋所を設けるなどもその一環であったといえよう。この結果、館内における委託品販売の商品点数も減少することとなる。宮城県商品陳列所の年報によれば、昭和期に入って以降、年間の委託品販売商品点数はおよそ一万一千点から一万三千点で推移していたが、宮城県商工奨励館になった一九三五年度には四三八六点と半分以下に大きく減少、一九三七年度には二五七三点になるなど、三千点台を下回る数に留まるようになっていった。館内における催物回数の減少もこの流れを受けたものであり、館内における催物の内容にも変化が生じるようになる。従来、宮城県商品陳列所において開催されてきた催物のうち、一九三三年以降、百貨店の施設内で開催されるケースがみられるようになることは先に述べたが、一九三五年に宮城県商工奨励館となって以降、宮城県商工奨励館主催の催物であっても、宮城県商工奨励館内で開催せず、百貨店において開催されるようになっていくのである。

一九三六年三月、宮城県商工奨励館主催で宮城県観光と産業創作ポスター展覧会が開催されたが、このとき会場となったのは主催の商工奨励館自体ではなく、会場として三越仙台支店が選定されている。以降、一九三七年九月には全国特産品宣伝大会並見本市、一九三八年七月に非常時国策対応廃品利用展覧会、一一月に本場仙台平試売会、一九三九年九月には宮城県特産品選奨会と宮城県商工奨励館主催の催物が開催されるが、その会場はいずれも三越仙台支店で行われている。このように一九三五年以降は、宮城県商工奨励館主催の催物が百貨店内で開催されるのが常態化するようになったのである。一九四〇年度における商工奨励館内での催物開催数は年間二回にまで減少し、年間一日平均入場者数も六八名となっていた。

『昭和十一年度宮城県商工奨励館年報』には、商品陳列所規程を改廃し新たに商工奨励館とした理由について「一般産業経済界ノ推移ト管内商工業界ノ情勢ニ拠ル所ニシテ県産品ノ販売斡旋ト商工業ノ奨励開発ヲ本来ノ使命トスル」とされている。(14) 商工奨励館と名称変更されて以降、主たる業務は販売斡旋と奨励開発を軸とする販路拡張であり、名称から陳列所の名前が外れたように文字通り、館内における陳列供覧の目的は主たる業務ではなくなっていった。また『昭和一一年度宮城県商工奨励館年報』によれば、催物が減少する一方、六月に宮城県輸出協会総会、宮城県出品協会総会、帝国発明協会宮城県支部総会、東北六県耕地協会連合協議会等が開催される等、各種協会の会議スペースとして館内が貸与されていたことがわかる。館内は東京の販売斡旋所と連携する販売斡旋と奨励開発の事務機関としての色合いを強くしていくことになったのである。

百貨店の登場はそれまでの公的施設が催物会場を提供するという状況から、百貨店という消費空間において催物が行われるという、催物をめぐる場の変化をもたらしたのである。

（三）百貨店間の比較

一方、三越仙台支店のみならず藤崎においても、商工奨励館主催の催物が行われているが、年報から見てとれるのは、一九三九年（昭和一四）一月の、新興独逸ポスター展覧会、翌一九四〇年二月には宮城県民芸品展覧会が藤崎において開催されている二例のみである。[15] このように三越仙台支店における開催が藤崎に比べて多いのは宮城県商品陳列所の頃からの傾向であり、先に、一九三三〜一九三四年における百貨店への催物開催場所の変化について述べたが、開催数で比較すると、三越仙台支店の五回に対し、藤崎では二回とやはり少ない。百貨店の登場はそれまでの公的施設が催物会場を提供するという状況から、百貨店という消費空間において催物が行われるという、催物をめぐる場の変化をもたらしたといえるが、その催物会場としての受け皿は、主として三越仙台支店が多く担っていったということが分かる。

このように、三越仙台支店が会場として選定されることが多かった要因の一つとして、店舗規模の違いがあげられる。一九三二年一一月に藤崎が増床した際、それまでの旧木造館と合わせ、藤崎は三階建て総床面積は二八〇〇平方メートルであったが、翌一九三三年四月に開設された三越仙台支店は地上五階建て、総床面積四七二八平方メートルと広く、また三越仙台支店は階上にホールという独立した催事場フロアを有しており、藤崎に比較して催物会場として適している構造になっていた。宮城県商品陳列所内の館内陳列スペースは、宮城県商品陳列所の各年報によれば、九一四・一平方メートルあったが、この広さに関しては宮城県商工奨励館となってからも、基本的な建物の増改築は行われていない。[16] 三越仙台支店は地上五階建てであったことから、一階フロア当たりの売場面積は九四五・六平方メートルであり、ほぼ同等か、より広いスペースを確保できることとなり、都合がよかったものと思われる。藤崎も総床面積の単純計算では一階当たりの売場面積は九三三・三平方メートルと、宮城県商品陳列所(宮城県商工奨励館)と同等以上のフロアを持っていたが、三越のように独立した催物会場を有していなかったため、利便性は相対的に低くならざるを得なかった。

また、こうした売場面積の要因に加え、二つ目の要因として、催物で取り上げる商品の訴求性の問題があげられる。一九三三年度(昭和八)の宮城県商品陳列所の年報には、一九三一〜一九三三年までの直近三年間における委託商品販売点数が記載されている[17]。これを表3にまとめたが、これをみてみると、年間の委託商品販売の種別は一七分類、総点数は各年およそ一万一千点から一万三千点ほどとなっている。具体的な内訳をみると、一九三一年において販売点のうち上位五品目は、染織物、埋木細工、木地漆器、菓子、玩具となっており、これが全体の六三パーセントを占めている。翌一九三二年の上位五品目は、埋木細工、木地漆器、菓子、玩具、雑工芸品で、これが全体の六七・三パーセント。一九三三年の上位五品目にあげられているのは、埋木細工、木地漆器、食料品、玩具、雑工芸品で、これが全体に占める割合は七三・八パーセントとなっている。

このことから常に登場する埋木細工、木地漆器といった工芸品、あるいは玩具類が宮城県商品陳列所の主軸陳列商品であったことがわかる。そのため宮城県商品陳列所がその展示空間を百貨店に求めていく際、こうした商品群の商品訴求性がより高い店舗を指向していったと考えられる。このような百貨店間における特徴に基づく棲み分けについて、以下、金沢の事例も含めながら、三越の地方店舗と地場系百貨店の販売戦略の差異を分析し、当該期の三越金沢支店と宮市大丸、三越仙台支店と藤崎間の商品販売戦略のプライスゾーンと顧客層について考察してみたい。

表3　宮城県商品陳列所委託品販売点数
（1931年度～1933年度）

品種別	1931年度（点）	1932年度（点）	1933年度（点）
染織物	2540	165	131
埋木細工	2543	2757	2354
木地漆器	1019	941	2681
菓子	1390	2822	446
毛筆	911	743	697
石細工	304	275	169
指物	757	341	140
陶器	96	142	61
金属品	589	664	130
竹細工	215	235	513
紙	12	0	0
食料品	589	886	748
玩具	1771	1261	1464
表具物	105	173	58
履物	625	665	429
木工品	12	33	115
雑工芸品	763	1124	887
計	11846	13227	11023

出典　『昭和八年度宮城県商品陳列所年報』（宮城県商品陳列所、1934年）
※1931年度のみ点数の合計数と実合計数（14241点）にズレがあるが、史料のママとした。

第二節　三越と地場系百貨店との棲み分け

札幌、仙台、金沢といった地方都市は三越の地方支店が進出することで、対抗的に本格的な地場系百貨店が登場した。金沢では、一九三〇年一一月の三越支店開設に先立って同年八月に宮市大丸が設立されている。金沢には、三越進出以前に地場資本の宮市百貨店があったが、宮市はもと荒物雑貨商であり、百貨店の主力商品である呉服の取り扱いが出来ず、同店舗内の呉服部門として京都から大丸が出張所を構え、体裁を整えるという不完全な形式のものであった。三越の金沢への進出が現実的になる中で、宮市大丸は宮市百貨店が大丸を取り込む形で資本提携し生まれた本格的な百貨店であった[18]。仙台でも一九三三年四月の三越仙台支店に先立つおよそ半年前の一九三二年一一月に地元有力呉服店であった藤崎が店舗の増改築によって、仙台初の本格的な百貨店店舗を有するに至った[19]。札幌においては、丸井今井という地場系百貨店が一九一九年段階で既に株式会社化していたものの、一九三二年の三越札幌支店進出にあわせて、店長以下の人事を一新している[20]。先行研究において、これら地方都市の百貨店同士の位置付けについて従来あまり触れられてこなかったが、三越地方支店と地場系百貨店とは純粋な競合関係にあったわけではなく、一定程度棲み分けがなされていた。このとき地場系百貨店が、三越支店に対して共通して行った対抗策は、「買いやすさ」、をキーワードにすることでの三越支店との差異化であった。

丸井今井、藤崎、宮市大丸の社史等からは、そのことがうかがえるフレーズを読み取ることができる。丸井今井では、三越札幌支店進出当時、清水支配人のもと団結して、「目前の利より、その先を取る」として、収益は二の次に顧客の吸引策を第一として営業した結果、「決算面に於いては七十万円の赤字を出しながらも商高においては断然他同業店を押え、しかも大衆に『見るは三越、買うは丸井』と口こみの宣伝効果を挙げてこれが大いに結実した」という[21]。

藤崎でも、顧客が全部三越へ行くのを防ぐため、「三越の品物に対抗して価格では絶対に負けないようにと背水の陣をし」くとともに、「全社員が手分けして、市内のほぼ全世帯を訪問、大売出しの案内をするとともに、何卒地元の店・藤崎をよろしくと頭を下げて」まわり、その結果「当時、衣料ではモスリン全盛でしたが、藤崎は常に三越の下をくぐる価格で善戦、〝見るは三越、買うは藤崎〟というお客さまの評価が定着[22]」したという。

宮市大丸においても他の地場系百貨店と同様で、三越金沢支店の進出を前に、井村徳二専務は、「相手は必ず都会的センスと高級さで圧してくるに違いない」と想定し、「こちらはあくまで「明ルク安イ」をモットーに彼にない戦術で捲き返す」という根本方針を打ちたてた結果、なじみ深く、気安い場所で、購買欲を満してくれるということで、宮市大丸への誘客に成功し、三越金沢支店開店時には、むしろ「その日の売り上げは創業以来の数字に達し、全店員にはお祝いの大入袋が出た」という営業振りをみたという[23]。

このように、各地場系百貨店は、対抗策について共通した特徴があった。地場系百貨店は、東京向きで高級志向な三越に対し、安さ、値ごろ感からくる買いやすさを対抗策として打ち出していったのであり、そのことで一定の地元評を得るに至ったことが分かる。それでは、この地場系百貨店の社史が記述するところの、廉売戦略の実態は如何なるものであったのだろうか。実際の価格帯はどのような設定であり、どの程度三越の地方支店と地場系百貨店は棲み分けがなされていたのであろうか。以下、当時の地方新聞の催物広告中、売出し広告を検討することで、具体的な分析を行っていきたい。

（一）　金沢の事例（北国新聞）

まずはじめに金沢の事例からみていくこととする。金沢の地場系百貨店として成立した宮市大丸は前述のとおり、もとは荒物雑貨商であった宮市唐物店にはじまる地元資本の百貨店である。この荒物雑貨商であった宮市唐物店が一九二三年（大正一二）一〇月、百貨店組織に転化、木造洋館三階（一部四階）、総床面積一一五五平方メートルの宮市百貨店が設立された。しかし、荒物雑貨商が百貨店店舗を構えるにあたり、呉服取り扱いのノウハウがなく、京都大丸と業務提携をすることで、大丸が呉服部門の出張所を設置するという形をとり、一、三、四階は宮市百貨店の直営、二階フロアは京都大丸金沢出張所が出店することで、店内呉服部門に関しては外部の大丸が担うこととなった。大丸からは三〇名が店員として派遣常駐している。しかし、一九三〇年（昭和五）一一月、三越金沢支店が進出してくることを見越し、同年八月、宮市百貨店が二階フロアを吸収する形で大丸と資本提携。京都大丸金沢出張所副所長であった川村泰三を常務に抜擢し、株式会社宮市大丸を設立した。(24)店内全フロアを新たに設立された宮市大丸が経営することで本格的な百貨店経営に乗り出すこととなった。

一方の三越金沢支店は、一九三〇年一一月に開設されている。店舗は地元資本の林屋ビルディングを貸借する形で進出してきているが、この林屋ビルディングは地元有力茶商であった、林屋亀次郎が建設したものであった。(25)三越金沢支店は一九三五年八月、テナント契約更改を更新せず撤退しており、その後は三越金沢支店次長芹澤春吉を常務に抜擢し、林屋亀次郎自身が百貨店業に乗り出すこととなり、同年九月には三越金沢支店跡に丸越が設立され百貨店業が引き継がれることとなった。

そこで、三越金沢支店が店舗として営業していた時期の一一月期における売出し広告について、すなわち一九三〇年から一九三四年までの宮市大丸、三越金沢支店の新聞紙上における売出し広告の比較を、金沢の地方新聞であった『北國新聞』からみてみたい。金沢では、一〇月下旬から一一月は、えびす講の慣習による謝恩祭の時期にあたるとともに、宮市大丸の創業記念（前身の宮市百貨店の開店が一〇月であったことから）、三越金沢支店の設置記念月に相当し、各年の売出し広告を比較する上で有効であるからである。表4はその比較表である。

表4より、一九三〇年一一月すなわち、三越金沢支店の開設月についてみてみると、競合商品は小紋モス、毛メリヤス、子供毛布、婦人肌着、ちり紙、靴下、女学生用靴下の七品目であるが、その全てにおいて宮市大丸の商品が三越金沢支店の価格より低廉であることが分かる。翌一九三一年一一月では、競合商品は、小紋モス、純毛毛布、綿毛布、白ネル、青梅夜具地、ナフトール着尺、赤白絹、羽織下帯、トンビ、オーバー、絹張雨傘、婦人コート、黒シール・ショール、三方桐二重箪笥、洋服箪笥、ネルワイシャツの一六品目であるが、三越金沢支店の低廉な商品が四品目に対し、宮市大丸の価格帯が低廉な商品が一〇品目と多い。また同価格帯のものが二品ある。一九三二年一一月は、小紋モス、桐高下駄、捺染着尺、毛糸肌着、綿毛布、ゴム長靴、子供用長靴、地玉子について競合があり、同価格帯の子供用長靴以外は、宮市大丸が価格においてより低廉である。一九三三年一一月については、メリヤスシャツ、毛メリヤス、ネクタイ、大学ノート、毛靴下、毛婦人肌着、蛇の目傘、ショールと八品目について競合が見受けられ、四品目について同価格帯、三品目について宮市大丸の商品がより低廉、一品目について三越金沢支店の商品がより低廉となっている。一九三四年一一月においては、裏毛メリヤス、ネルワイシャツ、大人用靴下、綿毛布、純毛毛布、純毛スエーター、毛婦人肌着、宣徳火鉢の八品目が競合商品となっていて、同価格帯が三品目、宮市大丸が四品目においてより低廉、三越金沢支店が一品目についてより低廉な商品がある。

このように、一九三〇年から一九三四年までの同月における売出し広告から競合商品の価格帯を抽出してみる

表4　百貨店売出し競合商品比較（金沢）

売出し月	競合商品	価格（円）	
		三越金沢支店	宮市大丸
1930年11月	小紋モス	2.4	2.3
	毛メリヤス	1.5	0.7
	子供毛布	0.7	0.3
	婦人肌着	0.5	0.45
	ちり紙	0.3	0.2
	靴下	0.3	0.25
	女学生用靴下	0.5	0.35
1931年11月	小紋モス	1.9	1.9
	純毛毛布	5	3.5
	綿毛布	2	1.4
	白ネル	0.55	0.3
	青梅夜具地	1	0.9
	ナフトール着尺	0.5	0.45
	赤白絹（1反）	1.8	1.9
	羽織下帯（1本）	0.98	0.8
	トンビ	10	9
	オーバー	5	6.5
	絹張雨傘	3.5	2.5
	婦人コート	2	2
	黒シール・ショール	0.5	1
	三方桐二重箪笥	9	8
	洋服箪笥	1.9	1.8
	ネルワイシャツ	0.9	1
1932年11月	小紋モス	2.5	2.3
	桐高下駄	0.5	0.2
	捺染着尺	0.8	0.58
	毛糸肌着	1.5	0.5
	綿毛布	1	0.75
	ゴム長靴	1.4	1.3
	子供用長靴	0.55	0.55
	地玉子	0.25	0.2
1933年11月	メリヤスシャツ	0.45	0.3
	毛メリヤス	1.1	1.5
	ネクタイ	0.5	0.5
	大学ノート	0.15	0.1
	毛靴下（3足）	0.8	0.75
	毛婦人用肌着	1.5	1.5
	蛇の目傘	0.4	0.4
	ショール	0.5	0.5
1934年11月	裏毛メリヤス	0.5	0.3
	ネルワイシャツ	0.8	0.95
	大人用靴下	0.5	0.4
	綿毛布	1.35	0.8
	純毛毛布	8	8
	純毛スエーター	2	2
	毛婦人肌着	1	1
	宣徳火鉢	1.8	1.2

出典　『北國新聞』1930年11月～1934年11月分　※単位：円

と、全体を通して宮市大丸が三越金沢支店に対し、商品価格を安く設定していたことが分かってくる。三越金沢支店開設当初、売出し広告中の競合商品について、宮市大丸が常に三越金沢支店を下回る価格で対抗しており、その後、競合商品について徐々に同価格帯の品目が増えていくが、三越金沢支店が宮市大丸に対し、低廉な商品の品目数において逆転するまでには至っていない。

また具体的な競合商品をみてみると、モスリン、肌着、靴下等の服飾雑貨が多く、和家具、毛布を除くと、ほとんどは二円台以下の商品であったことがわかる。服飾において、羽織、御召、錦紗などの呉服類は競合商品にのぼらず、三円台以上の呉服類に競合商品が少ないことも特徴である。

表5　1934年11月10～25日における百貨店売出し催物（金沢）

商品群	三越金沢支店		宮市大丸	
	商品点数	売出し価格帯（円）	商品点数	売出し価格帯（円）
呉服奉仕品	30	～20	18	～15.8
玩具類	3	0.15～1.2	0	―
化粧品類	7	0.3～0.55	8	0.1～0.7
袋もの類	5	0.15～1.2	3	0.15～1
傘、履物類	10	0.3～3	16	0.2～2.5
洋品類	26	0.2～6	34	0.1～3
洋服類	6	0.3～5	4	0.25～3
家具類	13	0.1～37	20	0.15～31.5
実用雑貨	11	0.1～1	13	0.1～1
台所用品	9	0.1～0.45	13	0.1～0.55
菓子	8	0.1～1.1	6	0.1～0.2
食料品	5	0.05～0.9	10	0.1～0.6

出典　『北國新聞』（1934年11月3日夕刊）　※単位：円

次の表5は、一九三四年一一月一〇日から同月二五日までにおける百貨店の売出し広告について、掲載商品点数および売出し価格帯を比較したものである。

この表からは、三越金沢支店が呉服奉仕品の商品掲載が多く、対して宮市大丸は、呉服奉仕品の取り扱いは三越金沢支店の半分程度であり、洋品類の商品掲載が多かったことが分かる。また、その売出し価格帯についても、三越金沢支店では呉服奉仕品の価格帯が二〇円台までを設定しており、洋品類や洋服類についても、売出しの上限価格帯は五～六円に設定しているのに対し、宮市大丸は、呉服奉仕品については一五円台までの価格帯となっているほか、呉服奉仕品、家具類を除く商品群について、売出し価格の上限を三円以下に設定している。このことから、価格競争を行っていた商品群の範囲がみえてくる。すなわち中上級呉服類に関し、宮市大丸は積極的な価格競争を行わず、日常品や消耗品の服飾雑貨、とりわけ二円以下の価格帯における商品群を競合させて売出し攻勢をかけていたのである。

（二）　仙台の事例（河北新報）

次に仙台における百貨店間売出し競合の実態についてみていきたい。仙台における百貨店の登場は、三越仙台支店に先立って、地元有力呉服商であった藤崎の百貨店化によるものであった。藤崎は一九一二年（明治四五）に株式会社化し、一九三〇年（昭和五）には「株式会社藤崎呉服店」から「株式会社藤崎」と社名変更するなど、百貨店化への経営改革を段階的に行っていったが、名実共に本格的な百貨店業として店舗を開設したのは、一九三二年一一月の西館竣工のときである。この西館の増築により、藤崎は地下一階、地上三階、延床面積二〇〇〇平方メートルの増床となり、新たにエレベーターが設置されたほか屋上庭園や食堂、食料品、靴、鞄等各種売り場を新設し、地上二階建てであった旧木造館とあわせ、延床面積二八〇〇平方メートルとして、百貨店としての体裁を整えるに至った。この藤崎の増床増築は、翌一九三三年四月に三越仙台支店設置を見越したものであり、自ら本格的な百貨店となることで、三越仙台支店に地場系百貨店として対抗していく動きであったといえる。藤崎は一九三五年一二月には地上三階、一部地下一階、延床面積九四〇平方メートルの別館も新設することとなる。三越仙台支店は戦前期における三越支店網最後の地方支店として、一九三三年四月、株式会社仙都ビルディングが建設したビルを全フロア賃貸するかたちで設置され、地下一階地上五階、総床面積四六二〇平方メートルとして開設された。

この藤崎と三越仙台支店の商品競合について、仙台の地方新聞であった河北新報売出し広告を史料にみていくこととする。仙台では金沢のようにえびす講のような秋の商業祭は存在せず、藤崎の百貨店開設記念（一一月）や創業記念（二月）と三越仙台支店の開設記念（四月）が重複しなかった。また、年末における歳末売出しについて、具体的な価格帯が広告として記載されていない河北新報の史料上の制約から、歳末に次ぐ売出し期間であった、夏物売出し期間の六月から七月について河北新報紙上の両百貨店売出し広告を比較検討してみたい。

表6は、一九三三年から一九三五年における三越仙台支店と藤崎の売出し広告について競合する商品の価格比較である。三越仙台支店開設当初の一九三三年六月についてみてみると、クレープシャツ、靴下、レーススカート、敷布、湯上りタオル、の五品目に関して売出し競合商品があり、このうち全て藤崎の商品が三越仙台支店の価格を下回っている。翌一九三四年七月では、カーテン、クッション、小紋絽、浮輪、団扇立の五品目が競合商品であり、このうち藤崎は四品目について三越仙台支店より価格において低廉であり、三越仙台支店が藤崎の価格を下回っているのはクッションの一品目のみである。一九三五年六月については、小紋モス、手拭中形、ボイル中形、真岡中形、瓦斯絣、レーヨン名古屋帯、レーススカート、ボイルスカート、ボイル長襦袢、クレープシャツ、アンダーシャツ、靴下、タオル寝巻の一三品目が競合していて、そのうち同価格帯の商品が

表6　百貨店売出し競合商品比較(仙台)

売出し月	競合商品	価格(円)	
		三越仙台支店	藤崎
1933年6月	クレープシャツ	0.3	0.25
	靴下	0.5	0.4
	レーススカート	0.5	0.45
	敷布	0.3	0.25
	湯上りタオル	0.5	0.15
1934年7月	カーテン	0.45	0.4
	クッション	1.2	1.7
	小紋絽	7.3	5
	浮輪	0.55	0.4
	団扇立	1.9	0.9
1935年6月	小紋モス	2.3	2.3
	手拭中形	0.8	0.95
	ボイル中形	1.8	1.95
	真岡中形	0.85	0.95
	瓦斯絣	1.2	0.8
	レーヨン名古屋帯	1.4	1.2
	レーススカート	0.5	0.45
	ボイルスカート	0.3	0.3
	ボイル長襦袢	1.8	1.8
	クレープシャツ	0.3	0.25
	アンダーシャツ	0.3	0.3
	靴下	0.1	0.1
	タオル寝巻	1	0.8

出典　『河北新報』1933年5月～1935年6月分　※単位：円

五品目、藤崎が三越仙台支店に対して価格において下回っている商品が五品目、三越仙台支店が藤崎により低廉な商品が三品目となっている。

このように仙台の事例についても、金沢の場合と同様、多くは地場系百貨店である藤崎の商品が低廉である場合が多い。価格帯についても同様で、概して二円以下の品目において商品の競合が見られ、この価格帯において、藤崎が三越仙台支店を下回る売出し攻勢をかけていたことがわかる。このことは藤崎が、日用身回品、服飾雑貨を目玉に据えた実用本位の売出しを目指していたことを意味する。地場系百貨店はこの戦略のもとに三越地方支店との差別化を図っていくこととなる。

中央の大都市呉服店系百貨店の地方支店である三越と、地方の地場系百貨店である宮市大丸や藤崎については、当時そもそも催物の開催内容自体にも差異があったが[26]、売出し広告の競合商品の価格帯からは、地場系百貨店が比較的高価格帯の呉服類等や値段の高い商品において価格競争を行なうことはしていない。地場系百貨店が廉売戦略をとっていたのは主として、二円以下の比較的低額商品についてであり、日用品や消耗使用頻度の高い服飾雑貨類であった。三越地方支店に対する対抗策として、低額日用品の廉売戦略をとっていった結果、地場系百貨店は先の各百貨店社史にあるような、三越地方支店に比べての買いやすさ、を地元の消費者評として得るに至ったのである。対して、三越各地方支店は東京趣味と本店同様の品ぞろえを誇っていた一方、流行的で高品質な商品を扱う百貨店として、当該地方都市では位置付けられることとなった。

このことは地方都市の百貨店間において顧客層の取り込みに差が出来ていったことを意味する。中央の流行に強く、高品質な商品展開を図る三越は比較的「中流」から「上流」、地場系百貨店は「中流」から「下流」の顧客、というように棲み分けがなされたことで、三越地方支店が幅広い層で顧客獲得することは容易ではなかったことを物語る。この一つの事例として一九三五年の三越の金沢支店撤退があったといえよう。撤退一年前に三越金澤支店次長であった芹澤春吉は「大百貨店の支店であつても、地方都市へ進出せる以上は、其まゝの縮図とせず權威を失はざる程度に於て、郷に入ツては郷に従への諺の如く、其地方の特色を發揮せる百貨店になりきる事が、最良の方策であると確信してゐる」と、地方に進出していった支店の苦労を吐露している[27]。地方都市百貨店間の具体的な売上高比較は出来ないものの、一九三七年度における店舗別営業収益税によれば、三越仙台支店が一四八七円、一九三八年度三越札幌支店営業収益税が一八四九円となっているのに対し、藤崎は一九三八年度の営業収益税が三五三三円となっており、三越の地方支店は地場系百貨店に対して、苦戦していた様子がうかがえる[28]。

以上のように、三越の地方進出は、中小小売商の経営改善のみならず、地場系百貨店の勃興を惹起させることとなった。この中で、地場系百貨店は三越地方支店に対し、低価格帯商品において、同価格帯三越商品を下回る価格帯を提示し廉売戦略を徹底することで、買いやすさの地元評を得て差別化を図り、三越地方支店は幅広い消費者層の囲い込みに苦戦することとなったのである。

おわりに

地方都市における百貨店の登場は、地方都市での催物について開催会場の変化をもたらすこととなった。仙台では、百貨店の登場以前において、展覧会や、即売会、美術展等の文化催物も含め、日用品の陳列即売や、展覧会など催物会場については主として公的機関や公園などが担っており、開催内容、集客人数ともに一定程度人気を保っていた。しかし、一九三二年(昭和七)から一九三三年にかけて仙台に百貨店が登場すると、その立地やフロアの規模、消費空間としての集客力から、従来公的機関の施設において行われてきた催物が徐々に、百貨店内で開催されるようになっていった。

このため、宮城県商品陳列所のような機関は、施設の老朽化とも相俟って、その存在意義が問われるようになり、陳列供覧としての役割を縮小させていくことになった。こうした公的施設における催物が全くなくなることはなかったものの、官自身が主催の催物についても、一九三〇年代半ば以降、娯楽性、啓蒙性が高くまた消費を伴うような催物に関しては、百貨店において開催されるようになった。

しかし、公的施設の催物が百貨店内で行われるようになっていく際、その開催頻度は、地方百貨店間で一定ではなく、三越のような中央百貨店の地方支店が担うことが多かった。これは一つには、売場面積や本格的な催物スペースの完備という店舗施設の問題、二つ目には、公的施設が主軸商品としてきた工芸品類や玩具をＰＲするのに、百貨店における取扱商品・価格帯・購買層が適しているか否か、すなわち商品訴求性の問題として、百貨店自体の特徴が要因としてあげられる。仙台を事例にした結論からいえば、藤崎のような地場系百貨店はより日用雑貨に強みをもって商品販売戦略を行っており、工芸品、実用趣味からはやや離れる玩具等に関しては、商品訴求性の面で、美術工芸に一日の長がある三越仙台支店とより近似性があったといえる。中央百貨店の地方支店、地場系百貨店はそれぞれ特徴が異なっていたことについては前章までに確認してきていたが、それでは催物にも反映される価格競合の実態はどのようなものであったのであろうか。

従来、百貨店間の顧客取り込みの具体的な売出し価格戦略についての検討は行われてこなかった。そこで本章では、地場系百貨店が、三越地方支店と比較し、「買いよい」百貨店としての地元評を定着させるに至った価格戦略について分析を行った。その結果、とりわけ地場系百貨店を中心として新聞広告には積極的な価格提示が行われ、正札販売の浸透していった実態と、両百貨店間の特徴の差異が明らかとなった。地場系百貨店が設定していた売出しは、服飾雑貨に主軸を置いていたこと、これらの商品のうち、多くは二円以下の価格帯において三越地方支店と競合し、三越地方支店の価格を下回る廉売攻勢をかけていたことが明らかとなった。

その一方で、地場系百貨店は、比較的高級であったり高品質な呉服に関してはあまり価格競争を行わず、売出し広告に関しても商品を競合させなかった。この地場系百貨店の二円以下の商品に対しての廉売戦略の結果、地元評としての「見るは三越、買うは藤崎」や『明るく安い』宮市大丸という、買いやすいイメージを形成させるに至った。三越の地方支店が当該都市の幅広い顧客層を囲い込むという事態は起こらなかった反面、高級高品質の商品を取り扱う百貨店としてのイメージが定着した。このため、百貨店間においては、その顧客層も棲み分けがなされ、工芸品類の商品訴求性の観点から、地場系百貨店に比べ、公的施設の催物の受け皿としても積極的に活用されていくこととなった。

以上のように、中央百貨店の地方進出は、地場系百貨店の勃興や、公的機関における催物開催のあり様を変え、地方都市の消費や娯楽に大きな影響を与えることとなったのである。今回対象とした一九三〇年代の地方百貨店の動向からは、地方都市における都市文化、消費文化の担い手として百貨店が大きく台頭し、都市文化、消費文化の中心が公的機関から百貨店に移っていった過程とそうした中での地方都市百貨店における顧客層の棲み分けの実態が明らかとなった。次章ではそうした地方に成立した百貨店が隣県都市部に与えた影響について検討してみたい。

（1）　吉見俊哉『博覧会の政治学―まなざしの近代』（中公新書、一九九二年）、岩渕潤子『美術館の誕生―美は誰のものか』（中公新書、一九九五年）。
（2）　神野由紀『趣味の誕生―百貨店がつくったテイスト』（勁草書房、一九九四年）、津金澤聰廣「百貨店のイベント

と都市文化」（山本武利・西沢保編『百貨店の文化史—日本の消費革命』世界思想社、一九九九年）。

（3）百貨店では戦前期、店舗規模の拡大と高層化により、各階ごとに様々な商品売場が構成され、その各階の部門別売場で数日から数週間、各種売出しや、展示、陳列会が行われることが常態化していた。本章では、百貨店で行われる「催物」の定義について、断わりのない限り、このうち特に催事場的な役割を果たしていたフロアで企画される催し物という意味で使用する。

（4）三越は、近世以来の呉服店をその前身としており、越後屋（一六七三年）の創業に始まり、合名会社三井呉服店（一八九三年）→株式会社三越呉服店（一九〇四年）→株式会社三越（一九二八年）と社名変更がなされるが、便宜上本章では以下「三越」で表記を統一する。

（5）仙台市史編さん委員会編『仙台市史通史編七近代二』（仙台市、二〇〇九年）二二九頁。

（6）商品陳列所の概要については、加治由行「物産・商品陳列所についての一考察」（全国大学博物館学講座協議会『研究紀要』第六号、二〇〇〇年）、田島奈都子「近代日本における広告の啓蒙普及機関としての商品陳列所—広告関係資料の収集と公開を中心として—」（『メディア史研究』第二一号、二〇〇六年）。

（7）『昭和八年度宮城県商品陳列所年報』、『昭和十年度宮城県商工奨励館年報』、『昭和十一年度宮城県商工奨励館年報』、『昭和十四年度宮城県商工奨励館年報』は国立国会図書館、それ以外の各年度における宮城県商品陳列所年報ならびに宮城県商工奨励館年報については、大阪市立大学が所蔵。このうち、一九二七年、一九三〇～一九三二年、一九三四年、一九三六年度における各年報については両所蔵機関とも現存せず。

（8）『昭和元年度宮城県商品陳列所年報』（宮城県商品陳列所、一九二七年）。

（9）宮城県商品陳列所と、のちの宮城県商工奨励館の所長は宮城県勧業課長や山林課長、商工課長等、県の課長クラスが務めていた。

（10）前掲『昭和元年度宮城県商品陳列所年報』。

（11）前掲『昭和元年度宮城県商品陳列所年報』、『昭和三年度宮城県商品陳列所年報』（宮城県商品陳列所、一九二九年）、『昭和八年度宮城県商品陳列所年報』（宮城県商品陳列所、一九三四年）。

（12）『河北新報』一九三四年一〇月二〇日朝刊。

(13) 前掲『昭和八年度宮城県商品陳列所年報』一八～二三頁、『昭和十年度宮城県商工奨励館年報』(宮城県商工奨励館、一九三六年)四六～四八頁。
(14) 『昭和十一年度宮城県商工奨励館年報』(宮城県商工奨励館、一九三六年)。
(15) 宮城県商工奨励館年報の各昭和十年～十五年度を参照。
(16) 宮城県商品陳列所年報の昭和元年～昭和八年度、宮城県商工奨励館年報の昭和十年～十五年度を参照。
(17) 前掲『昭和八年度宮城県商品陳列所年報』。
(18) 宮市大丸は、明治期以来の荒物雑貨商である宮市唐物店を前身として、一九二三年に宮市百貨店、一九三〇年に株式会社宮市大丸と名称変更しているほか、一九三六年福井に設立された福屋百貨店、一九三七年新潟に設立された万代百貨店の経営にも関わったが、断わりのない限り本章では便宜上以下、「宮市大丸」で名称を統一して記述する。
(19) 藤崎は近世以来の仙台における呉服商であり、一八一九年に得可主屋の屋号で太物商として創業し、一九一二年に名称を株式会社藤崎呉服店、一九三〇年に株式会社藤崎と名称変更をしているが、本章では便宜的に「藤崎」で名称を統一して記述する。
(20) 中央百貨店の地方進出と支店網形成については、本稿第一部、満薗勇・加藤諭「百貨店による消費文化の地方波及―通信販売から百貨店の成立へ―」(『歴史と地理　日本史の研究』六一二号、二〇〇八年)。
(21) 石田篤郎編『丸井今井百年のあゆみ』(丸井今井、一九七三年)一九七頁。
(22) 『藤崎170年のあゆみ』(藤崎、一九九〇年)一一三頁。
(23) 大和五十年史刊行委員会編『大和五十年のあゆみ』(大和、一九七二年)五八～五九頁。
(24) 『大和五十年のあゆみ』(大和、一九七二年)によれば出張所に派遣されていた大丸の店員も宮市大丸店員として新たに雇用されており、所長前川竹之助のみ大丸に戻っている。
(25) 『金沢商工人名録昭和七年』(金沢市産業課、一九三二年)による。
(26) 開催催物の内容の差異については、第五章、補章参照。
(27) 芹澤春吉「大百貨店の支店経営の苦心」(百貨店商報社編『三越日本百貨店総覧第一巻』百貨店商報社、一九三三年）二九〜三〇頁。

（28）『昭和十三年版仙台商工案内』（仙台商工会議所、一九三八年）一一二頁、『昭和十二年度札幌商工人名録』（札幌商工会議所、一九三七年）四四頁、営業収益税は営業者の純益に対し課税される営業税。

第七章　戦前期東北における百貨店の展開過程
―岩手・宮城・山形・福島を中心に―

はじめに

本章では一九三〇年代における東北地方百貨店の展開過程について分析することで、戦前期において百貨店が全国的展開をしていく状況の一端を明らかにするものである。

日本における百貨店は明治末期より、東京、大阪といった大都市部で有力呉服店が経営改革を行う中で百貨店化していくことを契機としており、近代において当該都市の消費文化を創出し流行を創造する存在として、また経営的にも、小売業界において大きな影響を与える存在として成長していった(1)。大都市のみならず、一九一〇年代から二〇年代にかけて、地方においても一部百貨店が形成されていくが、百貨店の本格的な地方展開は一九三〇年代にもっとも顕著であり、中央百貨店の地方進出や支店網形成もあいまって、全国の主要都市の多くに設立されるようになる。一九三八年(昭和一三)末における日本百貨店組合の調査に依れば、百貨店の企業数は八七企業であり、店舗数は一五一店舗と、百貨店が全国的に存在する状況となった(2)。

一方で百貨店法に基づき組織された日本百貨店組合の加盟店状況からみると(3)、東北地方は概して百貨店設置が少なかった地域であった。東北地方における日本百貨店組合の加盟店を輩出県別でみると、青森（青森市、弘前市）、岩手（盛岡市）、宮城（仙台市）と東北六県中半分程度であり、秋田、山形、福島については法的には百貨店の立地がない県とされている。

これまで百貨店の地方進出については、平野隆氏によって百貨店の地方進出の全国的なあり様と、中小商店との対抗、その後の中小商店経営改善の流れについて網羅的に明らかにされているほか、合力理可夫氏によって佐賀の玉屋の百貨店化の状況、また遠城明雄氏によって福岡における百貨店の成立と中小小売商問題との関係性、末田智樹氏により福岡の岩田屋のターミナルデパート化についてそれぞれ考察されている(4)。

これまでの研究史の蓄積によって、一九三〇年代に百貨店が全国的展開をみる状況と、分析対象都市における百貨店設置と地場系中小小売商との確執の動きについては明らかとなってきている。しかし、これらの先行研究は百貨店の地方進出についての概観的状況把握、もしくは地方都市における特定の百貨店の事例研究に留まるものであり、地方都市に成立した百貨店が、その後隣県の地方都市にどのような影響を与え、そのことが一九三〇年代の百貨店の全国的展開とどのように関連するのか、という点については、これまで分析されてこなかった。このため、百貨店の地方進出において、地方都市間における百貨店の関係性については、これまでほとんど明らかにされてきていない。

また戦前期東北地方における百貨店の地方進出については、同時代的に百貨店の出張販売を分析した堀新一氏の研究があるほか、卸売市場・勧工場・公設市場・百貨店といった近代小売業態の仙台での展開過程について岩本由輝氏によって研究がなされているに留まり(5)、本格的な分析は行われてこなかった。

こうした先行研究を踏まえ本章では、東北地方における百貨店の展開過程、とりわけ中央百貨店の支店が設置された宮城県、またその隣県である、岩手、山形、福島をフィールドに設定し、仙台、盛岡、山形、福島という各地方都市における百貨店等の成立をみていきたい。また、これまでの百貨店史研究では、百貨店法の定義に該当する百貨店について分析されてきているが、百貨店法の定義には当てはまらなかったものの、地方都市において百貨店と認識されていた商店はほとんど分析対象に加えられてこなかった。本章では、こうした百貨店類似の商店についても分析対象とし、より立体的な百貨店成立過程の状況を描いていきたい。

具体的には、仙台においては、戦前に成立した二百貨店、大都市呉服系百貨店の支店であった三越と、地場系資本による藤崎をとりあげ、盛岡においては、地場系資本であった川徳、松屋を取り上げる。また山形、福島では百貨店法の規制外となったミツマス、中合といった商店についても分析対象とし、それぞれの百貨店がどのような関係性を有していたのかについて検討する。時期設定については、仙台に本格的な百貨店が成立する一九三二年（昭和七）から百貨店法が制定され、百貨店が法的に一定の営業統制がかけられるようになる一九三七年までをおよその対象とし、適宜一九三〇年代後半の状況についても言及することとする。

主な使用史料として、宮城、岩手、山形、福島の各地方新聞であった『河北新報』、『岩手日報』、『山形新聞』、『福島民報』を用いるほか、百貨店の業界新聞である百貨店新聞社、日本百貨店通信社が編集していた百貨店年鑑である『百貨店年鑑』、『百貨店総覧』を主な史料とし、三越、藤崎をはじめとする各百貨店社史、自治体史についても適宜使用することとしたい。

第一節　仙台における百貨店

（一）三越仙台支店、藤崎の成立

戦前期における東北地方の百貨店展開について、まずは唯一中央百貨店の地方支店が設立された仙台について、その成立過程をみていくこととするが、この点については前章まででも触れており、ここでは概観を述べるにとどめたい。

仙台に支店を構えることになる三越は、そもそも一六七三年（延宝元）に開店した呉服商である越後屋を母胎とした大都市呉服系の百貨店である。明治期に入り、越後屋は合名会社三井呉服店（一八九三年）と名称変更し、その後三井家の事業再編成にともない、呉服店事業を分離独立させることとなり、一九〇四年（明治三七）合名会社三井呉服店は株式会社三越呉服店と改組することとなった。このときに株式会社三越呉服店は「デパートメントストア宣言」を行い、百貨店化を内外に打ち出していく。(6) その後一九一〇年代を通じて店舗増改築、部門多角化、取扱品目を拡大し、一九二八年（昭和三）には株式会社三越呉服店から、株式会社三越と名称を変更、名称からも呉服店の銘を省くこととなる。また一九一〇年代から二〇年代にかけての、白木屋や松屋、そごう、髙島屋、大丸らの株式会社化にみられるように、(7) 大都市部では、大都市呉服系百貨店の成長がみられ、一九二〇年代に入ると東京、大阪においては店舗規模で、総床面積が一万平方メートルを超える百貨店店舗が開設されるようになっていった。

一方で、三越は戦前期において、地方支店の開設を積極的に進めた百貨店であり、一九二〇年代後半から一九三〇年代前半にかけて、三越はその支店数を急速に増加させていった。一九二〇年代半ばまで、三越の店舗は、東京の本店と、大阪支店、仕入れ等を中心業務とした京都支店、それに桐生、京城、大連に出張所を設置している体制であったが、一九二〇年代半ば以降、まず五大都市において、そして一九三〇年代に入ると地方都市において、支店網を形成していくこととなり[8]、一九三〇年代半ばまでのおよそ一〇年間に一本店、一一支店、一出張所の体制を整えるに至った。こうした三越の支店網形成戦略の一環として、地方都市である仙台に中央百貨店の三越が進出することになるのである。

三越は仙台支店の進出は一九三〇年四月段階において、仙都ビル株式会社が市内にビルを建設し、そこに三越が入居することが、河北新報の新聞報道によって明らかとなり[9]、その三年後、一九三三年四月に開設されることとなる。

この中央百貨店の地方進出は仙台の小売業界に動揺を与え、百貨店設置反対運動が地元中小小売商よりわき起こることとなったが、そうした設置反対運動とは異なり、近代的な百貨店店舗を整備し、自らが百貨店となることで、三越の仙台進出に対抗しようとする動きが起こる。こうした経営のかじ取りを行ったのが、仙台の地場系百貨店となる藤崎であった。

藤崎は一八一九年(文政二)、初代藤崎三郎助が太物商(木綿卸商)を創業したのを嚆矢とし、一八七九年、四代目藤崎三郎助の時に、小売業を開始。また一九一二年には株式会社化とともに洋服部を新設した。このほか明治期には製造業も経営しており、卸小売の呉服部、洋服部、機業部の三部門体制を取っていたが、一九一九年には製造業からは撤退、一九二八年には卸業からも撤退し、小売主体となっている。一九一九年には木造二階建てに店舗を新築し、陳列販売方式を採用、一九二七年には下足預かりを廃止するなど、三越が仙台に進出する以前より、大都市部による有力呉服店の百貨店化に習い、徐々に部門の多角化と百貨店式経営の模索を行っていたといえよう[10]。しかし、本格的な百貨店経営に乗り出すのは、三越の仙台進出の具体化によるところが大きい。一九三〇年四月の河北新報による三越仙台進出の報道の一か月後、同年五月、藤崎は株式会社藤崎呉服店から、株式会社藤崎に名称を変更しており、一九三二年一一月には鉄筋地下一階、地上三階、総床面積二〇〇〇平方メートルの新館を落成している。この結果、藤崎は旧館とあわせて、総床面積二八〇〇平方メートルとなった。地階の食料品や家庭用品、一階の靴、煙草、薬品、仕立夜具、三階の和洋家具、室内装飾品、事務用品、食堂など多くの部門は新設であり、また、翌一九三三年には商業組合法により設立された全国規模の百貨店組合組織である、百貨店商業組合に加盟することとなった[11]。

この新館落成は、一九三三年四月の三越仙台支店開設に約半年早く、三越の仙台進出を強く意識したものであったといってよい。本格的な百貨店店舗の新築は「三越支店を向ふに廻して、多難な商業経済戦へ華々しく挑戦することになつた藤崎側では、お客の不便を一掃し百貨店としてより充実する」という[12]、三越の仙台支店設置に対抗した藤崎の百貨店化戦略であったのである[13]。

（二）　仙台における二百貨店の県外戦略

仙台に藤崎、三越という二つの百貨店が成立したことの意味は、単に仙台という商圏だけに留まらず、隣県各都市の百貨店の勃興を促す契機となっていく。その影響について、地方新聞の広告に着目していきたい。中央百貨店の地方支店である三越仙台店が設置されることを受けて、藤崎は、本格的な百貨店として店舗を増改築し、中央からの百貨店進出に対抗していくこととなる。この藤崎の百貨店化に伴って、藤崎の隣県各新聞に対する広告数が増加するようになる。この点について、表1についてみていきたい。三越が仙台に進出する前年の一九三二年(昭和七)において、藤崎の隣県地方新聞の年間広告掲載数をみてみると、岩手日報では一月、一一月と二回、山形新聞では一〇月、一一月と二回、福島民報では二月、一一月、一二月と三回、広告を掲載している。このうち、一一月は藤崎が増改築し本格的な百貨店として成立した月に相当するが、年間にして、二〜三回とあまり積極的な広告掲載を行ってはいなかったことが分かる。

しかし、翌一九三三年以降、藤崎の隣県地方新聞の年間広告掲載数は増加していくこととなる。一九三三年において、岩手日報では、一月、二月、五月、七月、一〇月と年間五回、山形新聞では、一月、二月、六月、一〇月の四回、福島民報では、一月、二月、四月、五月、六月、一〇月、一一月、一二月と八回と、広告掲載頻度は前年の倍以上となった。この傾向は翌年以降も続き、一九三四年では、岩手日報で八回、山形新聞では八回、福島民報で七回、一九三五年では、岩手日報で七回、山形新聞で六回、福島民報で六回、一九三六年では、岩手日報で六回、山形新聞で七回、福島民報で八回、一九三七年では岩手日報で五回、山形新聞で八回、福島民報で六回、一九三八年では岩手日報で七回、山形新聞で九回、福島民報で七回、一九三九年では岩手日報で四回、山形新聞で九回、福島民報で六回、一九四〇年では岩手日報で七回、山形新聞で八回、福島民報で七回と、一九三四年以降、三〇年代を通じておおむね各地方新聞とも年間六回以上、ペースとしてほぼ一、二か月に一回の割合で藤崎の新聞広告が出され続けるようになった。

このように藤崎は、百貨店店舗としての体裁を整えて以降、隣県において従来よりも積極的な宣伝を行っていくことになる。これは藤崎が宮城県内はもとより、さらに隣県も視野に入れ新規顧客を開拓する目的があったことのあらわれであるといえよう。そのことが顕著に分かるのが、山形新聞における一九三七年以降の新聞広告掲

山形新聞		岩手日報	
藤崎	三越	藤崎	三越
0101M		0101M	
0209M		0209M	
0419M		0531M	
0531M		0719M	
0719M		1021M	
1001M		1220M	
1120M			
0101M	1110M	0101M	
0209M		0209M	
0423M		0423M	
0531M		0601M	
0720M		0712M	
1010M			
1108M			
1220M			
0101M	0421M	0106M	
0130M	0701M	0209M	
0209M	0805M	0401M	
0303M	1101M	0520M	
0520M	1209E	0720M	
0702M	1210M	1023M	
0721M	1216M	1222M	
1019M	1223M		
1223M			

西暦	福島民報		山形新聞		岩手日報	
	藤崎	三越	藤崎	三越	藤崎	三越
1939	0101M	0429M	0101M	0329M	0217M	
	0218M	0802M	0210M	0715M	0423M	
	0425M	0917M	0218M	0801M	0603M	
	6001M	1225M	0319M	0907M	1019M	
	1015M		0423M	1201M		
	1223M		0602M	1215M		
			0721M	1222M		
			1014M	1224M		
			1223M	1225M		
1940	0101M	0402M	0101M	0206M	0211M	
	0211M	1019M	0211M	0402M	0428M	
	0602M	1216M	0426M	1019M	0601M	
	0719M		0601M	1217M	0720M	
	0923M		0719M	1218M	0922M	
	1116M		0722M	1221M	1116M	
	1221M		0922M		1221M	
			1116M			

載数の増加である。仙台と山形を結ぶ鉄道、仙山線は一九二九年九月に仙台と愛子の間で仙山東線が先行して開通し、更に一九三一年八月には作並まで延伸された。一九三三年一〇月には山形側から、羽前千歳と山寺間の仙山西線が開通、仙山線は東西より路線を漸次延伸させていったが、一九三七年一一月に、ようやく仙台と山形の間が全線開通に至る。この仙山線の全線開通と藤崎の新聞広告掲載数の増加が一致するの

表1　岩手日報・山形県新聞・福島民報各地方新聞仙台二百貨店広告掲載月表

西暦	福島民報		山形新聞		岩手日報	
	藤崎	三越	藤崎	三越	藤崎	三越
1932	0210M		1027M		0101M	
	1101E		1101E		1101M	
	1209M					
1933	0101M	0331M	0103M	0331M	0101M	0331M
	0209M	0710M	0209M	1008M	0210M	
	0401M	0814M	0601M	1123M	0520M	
	0501M	1010M	1003M		0722M	
	0630M	1223M			1003M	
	1001M					
	1102M					
	1221M					
1934	0209M	0728M	0101M	0401M	0101M	
	0330M		0229M		0209M	
	0531M		0331M		0330M	
	0719M		0601M		0531M	
	0923M		0720M		0720M	
	1101M		0923E		0923M	
	1222M		1101M		1101M	
			1221E		1220M	
1935	0101M		0210E		0101M	
	0210M		0330M		0210M	
	0330M		0519M		0331M	
	0519M		0718M		0517M	
	0719M		1101M		0718M	
	1101M		1221E		1211M	
					1221M	

西暦	福島民報	
	藤崎	三越
1936	0101M	0627M
	0209M	
	0420M	
	0531M	
	0623M	
	0719M	
	1002M	
	1220M	
1937	0101M	
	0209M	
	0423M	
	0601M	
	1012M	
	1221M	
1938	0101M	
	0210M	
	0401M	
	0521M	
	0721M	
	1020M	
	1222M	

出典　岩手日報・山県新聞・福島民報各地方新聞（1932～1940年）
※単位：数字は月日の順、英字（M→朝刊、E→夕刊）、0210Mは2月1日朝刊の意。

である。仙山線全線開通前後における藤崎の山形新聞に対する新聞広告月をみてみると、一九三七年一〇月から一九三八年三月まで六か月連続毎月広告が掲載されている。また一九三七年一一月には、店内において、「仙台旅客課御後援開通記念仙山線観光展」の展覧会を開催しており、仙山線全線開通のムードを盛り上げていた[14]。

そして藤崎店員が実際に山形に赴き、ドアコールによる販売促進活動を行った。藤崎の社史である『藤崎170年のあゆみ』によれば、藤崎では、仙山線開通を新たな顧客拡大の機会と捉え「荷車いっぱい名入りの手ぬぐいを積み、山形市内の家庭を一軒一軒まわって藤崎のＰＲを実施した」という(15)。

しかし、こうした隣県地方新聞における広告や、仙山線全線開通期にみられる店員によるドアコールなどが、単に藤崎の実店舗への来店を促すという、店舗集客効果のみを意図したものであったかについては検討の余地がある。一九二六年から一九三五年までの仙台駅における年間乗降客数について、仙台鉄道局による『年報』からみてみると、仙台における百貨店の登場が、どれだけ隣県からの集客に結び付いたのか、ということについては疑問が残る。

表2　仙台駅における年間乗降客数の推移

西暦	仙台駅	
	年間乗車数	年間降車数
1926	1755405	1751868
1927	1752816	1742635
1928	1880641	1873707
1929	1770470	1749904
1930	1669219	1660454
1931	1576241	1563940
1932	1501045	1511557
1933	1629495	1634528
1934	不明	不明
1935	1618208	1638798

出典　『年報』昭和元年版～昭和十年版（仙台鉄道局、1926～1935年）
※単位：人

表2によれば、仙台駅の鉄道乗降客数から仙台商圏が拡大した状況はみてとれないのである。景気による乗降客数の変動はあり、昭和恐慌の影響もあって一九三〇年から一九三二年にかけて仙台駅における乗降客数は減少し、その後一九三三年以降乗降客数が回復するという傾向はみてとれるものの、年間乗降客数については一九三〇年以前の水準に乗降客数が戻ってはおらず、鉄道の側面からは、仙台における百貨店の登場と鉄道乗降客数の増減を直接結びつけることは出来ない。

このことは仙台における百貨店の無料配達区域の設定からも考察できる。戦前期において百貨店業界紙の一つであった日本百貨店新聞社は一九三〇年代において、不定期年に日本百貨店総覧と題した年鑑を刊行しているが、そのうち『日本百貨店総覧昭和十四年版』には仙台における両百貨店の無料配達区域が掲載されている。無料配達区域は文字通り百貨店で購買した商品を無料配送する範囲であり、恒常的に実店舗での購買が期待される範囲ということで、実質的な百貨店の実店舗における商圏ということができる。これをみてみると、仙台の両百貨店とも無料配達区域は仙台市中心部からおよそ長町まで四・四キロメートルの仙台市内一円、そして塩竈町が設定されている。[16]

塩竈町は宮城県の港町であったが、一九三〇年には塩竈水産市場株式会社が設立、一九三三年には塩竈築港工事の完了と築港の進捗に伴い、活気を呈しており、一九二六年から一九四〇年における宮城県下人口増加率は県下町村第一位であった。一九四〇年における現住戸数職業別調では商業（主に物品販売業）一四〇六戸、工業（主に製造業）五七六戸、公務自由業五六二戸、水産業四四五戸となっており「漁船の出入で日々賑わいを増」す「金華山沖漁場を総括する水産業中心の港湾都市」とされており、[17]新中間層を新たな顧客層として成長を遂げる大都市部の百貨店像とは異なる、地方都市における百貨店の顧客層がみてとれるが、このように仙台における百貨店にとって無料配達区域を設定し得る具体的商圏は仙台一円に加え塩竈町のみであったといえる。

また隣県からの実店舗への集客効果は限定的であったと考えられるもう一つの理由として、仙台で藤崎と対する三越仙台支店における、隣県地方新聞に対する広告掲載数があげられる。表1によれば、三越が仙台に支店を開設した一九三三年においては、岩手日報で一回、山形新聞で三回、福島民報で五回と広告を掲載しているが、翌一九三四年には山形新聞と福島民報で一回ずつ広告を出しているのみで、岩手日報への広告は全く行っていない。続けて一九三五年から一九三七年の三年間にかけてみても、一九三五年には一度も隣県の地方新聞に広告は出ておらず、一九三六年に福島民報で、一九三七年に山形新聞に、それぞれ一回広告を掲載させているのみである。仙山線が全線開通すると、一九三八年以降、三越仙台支店もまた山形新聞への広告掲載回数は増加させることになるが、藤崎よりは回数は少なく、一九三〇年代を通して、三越仙台支店は藤崎よりも隣県への広告に対してはあまり積極的ではなかったことがうかがえる。このことから三越は隣県からの店舗来客をほとんど想定していなかったことが分かる。

それでは、藤崎が三越より隣県に積極的な宣伝を打っていったのにはどのような意図を持つものであったのだろうか。『日本百貨店総覧昭和十二年版』から藤崎における職制をみてみると、藤崎の営業部には通信販売係が置かれており、一九三六年段階で藤崎が通信販売を行っていたことが分かる。[18] さらに、『日本百貨店総覧昭和十四年版』では藤崎の通信販売が「東北一円に販売網を廻らし多大の効果を挙げてゐる」状況にあったことを記している。[19] 先にみたように、藤崎は一九三二年以前において隣県にほとんど広告を出していなかったことからして、藤崎は百貨店化して以降、東北地方一円における通信販売を強化していったといえる。三越仙台支店に比べ、藤崎が隣県地方新聞に積極的に広告を出していく背景には、全国的に知名度が高い三越に対し、藤崎の名前を隣県に広く認知させ、通信販売による売上増加を狙う目的があったと思われるのである。

一方で、三越仙台支店には通信販売係は存在しなかった。三越において通信販売係が設置されていたのは、東京日本橋本店のほか、大阪支店、京城支店等の旗艦店であり、それらが通信販売用のカタログを作成送付、通信販売を管轄していた。[20] 三越仙台支店が通信販売を意図して隣県に広告を行う必要はなかった。また、三越は仙台支店設置以前、明治末期より東北各県を巡回しながら出張販売を行っており、その都度地方新聞に出張販売の開催広告を掲載していたことから、隣県部において新たに積極的に知名度を高める必要性は藤崎ほど高くなかったと思われる。

このことは三越仙台支店の外商範囲が宮城隣県にまで及んでいたことからもうかがえる。日本百貨店新聞社同様、百貨店の業界紙であった日本百貨店通信社が刊行していた百貨店年鑑の『百貨店年鑑昭和十三年版』には三越仙台支店の「外売区域」の一覧、すなわち実店舗販売以外の営業方法である外商における営業範囲があげられているが、これをみると、三越仙台支店は宮城県のみならず、福島県、山形県、岩手県と広く「外売」を行っている。宮城県内の範囲も三越仙台支店が仙台、塩竈、松島、石巻、女川、岩沼、亘理、小牛田、涌谷、佐沼、登米、志津川、米谷、気仙沼、古川、鳴子、三本木、作並、秋保、丸森、白石と広い範囲に及んでいた。これに対して、藤崎の「外売区域」は宮城県内に留まっており、藤崎は仙台、塩竈、古川、白石、石巻、亘理、岩沼、村田、大河原、角田と県北部の広がりに弱さがみられる。

三越仙台支店は、こうした状況から、知名度を高めるための新聞広告を隣県に対して行うことに積極的ではなく、三越仙台支店の広告は直接店舗に来客が見込める商圏範囲にしか出されなかったのである。一九三三年の開店当初においては、隣県地方新聞に対して開店広告を掲載するものの、翌年以降ほとんど出されなくなっていくのは、広告掲載に見合う隣県からの店舗に対する来客が想定できなかったためであろう。むしろ、三越仙台支店が開設されたことで、従来の知名度を活かして宮城県内あるいは隣県の顧客に対する外商に力を注いだのである。

第二節　宮城隣県における百貨店の勃興

以上みてきたように、藤崎は各県地方新聞における新聞広告の活用と通信販売、三越仙台支店は中央百貨店の知名度を活かした外商と、その手段は異なるものの、二百貨店が仙台に成立して以降、積極的に県外への顧客獲得を行うようになっていく。これらの戦略は必ずしも実店舗への集客とは直接的には結び付きにくいものであったが、仙台に成立した百貨店の影響力が隣県にも及ぶようになったということがいえる。そしてそのことは、隣県の地方都市における大商店を刺激することとなった。一九三二年(昭和七)から一九三三年にかけて仙台において、藤崎、三越仙台支店が成立して以降五年の間に、隣県の各地方都市では百貨店もしくは、百貨店類似の商店の開設が相次いで起きてくるのである。一九三三年三月、山形市において茶・茶器商であった、いわふちの資本により、いわふち第一（以下屋号のミツマスで通称を統一）が開設、一九三五年一月福島市において呉服商であった中合が株式会社化、一九三五年一一月には盛岡において呉服商であった松屋が百貨店として開店。一九三七年一二月、同じく盛岡市において松屋と同系親族による呉服商であった川徳が百貨店店舗を開店させているのである。

（一）岩手における百貨店

このうち、一九三七年（昭和一二）に制定される百貨店法の適用を受けたのは、藤崎・三越のほかは盛岡市所在の松屋と川徳であったことから、まずは盛岡の両百貨店の百貨店化の流れをみていきたい。松屋と川徳はともに肴町に店舗を構えた盛岡在来の呉服商であり、その創業は川徳が古く、一八七五年（明治八）である。

その後、一九二七年に川徳の初代川村徳助の実弟であった川村松助が松屋を創業し、一九三二年に初代川村徳助が死去した後、川村林造が二代目川村徳助を襲名することとなった(21)。こうした経営陣の世代交代と、隣県仙台における百貨店の成立と時期を同じくして、川徳も呉服業から百貨店化に向けた経営改革を行っていくこととなる。一九三三年三月より川徳は店内売場拡張と売場配置の移動の店内改装を行うが、この際、岩手日報の新聞紙上で、「（一）当店の商品配置を如何にせば皆様方の最も買ひ良き店と成ましやうか、（二）現在当店で取扱つてゐる以外の何んな品物を販売いたしましたならば皆様の御便利な店と成りましやうか、（三）当店で皆様の御気に召さぬ点と何んなサービスが必要で御座いましやうか御知らせ下さい」という店舗改革に関しての意見を求める懸

表3　松屋、藤崎売り場構成（付取扱商品）

	松屋（盛岡）		藤崎（仙台）
屋上	お子様遊技場、庭園、スポーツランド	屋上	展望台、遊歩道
四階	文房具類、玩具、楽器、和洋家具	三階	和洋家具、カーテン・クッション、室内装飾品、竹工品類、学習文房具、事務用品、玩具、運動用品、子供車、自転車子供車、乳母車、食堂、お客様用電話
三階	大食堂、小ホール、煙草、喫煙具		
二階	京呉服、銘仙、洋反物、実用綿布	二階	銘仙高級着尺、御召小紋、友禅模様、帯地木綿、唐物モスリン、半衿絽紗、呉服細工、御祝儀用品、旗幕類、休憩室
一階	洋品雑貨、化粧品、子供服、旅行用品、履物、足袋、商品券	一階	洋品、婦人洋品、帽子類、洋傘・ショール、婦人子供服、既製コート、トンビ、旅行洋品、鞄類、雨傘・足袋、煙草・薬品、度量衡の一部、御手荷物預所、オーバー、仕立夜具、布団、化粧品、石鹸糸類、紐類髪飾、商品券売場承り所、お客様用電話
地階	食料品、和洋菓子、家庭金物、雑貨、台所用品	地階	和洋瓶詰、缶詰乾物、佃煮漬物、和洋菓子、家庭金物、硝子器、銅器、陶漆器、台所用品、荒物、銘産品、均一売場、呉服雑貨特売場

出典　『河北新報』1932年11月1日掲載新聞広告、
　　　『日本百貨店総覧昭和十四年版』（百貨店新聞社、1939年）

賞投票広告を掲載している。[22]川徳は別館で雑貨も取り扱っていたが、一九三四年には合名会社となし、一九三五年三月には洋装部を新設[23]、同年一一月には店舗増築と食料品部を新設するなど、急速に部門の多角化を行っていった。[24]そしてこの食料品部の新設にあたり、川徳は三越の食品関係の傍系会社であった二幸商会と取引提携しているのである。三越仙台支店においても、食品関係については二幸商会が担当していたことから、仙台における三越仙台支店の経営方法が取り入れられたものと考えられる。川徳はその後も漸次増築を続け一九三七年一二月第三次増築工事を完了し、売場面積二三六五平方メートルとなり[25]、家庭雑貨文具玩具既製品に関する新商品部を新設[26]、日本百貨店組合に加盟し、名実共に百貨店の仲間入りを果たし、翌一九三八年には店内にジャパン・ツーリスト・ビューロー案内所を設置した。ジャパン・ツーリスト・ビューロー案内所については、先に仙台三越支店においても開設時設置されており、この点についても三越仙台支店との経営上の類似点がみてとれる。

これに対して松屋も本格的な百貨店店舗の建設を意図し、建設計画について一九三四年二月岩手日報の新聞紙上に掲載された(27)。一九三五年一一月二〇日には鉄筋地上四階地下一階、売場面積約一五五〇平方メートル(28)のエレベーター付き店舗を新築落成、開館初日は四万人の人出をみたという(29)。店内施設については、地下一階に食料品、和洋菓子、家庭金物、雑貨、台所用品、一階に洋品雑貨、化粧品、子供服、旅行用品、履物、足袋、商品券、二階に京呉服、銘仙、洋反物、実用綿布、三階に大食堂、小ホール、煙草、喫煙具、四階に文房具類、玩具、楽器、和洋家具、屋上がお子様遊技場、庭園、スポーツランドとなっている(30)。仙台の百貨店であった藤崎は地下一階地上三階建てで独立したホールを持っていなかったが、地下から二階に至る商品構成については、先に見た藤崎と松屋は酷似している。また三階に食堂、屋上の遊覧施設という形式も同様であり、店舗のフロア構成について、先行して増改築された藤崎が参考となったことがうかがえる(表3)。

(二)　山形、福島における百貨店

一九三三年(昭和八)、商業組合法により百貨店業界が日本百貨店商業組合を結成すると、仙台における藤崎、三越仙台支店は、日本百貨店商業組合に加盟することになるが、この商業組合は強制加入ではなかったことから、岩手における松屋、川徳は加入しなかった。しかし、一九三七年に百貨店法が制定されると、百貨店法の下で、岩手における、松屋、川徳は法的に百貨店として定義され、日本百貨店商業組合を母体とし、新たに組織された日本百貨店組合への加盟義務に服することとなる。しかし一方で山形、福島には戦前期においては法的には百貨店が存在しない県とされた。一九三七年公布施行の百貨店法に拠れば、その条件は「衣食住ニ関スル多種類ノ商品ノ小売業ヲ営ム者」とされ、百貨店法施行規則によって、六大都市においては売場面積三〇〇〇平方メートル以上、その他の都市については一五〇〇平方メートル以上のものと規定されたが、この条件に山形、福島の商店は該当しなかったからである(31)。

しかし、法的には百貨店の定義から外れるものの、一九三〇年代の当該都市では、百貨店と認識される商店が成立している。山形市では、茶・茶器商であった岩淵増蔵が一九三三年三月、七日町通りに地上三階建ての店舗でミツマスを開設している。このミツマスは新聞紙上の広告で「山形県の新百貨店」と自ら百貨店を自称しており(32)、山形新聞紙上にみられる新聞広告からは洋服、洋品、雑貨、子供用品、文房具、商品券等を主として扱っており、三階には食堂部が設けられていたことがわかる。自称のみならず、ミツマスが百貨店であると認識されていたことは、山形商工会議所が行った山形商店街調査からもうかがい知ることができる。この山形商店街調査報告では七日町について一九三五年一二月における小売業者の構成について記しているが、その中で、第一種物品販売業者として中規模百貨店の存在を一店分類しているのである。これはミツマスを指しているものと思われるが、山形商工会議所をして、山形市内に百貨店が存在していると認識していたことを示している(33)。また、一九三六年三月に山形新聞社主催で行われた商工座談会に、ミツマス店主の岩淵増蔵が出席しているが、この席上に同席していた帽子商より「ミツマスさんはデパートの経営者ですから」と話を振られており、小売同業者間においても、ミツマスが百貨店であると認識されていたことが分かる(34)。

このようにミツマスは山形において百貨店と目されており、事実山形市内における百貨店設置の消費者要求は強かった。この座談会に先立って山形新聞社が市民に対して、七日町通りの警察署移転跡地を「如何に利用したならば一番理想的であるか？」というアンケートを募集していたが、約四六〇〇通のアンケートの結果、最も希望が多かったものがデパートの一二五〇通、商店連合デパートが一〇六〇通、市立デパートが八四五通、総合デパートが七四〇通となっており、次に公会堂の三二〇通、県乃至市営物産館二三〇通、以下郵便局、銀行、活動常設館、簡易会堂、新聞社、公設市場、中央小公園、遊園地等という回答であった[35]。その経営方法を問わずデパートの建設を希望する声が全体の八四・七パーセントを占めるということから、潜在的な百貨店需要は極めて高かったといえよう。

また先に述べた山形新聞社主催の商工座談会の議題は、七日町通りの警察署移転跡地の利用問題と、仙山線開通後の仙台商人の脅威についてであったが、山形新聞の別欄に岩淵増蔵は経営寸言として、山形商人の商法改善が必要であることを説いているほか、座談会上で岩淵増蔵は「実際仙台に最初三越が出来る際には非常な反対があつたがイザ実現して見ると考へた程の圧迫もなく反対にこのため専門店がよい結果を得て居ります」という、仙台における百貨店と小売商間の問題について分析を行っており、仙台の百貨店事情を強く意識し経営を行っていたことが分かる[36]。

このように、山形においては、仙山線開通後の仙台商人の潜在的脅威と市民の高い百貨店需要があり、こうした背景の中でミツマスが開設され、当該都市において百貨店と認識されるような商店経営を行っていったのである。

福島においては、福島民報から詳細な百貨店の展開経緯について追うことができないものの、一九三五年八月に、福島市商品陳列所が入居していた福島ビルのあとに、「デパート式経営でショップ、ガール」を採用した、福島市商品館が開館している。その際の品ぞろえも幅広く、新たに第一種として、食料品、履物及革製品類、洋品雑貨類、小間物、化粧品、玩具、文房具類、呉服太物、洋服類、漆器、陶磁器、金物、家具類を、第二種として福島県主要物産並に名産品及び県外産品にして宣伝紹介の価値あるもの、を取り扱ったという。[37]

また同年には福島市内の呉服商であった中合が株式会社化しており、三年後の一九三八年一〇月には三階建て店舗を増築、一階に洋品雑貨、男女洋服、子供服、小物、袋物、毛糸、大人子供帽子、友禅モスリン、二階に絹布、綿布、新興製品、三階に食堂、文具、紙製品、オモチャを備えた、店舗を構えている。中合は外商の範囲が宮城県南部白石近辺にまで及び、藤崎や三越仙台支店の外商範囲と重なっており、仙台における百貨店の成立は中合の株式会社化にも影響を与えたと思われる。また、百貨店化にあたっては支配人であった中村外三郎が東北の百貨店を視察したという。[38]

このように、山形、福島においては、戦前期において百貨店法の適用を受けるような本格的な百貨店は成立しなかったものの、仙台における百貨店の成立を受けた地場系資本による百貨店類似の経営方法の模索と、当該都市における百貨店登場に期待する消費者の需要とが相まって、当該都市においては百貨店と認識されるような百貨店類似の、「百貨店式経営商店」が成立していったのである。

おわりに

以上みてきたように、一九三〇年代における三越の地方支店網形成の一環で、仙台に三越支店が設置されると、それまでも漸次部門の多角化を行っていた仙台の在来呉服商であった藤崎は、三越進出を契機として本格的な百貨店店舗を建設することとなり、この結果、仙台には中央百貨店の地方支店である三越仙台支店と、地場系資本である藤崎の二百貨店が成立することとなる。百貨店となった藤崎は新たな顧客獲得を求めて、隣県に対しても三越仙台支店に比べ、積極的な新聞広告宣伝を行っていったが、これは実店舗への集客効果を強く意識したというよりは、藤崎の知名度の上昇による通信販売の強化の意味合いが強かった。しかし、藤崎の新聞広告戦略や、三越仙台支店の宮城県外に及ぶ外売区域は、隣県の百貨店化を促す契機となり、その経営手法や店舗内の部門別構成等を一部取り入れる形で、盛岡には川徳、松屋の在来呉服商の百貨店化がなされることとなった。山形や福島においても百貨店法の法的規制を受ける規模ではなかったものの「百貨店式経営商店」であるミツマスや中合等が成立していった。とりわけ山形では、一九三七年(昭和一二)の仙山線全線開通による仙台商圏の影響が強く意識されており、消費者の潜在的な高い百貨店需要も背景にあった。このように中央百貨店の地方進出は、当該都市における地場系百貨店の勃興を促したが、このことが、さらには隣県における百貨店や「百貨店式経営商店」の成立を促す契機となり、この過程によって一九三〇年代には東北地方において一県に一つ以上百貨店もしくは百貨店式経営商店が存在するという状況が生まれることとなった。こうした東北における百貨店展開の状況は、一九三〇年代の百貨店の全国的展開と時期を同じくしている。一九三〇年代に百貨店の全国的展開が急速に進んでいった要因の一つとして、この東北における百貨店展開の状況をあげることができるといえよう。戦前期において全国的に百貨店が創出される状況は、中央百貨店の地方進出に伴う同一都市内での地場系百貨店の成立に留まらず、地方都市に設立された百貨店はその販路を一定程度、隣県部にも求め、その影響がさらに隣県各都市に及ぶ形で、百貨店、あるいは「百貨店式経営商店」が立地展開されていったのである。

もっとも、本章においては、青森、秋田における百貨店の成立過程については検討を行わなかった。青森については菊屋、松木屋の二百貨店、秋田には木内雑貨店という「百貨店式経営商店」が一九三〇年代までに成立している。また、山形、福島は新潟とも接しているが、北陸における百貨店の影響については分析の対象としなかった。これらについては今後の課題としたい。

（1）初田亨『百貨店の誕生』（三省堂、一九九三年）、前田和利「日本における百貨店の革新性と適応性」（『駒大経営研究』第三〇巻第三・四号、一九九九年）、藤岡里圭「百貨店」（石原武政・矢作敏行編『日本の流通100年』有斐閣、二〇〇四年）。
（2）『調査彙報　昭和一三年』（日本百貨店組合、一九三八年）一二五一頁。
（3）日本百貨店組合は百貨店法によって百貨店業界団体として組織されたものであるが、一九三三年に商業組合法によって組織された日本百貨店商業組合を前身としている。詳細については第四章参照。
（4）岩本由輝「仙台市における卸売市場・勧工場・公設市場・百貨店の展開」（『市場史研究』第一六号、一九九六年）、合力理可夫「地方百貨店成立前史―(株)玉屋を例として」（『第一経大論集』第三一巻第三号、二〇〇一年）、遠城明雄「一九三〇年代の都市中小小売商―福岡県の場合」（『史淵』第一四〇輯、二〇〇三年）、末田智樹「昭和初期における百貨店業の形成と立地展開―福岡市の発展と岩田屋のターミナルデパート化に関する考察を中心に」（『地域地理研究』第一〇巻、二〇〇五年）。
（5）堀新一『百貨店問題の研究』（有斐閣、一九三七年）、岩本前掲「仙台市における卸売市場・勧工場・公設市場・百貨店の展開」、このほか満薗勇・加藤諭「百貨店による消費文化の地方波及―通信販売から百貨店の成立へ」（『歴史と地理　日本史の研究』六一二号、二〇〇八年）。
（6）三越は、近世以来の呉服店をその前身としており、越後屋（一六七三年）の創業に始まり、合名会社三井呉服店（一八九三年）→株式会社三越呉服店（一九〇四年）→株式会社三越（一九二八年）と社名変更がなされるが、便宜上本章では以下「三越」で表記を統一する。
（7）各百貨店の株式会社化は以下の通り。株式会社白木屋呉服店（一九一九年）、株式会社松屋鶴屋呉服店（一九一九年）、株式会社十合呉服店（一九一九年）、株式会社高島屋呉服店（一九一九年）、株式会社大丸呉服店（一九二〇年）。
（8）一九二〇年半ば以降の支店設置年順については以下の通り。一九二五年（大正一四）新宿分店が設置（一九二九年支店に昇格）、一九二六年（大正一五）神戸分店（一九二八年支店に昇格）、一九三〇年（昭和五）銀座支店、同年金沢支店、一九三一年高松支店、一九三二年札幌支店、一九三三年仙台支店。このほかに京城支店と大連支店を有していた。

（9）『河北新報』一九三〇年四月一五日。
（10）藤崎の社史については主に『藤崎170年のあゆみ』（株式会社藤崎、一九九〇年）を参照した。
（11）百貨店業界の組織としては、一九二四年（大正一三）日本百貨店協会が初発であり、東京、大阪等の大都市の百貨店が自主的な組合として一九三二年時点までに一一社が加盟していた。その後、一九三三年に商業組合法により日本百貨店協会を母体として、日本百貨店商業組合が結成され、全国規模で組織されたが加盟についての強制力はなかった。一九三七年の百貨店法により日本百貨店商業組合は解消し、日本百貨店組合に改組され、百貨店法適用の店舗が統制された。
（12）『河北新報』一九三一年一〇月二六日。
（13）仙台における藤崎、三越の特徴の差異については、五章、補章ならびに六章を参照。
（14）開催催物の内容の詳細については、補章を参照。
（15）『藤崎170年のあゆみ』（藤崎、一九九〇年）一〇八頁。
（16）百貨店新聞社編『日本百貨店総覧昭和十四年版』（百貨店新聞社、一九三九年）三五頁。
（17）戦前期における塩竈市の状況については、『塩竈市史二　本編二』（塩竈市、一九八六年）。
（18）百貨店新聞社編『日本百貨店総覧昭和十二年版』（百貨店新聞社、一九三六年）一五九頁。
（19）前掲『日本百貨店総覧昭和十四年版』五一頁。
（20）戦前期の大都市呉服店系百貨店の本店による百貨店通信販売の状況については、満薗勇「戦前期日本における大都市呉服系百貨店の通信販売」（『経営史学』第四四巻一号、二〇〇九年）。
（21）前掲『日本百貨店総覧昭和十四年版』四三～四五頁。
（22）『岩手日報』一九三三年四月一日夕刊。
（23）『岩手日報』一九三五年三月一六日夕刊。
（24）『岩手日報』一九三五年一一月一四日夕刊。
（25）前掲『日本百貨店総覧昭和十四年版』四四頁。
（26）『岩手日報』一九三七年一二月七日朝刊。

(27)『岩手日報』一九三四年二月二一日朝刊。
(28)前掲『日本百貨店総覧昭和十四年版』四六頁。
(29)『岩手日報』一九三五年十一月二十二日朝刊。
(30)前掲『日本百貨店総覧昭和十四年版』百貨店新聞社、一九三九年)四五頁。
(31)日本百貨店通信社編『百貨店年鑑昭和十三年版』(日本百貨店通信社、一九三八年)一、五頁。
(32)『山形新聞』一九三三一〇月三一日朝刊。
(33)「山形商店街調査報告」(山形商工月報』第二二七号、山形商工会議所、一九三六年)六頁。
(34)『山形新聞』一九三六年三月二〇日夕刊。
(35)『山形新聞』一九三六年三月二〇日夕刊。
(36)『山形新聞』一九三六年四月一六日夕刊。
(37)『福島民報』一九三〇年八月三日朝刊。
(38)ややまひろし『百年の商魂中合に伝わる商いの心』(民報印刷、二〇〇二年)一四八～一四九頁。

終章

第一節　本書のまとめ

以下これまで述べてきた研究成果を順に示し、総括することで今後の展望も含め研究史上の意義について再確認してみたい。

第一章では、一九二〇年代後半から一九三〇年代にかけて百貨店の全国的展開がなされる要因について、大都市呉服系百貨店の支店網形成という動きが存在していたことを確認し、そうした百貨店の支店網形成には当該期百貨店が経営の合理化を目指していたこと、その合理化策としてチェーンストア方式の百貨店経営への導入という取組が背景にあったことを確認した。

多数の店が一個の中央本部に統轄されて、統一された仕入、販売、サービスを以て大量仕入と多量販売を目的とするチェーンストア方式が、百貨店経営陣の中で注目されるようになったのには、一つには一九二〇年代から一九三〇年代にかけてアメリカ視察に向かった百貨店の経営陣や幹部候補が、チェーンストアが小売業界の中で急速に台頭し、百貨店業の脅威となっていた状況を目の当たりとし、今後日本においても発達可能性のあったチェーンストアの方式に百貨店自らが取り組むことで小売業界をリードしようとする百貨店経営上の思惑があった。

一方、この時期百貨店がチェーンストア方式の導入を模索する背景には百貨店の規模の拡大に伴う営業費増加の問題があったことを、松坂屋を事例として明らかにした。松坂屋では一九一〇年代半ばまで一〇〇万円未満であった年間営業費は一九一〇年代後半に入り一〇〇万円を超え、一九二〇年代半ばに五〇〇万円、一九三〇年代半ばには一〇〇〇万円を超えるようになり、売上高の増加に反し純益が伸び悩むようになる。実店舗の規模拡大に対して、純益率の鈍化が徐々に顕在化していたのである。金融恐慌や昭和恐慌という経済的不況期に当たって、一九二九年から一九三二年には総売上高自体が減少すると、松坂屋では一九三二年、営業効率を意識した社是として三大綱要を指示、純益が伸び悩む原因である営業費の抑制が本格的に経営課題にあがるようになっていた。このように、チェーンストアが百貨店の脅威となっていた一九二〇年から一九三〇年代のアメリカの状況が日本でも知られるようになっていったこと、そして店舗規模の拡大に伴う営業費の増加と純益率の低減傾向が、一九二〇年代後半から一九三〇年代前半にかけての断続的な経済不況の中、総売上高自体の低下を伴って営業成績に表れるようになったことから、日本における百貨店は経営の合理化を模索、大都市呉服系百貨店を中心として、百貨店自身がチェーンストア方式の取り入れを検討し、その一環として支店網形成を図っていったことが、百貨店の地方進出の背景にあったのである。

第二章では三越におけるチェーンストア方式の導入と百貨店支店網形成の検討を行った。一九二〇年代後半から一九三〇年代前半にかけて、三越が目指したチェーンストア方式の取り入れは、大都市から地方都市まで幅広い支店網展開を図り、そうした支店網の規模でもって、中央統轄の下での共同仕入と大量販売を行うというものであり、一九三〇年から一九三三年まで金沢、高松、札幌、仙台と地方支店を相次いで設置していく。当時三越は「一県一店主義」を掲げ、アメリカのチェーンストアと百貨店の立地との調査から、人口規模二〇万人以下の都市でも百貨店の展開が可能であると判断していた。また支店が設置された地方都市と三越とは、設置決定以前より地元財界、行政と密接な関係を持っていたことを、仙台を事例に明らかにした。仙台の財界・行政と三越は、東北振興会主催の催事会場として三越が協力した一九一〇年代以降、仙台商工会議所が主催した東北産業博覧会の会場プランに三越が関わる等、関係を深めていた。一九二〇年代後半から一九三〇年代前半、百貨店の新規出店に際しては出店先中小小売商との摩擦が起きていたが、仙台市、仙台商工会議所ともに百貨店誘致寄りの動きをみせていたことから、三越にとっては進出しやすい都市であったといえる。一方、三越の進出は地方産業開発の一助となることが期待された。百貨店は地域の商品文化・産業振興の担い手としても位置付けられていたのである。このため仙台支店では、物産品の常設陳列コーナーが置かれ、仙台店設置以降は毎年、東北・大阪の各店舗で東北名産品陳列会が開催されるようになる。

三越は支店網においてチェーンストア方式の経営を模索しつつも、その進出過程において、支店設置以前からの地方との関係性をもとに支店を展開せざるを得なかった。結果として大都市百貨店の地方支店は、中央の流行や情報を発信する店舗であると共に、地方の地場物産を広く宣伝する役割も又同時に担うこととなったのである。

第三章では百貨店によるチェーンストア方式の導入が多様性を持っていたことを明らかにするために、髙島屋を事例に、戦前期百貨店による均一店事業の実態について分析を行った。髙島屋においても関東大震災以降の断続的な不況期において一九二四年上期の四一万円をピークとして一九三一年下期まで純益金は漸減しており、支配人クラスのアメリカ派遣や経営幹部による業務刷新審議会の設置の中で、チェーンストア方式の調査研究が進められることとなる。既存百貨店舗内低層階での均一売場導入が一定程度成功したことから、髙島屋ではチェーンストア方式について、均一店事業を百貨店とは別に路面展開することを決定し、髙島屋十銭二十銭ストア（当初においては髙島屋十銭ストア）を一九三一年から一九三二年にかけて東京、大阪、京都店管轄下のもと市街・郊外、隣県部に五一店舗を設置していくこととなる。均一店事業を展開するに際し、髙島屋では主としてアメリカのF．W．ウールワースを参考とし、初期においては百貨店業と比べて掛売や無料配達を行わず、広告費等に営業費を振り分けないことで、営業費用を抑えた実用本位のセルフサービス型販売を模索した。

髙島屋十銭二十銭ストアは、一九三三年七月、第二四四回取締役会において、大阪、京都均一本部を併合し仕入れを合同することが了承されたが、しかしその後東京均一本部との合同はなされず、仕入は東京と京阪二つの商品部に分割されて行われる状況は改善されなかった。また日本百貨店協会の自制協定により髙島屋均一店事業の新規出店を控えていたため、営業規模は髙島屋南海店の二分の一に過ぎない規模に留まった。このため当初において志向された中央仕入と店舗網の拡大を両輪で展開させることが出来なかった。また、均一店の店員配置率は、百貨店業における店員の売場配置率と比べて大きな差がみられなかった。髙島屋における均一店の売上は七月、一二月が高く、中元・歳暮に基づく需要が反映されており、徐々に取扱商品の高価格帯化と多様化も進行するなど、均一店事業は百貨店の出先機関として消費者から受け入れられていた。そのためセルフサービス型経営は行われず、均一店事業においても店員の接客能力が重視されていたのである。店員数が百貨店舗とほぼ同様であったこと、新規出店を抑制していた分、既存店舗の拡張に力を入れる方針をとったため、設備投資費用がかかっていったことから、営業費率については一九三〇年代において一六〜一八パーセント台でほぼ一定であり、これは髙島屋における百貨店業における営業費率一七〜一九パーセントに比べると若干低いものの、その差は一パーセント程度であった。

このように、髙島屋の均一店事業は海外のチェーンストアと比較した際、チェーンオペレーション自体について徹底されなかった点はあるものの、消費社会の萌芽期にあって合理的な小売制度と伝統的商習慣に対応した接客販売の両面を有する柔軟な市場対応によって百貨店の出先機関ともみなされる日本独自の均一店事業として成長していったのである。

もっとも一九三〇年代後半になると各種統制の下、経営不振となり、均一店事業を牽引してきた経営幹部は更迭され、事業が終了することで戦後への継続性は担保されなかった。

第四章では、一九三〇年代における百貨店業界の自主的統制から法制定がなされるその過程について分析を行った。従来、先行研究では中小小売商による反百貨店運動に対する妥協の側面が強調されてきたが、一九三〇年代における法制定に至る過程を、百貨店経営の合理化の一環であることを明らかにした。一九二〇年代後半から一九三〇年前半にかけて、百貨店対中小小売商の摩擦が拡大、反百貨店運動が広がりを見せる中、一九三二年、日本百貨店協会による百貨店の自制協定が発表されることとなる。当時日本百貨店協会の加盟店の多くは支店網形成を果たす百貨店であり、自制協定は中小小売商との摩擦の解消とともに、百貨店経営の合理化としての側面があった。自制協定は、出張販売の中止、商品券の過剰発行中止、支店分店の中止、廉売の中止、過当サービスの中止、無料配達の縮小、休業日の設定などがうたわれていたが、こうした協定内容の多くが営業費の抑制と純益の増加が見込まれるものであり、業界間過当競争の防止としての意味合いも強いものであったのである。一九三二年秋には百貨店業界をリードする三越経営陣の交代がなされており、支店網拡大路線を推進していた小田久太郎専務から既存店舗充実を軸とする中村利器太郎専務体制へ移行している。建設準備中のものは中止せず、中止期間も「当分の間」と時期を定めていなかったことから、一九三三年には三越仙台支店が設置されているなど例外もあったものの、三越では事実上支店網展開を中止することになり、チェーンストア方式による支店網形成からカルテル協定に基づく既存店舗増築へ舵を切ることになった。

一方で自制協定は、未加盟店舗の扱いに苦慮することとなる。一九三三年、商業組合法により、日本百貨店協会は日本百貨店商業組合となり、有資格店による全国組織になっていくが、加盟は義務ではなく、発足当初、有資格店のうち約三分の一もの未加盟百貨店（アウトサイダー）が存在した。またこうした未加盟百貨店が新たに日本百貨店商業組合に加盟する際にも、新規加盟店が有利な条件を要求することとなり、協定違反の対応も厳格化出来なかった。このため地方における地場系百貨店の設立は継続され、また増築についての規制はなかったため、百貨店法制定が現実的になるにつれて、百貨店法制定を見込んでの店舗増築ラッシュが起きることとなり、設備投資費の増大によって、カルテル化に伴う営業費抑制は十分な効果を見いだせなかったのである。

第五章では、東京における各百貨店における催物開催状況を分析するとともに、三越を事例に本支店間における催物開催状況を解明することで、大都市における百貨店がひとくくりに出来ない多様な特徴を有していたこと、また三越の本支店間関係においては本店開催の催物と地方支店も催物との間に連動性があったことを明らかにした。

催物を展覧会、物産会、展示・陳列会、特売会の四形式に分けて検討した場合、支店網を形成していた大都市呉服系百貨店においては四形式の多様性を維持しながら催物を開催したが、店舗規模に応じ、展覧会や物産会に強い三越、展示・陳列会に強い髙島屋、特売会に強い松坂屋といったように、大都市呉服系百貨店間においても催物の開催状況には差異がみられた。一九三四年時の三越開催の物産会については、七回中五回の物産会は三越が支店を有している地方のものであり、地方との接点が強い百貨店ほど物産会開催に有利であった。また、髙島屋が本店で開催している展覧会の中にはその後、他店舗間でも巡回されたものが多く、支店網の広がりが展覧会、物産会に有利に作用していた状況が明らかとなった。これに対し、東京内単店舗経営で立地していた百貨店は展覧会や物産会といった催物を開催出来ず、特売会に終始する傾向が強かった。

また三越本店と仙台支店とを比較した場合、一九三四年時における三越仙台支店年間開催催物二七件中、本店と類似性の高い催物は一八件あり、類似性のある催物に関しては一件を除いて本店開催後、半月から一か月以内に仙台で開催されていた。三越仙台支店の催物のおよそ七割は本店企画のもとでの催物であったことが分かる。札幌、金沢、仙台各支店間の催物を比較しても、三支店もしくは二支店間共通で開催されている催物は多かった。三越においては本店営業部直轄として催物係、広告係、装飾係が存在していたのに対し、支店では大阪支店以外同様部門は設置されていなかった。本支店間、支支店間では催物に一定の連動性があり、その催物開催状況は東京本店の傾向を強く受けたものであったと言える。その一方で地方支店単体での催し物もみられ、催物開催の地方支店の独自性は一定程度担保されていた。そこには催物を通じた中央の流行の地方波及と地方物産の本支店内での販路開拓という双方向的関係が存在したのである。

補章では前章の分析を踏まえ、仙台を事例に地方同一都市百貨店における催物を比較検討し、戦前期において仙台に立地した三越仙台支店と藤崎とではフロア構成、開催催事ともに異なっていた状況を明らかにした。三越仙台支店には一九三三年設置時より五階に催事用ホールが常置されており、設置当初は東京を意識した催物を多数開催するとともに、多様な展覧会や他地方の観光物産会が定期的に開催された。一方で地場系百貨店である藤崎は三越仙台支店のような「ホール」はフロア構成には存在せず、呉服太物を扱う二階フロア等の一画が催事スペースとして機能していた。催物は特売会形式のものが多く、一九三二年から一九三七年にかけての催物開催状況をみてみても、東京と銘打つ催物は、一九三五年開催の東都名工人形頒布会のみであり、展覧会も絵画や写真展が中心と企画の多様性が薄かった。

一方で、両百貨店とも季節毎、展示・陳列会は行っており、季節性を重視した催物を開催することでは共通していた。また、三越仙台支店では当初開催回数が多い「東京」と銘打つ催物が年を下るに従い減少し、地元に根差した催物の件数が増加していくこととなる。東京の流行の地方波及と在来的嗜好への対応という百貨店の市場対応の柔軟性について、催物の開催内容変化から補章では裏付けることが出来た。

第六章では補章で検討した地方都市における催物開催状況を受けて、地方新聞広告から売出し広告の比較を行い、中央百貨店の地方支店と地場系百貨店との価格競争の中で、地方における百貨店の大衆化が進展していった過程について、金沢や仙台の事例から明らかにするとともに、地方都市における催事空間が公共施設から百貨店内へと変化していく過程を、仙台における商品陳列所内催物の開催傾向と百貨店催物との比較から明らかにした。

三越の地方進出は、一九三〇年の宮市大丸（金沢）、一九三二年の藤崎増改築（仙台）、一九三二年丸井今井の人事刷新（札幌）といったように、当該都市における地場系百貨店の成立を引き起こすこととなった。中央百貨店の地方支店への対抗戦略として、地方の地場系百貨店は、服飾雑貨に主軸を置いた売出し戦略をとることで、「見るは三越、買うは藤崎」「都会的センスと高級さの三越、明るく安いをモットーとする宮市大丸」といった地元評を得、その結果、中央の流行に強く高品質な商品展開を図る三越は上流、地場系百貨店は中下流の顧客と棲み分けがなされていく。

こうした実態について金沢、仙台を事例に検討し、金沢では地方新聞における売出し広告競合商品について、地場系百貨店の宮市大丸は常に三越金沢支店を下回る価格で対抗しており、競合商品について年を追うごとに徐々に同価格帯の点数が増えていくが、三越が逆転するまでには至らなかったことを明らかにした。競合商品はモスリン、肌着、靴下等の服飾雑貨が多く、二円台以下の商品が主戦場であり、三円台以上の呉服類における競合商品は少なかった。同様の傾向は、仙台においてもみられ、三越仙台支店と地場系百貨店である藤崎とは、地方新聞での売出し広告において、二円台以下において競合し、藤崎の商品がより低廉であることが多く、藤崎は服飾雑貨等に目玉を据えた実用品の廉売で対抗し、流行的で高品質な三越との差別化を図っていた。金沢、仙台にみられるような、中央百貨店の地方支店への対抗戦略として、地場系百貨店が主として二円台以下服飾雑貨を軸とした売出しを行っていったことで地方都市における百貨店の大衆化が促進されたのである。

一方、百貨店の催物開催機能は、地方都市における催事空間の変化をもたらした。仙台に設置されていた県営の宮城県商品陳列所は百貨店設置以前においては、年間九回から一四回程度の郷土の商品に関する催物を開催していたが、百貨店成立以降は、徐々に減少し、同様の催物が百貨店内において開催される機会が徐々に増加するようになった。このため宮城県商品陳列所は「商品陳列」としての役割が徐々に喪失し、商品売買売上高、年間催物開催件数ともに減少していくこととなる。一九三五年に宮城県商品陳列所は宮城県商工奨励館と名称を変更、施設の主たる目的は「陳列供覧」から「販路拡張」へと変化し、一九三五年以降館主催の催事は三越や藤崎店内で開催されるようになった。地方百貨店の成立は公的施設が催物を提供するという状況から、百貨店という消費空間内において催物が行われる状況へと変化し、百貨店は地方都市における文化催事の中核施設という意味付けがなされていく。とりわけ中央百貨店の地方支店は、催事において本店と連動した催物と地方文化や郷土商品宣伝に資する催物との両立が図られていくことになるのである。

第七章では、地方都市での百貨店設置が、さらにその隣県各都市部への百貨店成立を惹起させたことを東北地方を事例に明らかにした。

一九三二年に藤崎が新館を増築し百貨店としての体裁を整え、一九三三年には三越仙台支店が設置されるなど、仙台において百貨店が成立すると、藤崎や三越はその商圏を県外にも求めていくことになる。三越仙台支店は、百貨店設置以前より出張販売等で東北地方に一定の知名度と訪問販売の実績があり、外商に力を入れていくこととなり、その外商範囲は岩手、山形、福島と隣県各都市に及んだ。一方で三越仙台支店には通信係は設けておらず、支店における通信販売機能は弱かったと考えられ、他県における新聞広告の出稿数も少なかった。一方、藤崎の外商範囲は宮城県内におおむね留まっていたものの、他県への新聞広告出稿が一九三二年以降増加するようになる。一九三二年において宮城隣県の地方新聞、岩手日報、山形新聞、福島民報、各新聞への藤崎の広告掲載日数は年に二、三回程度であったのに対し、一九三三年には山形新聞で年四回、岩手日報では五回、福島民報では八回と広告が増加し、以降一九三四年から一九四〇年まで各新聞とも年間五〜九回と、ほぼ一、二か月に一回の割合で新聞広告が出された。藤崎には通信販売係が設置されていたが、全国的に知名度が高い三越に対し「藤崎」の名前を隣県にも認知されるとともに、通信販売による売上増加を狙っていたと思われる。

三越の外商、藤崎による宣伝広告は隣県における大商店を刺激し、仙台における百貨店の成立以降、一九三三年、山形市にいわふち第一（ミツマス）、一九三五年に福島市で中合、同年盛岡市で松屋、一九三七年に同じく盛岡市で川徳と五年の間に百貨店、または百貨店式経営の商店の成立がみられるようになった。山形、福島における店舗は一九三七年に成立した百貨店法に基づけば、百貨店の基準を満たしたものではなかったが、地元では、いわふち第一（ミツマス）や中合は百貨店として認識されており、七章ではそうした「百貨店式経営商店」の成立も含めた、百貨店の地方波及の影響力を明らかにした。

中央百貨店の地方進出が、当該都市の地場系百貨店の勃興の契機となり、地方都市百貨店間の競合が隣県における小売業の百貨店化に影響を与えることとなった。仙台における百貨店の成立は岩手、山形、福島における地場資本商店の百貨店化、「百貨店式経営商店」の成立を促進させたのである。

第二節　本書の意義

本書では、戦前期における生活史研究や近代日本流通史の研究動向を踏まえつつ、とりわけ両大戦間期の百貨店に焦点を当てて、百貨店が全国的展開を遂げていく状況と、同時期に業界内、法的に行われていく営業統制との関係性に着目する視角から、一九二〇年代から一九三〇年代にかけての日本における百貨店形成過程を明らかにしてきた。この際、従来から位置付けられてきたような、大都市におけるモダンな商品文化と流行の牽引を果たした消費空間としての役割だけではなく、従来からの在来的嗜好や伝統的商習慣への対応や地方の産業振興に資する百貨店像を提示し、百貨店の本支店間関係や同一都市内に立地する各百貨店の催物・販売戦略等を分析することで、大衆消費社会の萌芽期における百貨店の市場対応の柔軟性とそのことが規定した「日本型百貨店」の在り様というものを抽出してきた。

日本では、一九〇〇年代から一九一〇年代、大都市において複数の有力呉服商が百貨店化への道を進むことから、百貨店の形成過程がはじまり、一九二〇年代後半から一九三〇年代にかけて地方を含めた全国的展開が起きる。この百貨店の全国的展開は一面において、先行する大都市呉服系百貨店の新たな成長モデル案としてのチェーンストア方式導入が背景にあった。経営規模の拡大と並行し経営の合理化を果たすためには、百貨店間競争が少ない市場において店舗展開を図り、広域な市場を有する経営規模でもって、中央本部による大量の商品統制と一括仕入れ、それに基づく営業費の圧縮が目指されたのである。また中央百貨店の地方進出は、当該都市地場系百貨店の設立を引き起こし、百貨店の全国的展開の一つ目の画期をもたらした。しかし一九三〇年代において、日本における百貨店では部分的なチェーンストア方式の導入に留まった。その要因としては日本における百貨店の接客重視、催物戦略の重視、地方の在来的需要への対応があげられる。

接客重視は、髙島屋の均一店事業においてみてとれる。売場面積当たりの店員比率を下げない、という充実した接客を提供する姿勢は、均一店が百貨店の出先機関としてみられていたことから、百貨店の店格を備える必要があったことによる。また歳暮贈答が売上高に影響していたことから分かるように、伝統的商習慣に合わせた対応が求められていたことも接客重視につながっていた。

大都市呉服系百貨店と地場系百貨店が競合する地方都市では、二円以下の価格帯での廉売競争が行われるとともに、高級呉服等では季節柄催事を行うことで流行を牽引するという、流行のみ廉売のみ、とは舵を切らなかった百貨店像がみてとれる。催物では地方ニーズへの対応が行われ、中央百貨店の地方進出は、本支店間を通じた地方商品による産業振興、地方都市における公共的催物空間として機能する、という催物戦略重視と密接不可分であり、三越支店網では、年を追うごとに本店同様の催物と地方独自の催物とのバランスが図られていった。戦前期における百貨店の全国的展開からは、洋風化か在来的嗜好の残存か、いずれかだけでの視角では捉えきれない消費の大衆化の側面が抽出出来る。

しかし、このため大都市呉服系百貨店によるチェーンストア方式の導入は不徹底であり、支店網形成が経営の合理化とは必ずしも直接的に結び付かなかったともいえる。

一方、一九三〇年代の大都市呉服系百貨店を中心とする百貨店業界による自主的統制は、過当廉売、過剰サービスを抑制する、経営の合理化とカルテル化、という形でチェーンストア方式による経営の合理化とは別の側面からの百貨店の成長モデルの模索であった。しかし、先行して成長を遂げていた大都市呉服系百貨店と、後発の新興百貨店とでは思惑は異なり、業界団体未加盟の百貨店の統制は業界内では解決できなかった。このため地方における地場系百貨店の開設は収まらず、地方都市に成立した百貨店が隣県都市部にも影響を与えていく中、隣県都市部にも新たな百貨店や、「百貨店式経営商店」の勃興を引き起こす。これに百貨店法前後における既存店舗増改築ラッシュも加わって、一九三〇年代後半には百貨店の全国的展開の二つ目の画期をもたらした。札幌、金沢、仙台といったように地方中核都市には中央百貨店の地方支店が設立されるが、基本的には都市毎に地場系百貨店が成立することとなる。戦前期日本の大都市呉服系百貨店は、流行と廉売、モダニズムと在来的嗜好、双方の要素に柔軟に対応するなかで展開し、地場系百貨店との競合の中で一定程度の支店の独自性を担保した。このことは日本においては戦前期において百貨店のチェーン化が徹底されなかったことを意味するが、大衆消費社会の萌芽期ともいえる戦前期における百貨店の同時代的な市場対応として評価できよう。「流行」消費の全国化と、残存する地域差への対応こそが当該期の小売市場を形作っていたのである。

第三節　今後の課題

本書では一九二〇年代から一九三〇年代における百貨店の形成過程に関して、新史料も活用しながら実証的に明らかにしてきた。一方で今後より分析を深めていかなければならない課題も残されている。最後に今後の課題について確認しておきたい。

第一点は消費者動向に関する実証的研究進展の必要性である。従来進展してきた生活史研究、流通史研究を架橋する上で百貨店を分析対象とすることは重要な視角であるものの、その百貨店の購買層を実証的に明らかにする作業は、本書では若干検討したものの、今後より分析を深めなくてはいけない重要な課題である。とりわけ大都市に比べ、新中間層の成立が十分でなかった地方の百貨店は、仙台における百貨店の無料配達区域に塩竈が含まれている点、また外商エリアが農村部にも及んでいる点から、沿岸漁業都市や地域農村における地主層等、大都市部とは異なる消費者層が形成されていた可能性が高く、両大戦間期における「消費」傾向を歴史的に位置付ける上で重要な論点であろう。

第二点は植民地における百貨店の形成過程についてである。三越は戦前期において、「大連支店」「京城支店」といった外地に支店を有しており、また日中戦争以降、百貨店は積極的に中国大陸等に進出していくこととなる。そうした百貨店の実態と機能の実証的研究は、一九三〇年代後半から一九四〇年代における百貨店の形成過程を考察する上で欠かせない視点である。

第三点は戦後第二次百貨店法から大規模小売店舗法に至る百貨店の実証的研究である。高度成長期における小売業界は百貨店がリードしながらも、スーパーマーケットの台頭や、郊外型店舗の登場など、より構造は複雑となる。それらの比較研究が必要であり、本書が明らかにした一九二〇年代から一九三〇年代における百貨店の有り様が、戦後の百貨店をどう規定していくのかについての実証的分析が行われることで、日本における大衆消費社会の成立過程がより一層明確化されるからである。

以上三点ほど研究課題を提示し、今後より立体的な近代日本の歴史像を明らかにするための課題としたい。

成稿一覧

なお、既発表論文を本書に組み込む際に、加除・修正を加えている。

序　章　新稿

第一部　百貨店経営の合理化と支店網形成

第一章　新稿

第二章　新稿

第三章　新稿

第四章　原題「百貨店法制定とその過程」（『国史談話会雑誌』第四五号、二〇〇四年）

第二部　百貨店の地方波及と催物戦略

第五章　原題「戦前期における百貨店の催物―三越支店網を通じて―」（『文化』第七三巻一・二号、二〇〇九年）

補　章　原題「昭和初期東北地方における百貨店の催物―三越仙台支店、藤崎を事例に―」（『東北文化研究室

紀要』通巻第四八集、二〇〇七年）

第六章　原題「戦前期における地方都市百貨店とその影響」（『歴史』一一四輯、二〇一〇年）

第七章　原題「戦前期東北における百貨店の展開過程―岩手・宮城・山形・福島を中心に―」（入間田宣夫監修
平川新・千葉正樹編『講座　東北の歴史』第二巻『都市と村』、清文堂出版、二〇一四年）

終　章　新稿

あとがき

本書は、東北大学大学院文学研究科に提出した博士論文『戦前期日本における百貨店形成過程の研究』をもとに加筆修正を行ったものである。博士論文提出に至る過程において、大学院時代、本研究を遂行するにあたっては、東北大学大学院文学研究科の安達宏昭先生には大変お世話になった。安達先生は、先生の研究対象とは異なるにもかかわらず、当方の修士論文以降、博士課程における指導を担っていただき、遅々として進まない本研究を常に温かく見守って頂いた。また安達先生には緻密な実証研究の重要性とともに、日本近現代史の中にどう研究を位置付けるのか、という問いを常に持つことの重要性もまた教えて頂いた。大学院において研究を続ける環境を与えて頂いたこと、研究者としての基礎を育てて頂いたことについて感謝申し上げたい。また、博士論文の審査にあたっては、大藤修先生、柳原敏昭先生、堀裕先生、永井彰先生から、異なる時代・研究分野からの示唆に富む貴重な御意見を頂くことが出来た。合わせて感謝申し上げたい。

私は卒業論文から一貫して、百貨店を研究テーマとして取り上げてきた。私が学部生であった一九九〇年代後半から二〇〇〇年代初頭は、一九九七年ジェイアール京都伊勢丹が開業、二〇〇〇年にジェイアール名古屋タカシマヤなどが誕生する一方、同年には栃木県宇都宮市の上野百貨店宇都宮店、二〇〇一年には静岡県浜松市の松菱が閉店するなど、地方都市百貨店の構図が変わり、大手ではそごうが当時小売業最大の負債総額を抱えて民事再生法適用を受け、後の二〇〇〇年代以降の業界再編の胎動がみられていくなど、百貨店をとりまく環境がめまぐるしく変化していった時期でもあった。百貨店はその経営のあり方が問われていく中、週末家族で訪れる「デパート」像もまた変容していくことになるが、そもそも日本における百貨店とは歴史的にいかなるものであったのか、学部生の自分にとって大変興味あるテーマとなっていく。

しかし私が所属していた東北大学文学部の日本史研究室では、当時日本近現代史を専攻する大学院の先輩は必ずしも多くない上、その研究テーマも政治史や外交史、軍事史などであったので、百貨店を対象にした研究はなんとも場違いのようにも感じられ、かなりの葛藤があった。そんな中、一九三〇年代の百貨店をテーマとした卒業論文を書くことを認めて頂いたのは、高橋美貴先生であった。また卒業論文の提出は二年越しになってしまったが、最終的な提出にあたっては大藤修先生にご指導頂いた。あまり研究室にも来ないような学生に励ましの言葉をかけて頂いたのは、当時助手を務められていた籠橋俊光先生であった。またくずし字を読めなかった自分に手ほどきをして頂いたのは、当時博士課程の大学院生であった堀田幸義先生であった。この四人の先生がいらっしゃらなければ、私は大学院に進学しようとは思わなかったかもしれない。学恩に感謝申し上げたい。

大学院進学後、とりわけ博士課程の後期では、安達ゼミにおいて、伊藤大介氏、中野良氏、徳竹剛氏、栃木智子氏、吉川圭太氏、手嶋泰伸氏、小幡圭祐氏、留学生で安達ゼミに参加していたクリストファー・クレイグ氏から数多くの研究に対する示唆を頂いた。先輩・同輩・後輩との切磋琢磨する環境が自分の研究を進展させる糧となった。ここに御礼申し上げたい。

今も先が見えているとは言い難いものの、大学院生時代は将来が見通せず、自宅と研究室との行き来のみで、視野が狭くなることからの不安感などが多かれ少なかれ生じる。そうした中で幸いであったのは、今泉隆雄先生に、東北大学百年史編纂事業での作業を紹介頂いたことであった。自身の百貨店史研究から少し離れた大学史編纂は新鮮で、歴史研究の魅力を再認識する機会となった。また大学史編纂は時限プロジェクトならではの切迫感もあったものの、研究対象とする時代の異なる日本史研究室の諸先輩方に加え、日本思想史や科学技術史など学内他分野の先生方、中川学先生、高橋禎雄先生、佐藤健二先生、本村昌文先生、吉葉恭行先生、中野渡俊治先生、高橋陽一先生らと仕事が出来たことは、研究の幅を広げるきっかけともなった。

とりわけ大きかったのは、私が末端で作業に従事していた東北大学百年史編纂室では編纂にあたって、大学の史資料の保存・整理・公開を担っていた大学アーカイブズである東北大学史料館との協力がなされており、アーカイブズの重要性に気づかされたことである。それは企業アーカイブズへの視座へとつながり、髙島屋史料館や松坂屋史料館での史料調査による研究成果に結実していくことになる。この過程で、髙島屋史料館の廣田孝氏や、松坂屋史料館の菊池満雄氏には多くのご教示を賜った。

自身もその後、東北大学史料館、東京大学文書館と大学アーカイブズで奉職することになるが、東北大学史料館では、佐藤伸宏、佐藤弘夫、八鍬友広、柳原敏昭の歴代館長をはじめ、永田英明、曽根原理、大原理恵の各先生方、東京大学文書館では、佐藤愼一、羽田正の歴代館長、吉見俊哉副館長、森本祥子、宮本隆史の両先生に大変お世話になった。大学アーカイブズでの経験は、組織の記録がどのように蓄積されていくのか、という感覚を実地で学ぶ得難い機会となり、自身の歴史学研究にも大きく影響を与えている。また、永田先生からは、大学アーカイブズで仕事をすることと、自身の歴史学研究を続けることについて、「出来るところまでは続けたらいいのではないか」と両立を支持頂けたことは、とても大きな励みになった。

加えて学会、研究会を通じてご縁を持たせて頂いた先生方は筆者にとって欠かせない存在である。東京大学の鈴木淳先生には史学会を通じて中西聡先生、満薗勇先生をご紹介頂き、以後も折に触れて本書の研究を進めるにあたって数多くの示唆を頂いた。面識を持たせて頂いた当初は、名古屋大学におられた慶應義塾大学の中西先生には、主宰される研究会にお誘い頂き、自身の個別の実証研究をまとめていく上で貴重な場となった。初めてお会いした当時、東京大学の大学院生であった北海道大学の満薗先生には、通信販売を通じて百貨店を研究する視座をご教示頂いた。何より同世代で類縁の研究を行っている研究者がそれまで身近にいなかった中、満薗先生との出会いは大きな励みになった。鉄道史学会や交通史学会では、近畿大学の井田泰人先生や、米澤女子短期大学の原淳一郎先生を通じて、中部大学の末田智樹先生や、大阪商業大学の谷内正往先生をご紹介頂いた。異なるアプローチから百貨店史を進めてこられた両先生との議論は、毎回刺激的なものであり、百貨店を研究対象として取り上げる意義を捉えなおす機会ともなった。東北大学の荒武賢一朗先生には、「江戸時代から現代に通じる東北の歴史」共同プロジェクトに参画させて頂き、東北地方からみた百貨店形成史の論点を提示するきっかけを与えて頂いた。こうした学会、研究会での議論を経て、自身の大都市、地方都市双方の百貨店間分析の歴史的視座に方向性を持たせることが出来た。

そして何より本書の刊行にあたっては、清文堂出版の松田良弘氏の編集手腕が欠かせなかった。筆者の至らない点を補い、刊行に向けた行程を粘り強く支援頂いた氏のご尽力なくしては本書の完成は成し得なかった。心より感謝申し上げたい。校正においては、東北大学大学院の大堀秀人、齊藤志帆子にも御手伝い頂き、両名のおかげで本書がより良いものへ仕上がった。御礼申し上げたい。

最後に、私事で恐縮であるが、長い大学院時代を許容し、研究者を志すことについて本人の自由に任せてくれた祖母・茂子、父・務、母・祐子には、育ててもらった恩を常に感じている。接客業にいる弟・司にも研究者とは異なる視点での助言をもらい感謝している。そして研究を傍で支え見守ってくれたのは何より妻・優子であった。娘の遙との温かい家庭環境を用意してくれることが、どれだけ力になったか分からない。研究は一人で出来るものではなく、多くの人の縁に支えられて進められるものだ、ということを忘れることがないよう、感謝を噛みしめながら筆を擱くことにしたい。

令和元年七月

加藤　諭

人名索引

【や行】

【ら・わ行】

【ま行】

【な行】

【は行】

【た行】

【さ行】

事 項 索 引

索　引

加藤　諭（かとう　さとし）

〈略　　歴〉

1978年（昭和53）生まれ。

東北大学文学部卒業後、東北大学大学院文学研究科博士後期課程単位取得退学、博士（文学）。

東北大学史料館教育研究支援者、東京大学文書館特任助教を経て
現在、東北大学学術資源研究公開センター史料館准教授。

〈主要業績〉
「戦前期東北における百貨店の展開過程　岩手・宮城・山形・福島を中心に」
（入間田宣夫監修・平川新・千葉正樹編『講座　東北の歴史』第二巻
「都市と村」　清文堂出版、2014年）
「戦前期東北の百貨店業形成：藤崎を事例に」
（荒武賢一朗編『東北からみえる近世・近現代　さまざまな視点から
豊かな歴史像へ』岩田書院、2016年）
谷内正往・加藤諭編『日本の百貨店史　地方、女子店員、高齢化』
（日本経済評論社、2018年）

戦前期日本における百貨店

2019年 8 月 5 日　初版発行

著　者　加藤　諭 Ⓒ
発行者　前田博雄
発行所　清文堂出版株式会社

〒542-0082　大阪市中央区島之内2-8-5
電話06-6211-6265　FAX 06-6211-6492
ホームページ＝http://www.seibundo-pb.co.jp
メール＝seibundo@triton.ocn.ne.jp
振替00950-6-6238

印刷：亜細亜印刷　製本：渋谷文泉閣
ISBN978-4-7924-1103-9　C3021

明君の時代
―十八世紀中期～十九世紀の藩主と藩政―

浪川健治編

「名君」と「明君」の相違を踏まえつつ、夭折した弘前藩主津軽信明を中心に、新進気鋭の研究者たちが松浦静山、松平定信、三宅康直・渡辺崋山主従をもとりあげ、縦横無尽に論じていく。 八八〇〇円

軍港都市史研究Ⅰ 舞鶴編 増補版

坂根嘉弘編

初版の日露戦後の舞鶴港、軍港と地域経済、軍事拠点と鉄道、「引揚のまち」としての舞鶴、近代以降の舞鶴の人口、戦後舞鶴と海上自衛隊の関係等に東西舞鶴合併の補論や各巻推薦文を加えた待望の増補版。 八六〇〇円

同業者町の研究
―同業者の離合集散と互助・統制―

網島　聖著

同業者の離合集散による互助・統制が順調に進んだ大阪の薬品業の道修町と反例の材木業の比較や数式ばかり紹介されがちなマーシャルの同業者町研究者としての側面や商工名鑑的刊行物にも論及する。 五六〇〇円

帝国日本と地政学
―アジア・太平洋戦争期における地理学者の思想と実践―

柴田陽一著

英米・独の両系統の地政学史に加え、京都帝国大学の小牧実繁、満洲国建国大学、南満洲鉄道の三系統の地政学を比較したもう一つの太平洋戦史。第十七回人文地理学会学会賞(学術図書部門)受賞。 九六〇〇円

価格は税別

清　文　堂
URL=http://seibundo-pb.co.jp E-MAIL=seibundo@triton.ocn.ne.jp